《中学地理智慧教育探索与应用案例》编委会

著　作　者：毛忠义　许　辉　马学东　何志飞　张　丽

撰写人员：马　莉　　朱　瀛　　祁亚玲　　杜艳艳

杨学梅　　妥　艳　　周娅娟　　姚玉玲

黄锦瑞　　康卉君　　蔺耐春

（排名以姓氏笔画为序）

中学地理智慧教育应用性探究研究方案

中学地理

智慧教育探索

ZHONGXUE DILI 与应用案例

ZHIHUI JIAOYU TANSUO YU YINGYONG ANLI

毛忠义 许 辉 马学东 何志飞 张 丽 ◎ 著

黄河出版传媒集团
阳光出版社

图书在版编目（CIP）数据

中学地理智慧教育探索与应用案例 / 毛忠义等著.
银川：阳光出版社, 2024.7. -- ISBN 978-7-5525
-7401-2

Ⅰ. G633.552
中国国家版本馆CIP数据核字第2024Y6H251号

中学地理智慧教育探索与应用案例

毛忠义　许　辉　马学东　何志飞　张　丽　著

责任编辑　马　晖
封面设计　青墨着雪
责任印制　岳建宁

黄河出版传媒集团
阳　光　出　版　社　出版发行

出　版　人　薛文斌
地　　　址　宁夏银川市北京东路139号出版大厦（750001）
网　　　址　http://www.ygchbs.com
网上书店　http://shop129132959.taobao.com
电子信箱　yangguangchubanshe@163.com
邮购电话　0951-5047283
经　　　销　全国新华书店
印刷装订　宁夏银报智能印刷科技有限公司
印刷委托书号　（宁）0030063

开　　本　880 mm×1230 mm　1/16
印　　张　19
字　　数　400千字
版　　次　2024年7月第1版
印　　次　2024年7月第1次印刷
书　　号　ISBN 978-7-5525-7401-2
定　　价　88.00元

目　录

第四部分 水的运动

第五部分 自然环境的整体性和差异性

第六部分 问题研究

❖ 第一部分 地球的运动 ❖

"三新"背景下"地球运动"教学研究与案例应用

——以"地球的自转与公转"第一章第一节为例

随着教育改革的不断深入和信息技术的不断进步,在教育新课程、新教材、新高考"三新"改革的大背景下,"地球运动"教学研究与案例应用可以遵从以下要求。①教学内容的优化。在"三新"改革的背景下,"地球运动"教学应该紧密结合2017年普通高中地理课程标准和课程实施方案,优化教学内容,注重学科知识、学科能力和学科情感的融合和发展。例如,注重培养学生的探究能力和实践能力,引导学生通过实验、观察、测量等方式深入理解"地球运动"的规律和特征。②教学方式创新。"地球运动"教学要在"三新"改革的大背景下,以激发学生学习兴趣和积极性的多样化教学手段和策略,注重教学方式的创新。例如,采用多媒体教学、情境教学、课堂讨论、小组合作等方式,让学生在轻松愉悦的氛围中学习,提高学生的学习效果和满意度。③教学评价的变革。在"三新"改革的背景下,地球运动教学应该注重教学评价,从单一的知识考核转向全面素质评价。如注重对学生探究能力、动手能力、创新能力、团队合作等方面的考查,让学生在学习中得到全方位的发展,得到全方位的提升。④案例应用的实践。在"三新"改革的背景下,地球运动教学应该注重案例教学的应用,通过真实的案例、实际的问题引导学生进行探究和实践。例如引导学生通过观察天文现象等案例,深入了解"地球运动"的规律和特征,提高学生的实践能力、创新能力。以上是"三新"改革背景下"地球运动"教学研究与案例应用的一些思路和方向。对于具体的实践操作,需要根据教学内容的特质、不同的教学对象和不同的教学环境进行灵活的调整和应用。

一、教学背景分析

1. 课程改革前课例教学中存在的问题

(1)地球的自转和公转的概念。有些学生可能会混淆地球的自转和公转的概念,认为它们是同一个概念。通过具体的实例或模型,可以帮助学生理解这两个概念。

(2)地球自转方向。有的学生可能会对地球自转的方向产生疑问,比如地球自转的方向为什么是由西向东,而不是由东向西呢?需要通过具体的实验或者动画片来展示地球自转的方向,并解释其原因。

1

(3)公转轨道的形状和大小。有些学生可能会对地球公转轨道的形状和大小产生疑问，比如，为什么地球公转轨道是椭圆形而不是圆形？为什么地球公转轨道的大小会不断变化？需要通过具体的实验或者模型来展示地球公转轨道的形状和大小，并解释其原因。

(4)季节变化的原因。学生可能会对地球季节变化的原因产生疑问，比如，为什么夏季比冬季热？为什么南半球和北半球的季节相反？需要通过具体的实验或者模型来展示地球季节变化的原因，并解释其原因。

(5)地球自转和公转对生态环境的影响。学生可能会对地球自转和公转对生态环境的影响产生疑问，比如，为什么白昼和黑夜交替？为什么地球上的生物会受到地球自转和公转的影响？需要通过具体的实例或者实验来展示地球自转和公转对生态环境的影响，并解释其原因。

2.解决课例存在地理问题应采取的策略

(1)利用实物模型进行示范。让学生更直观地感受公转过程和地球自转过程，并能在模型的帮助下进行示范。例如，利用一个小球来代表地球，让学生自己转动球体，观察球体的运动，从而理解地球公转和地球自转的概念。

(2)利用多媒体工具辅助教学。为了帮助学生更加形象地理解这些概念，激发学生的学习兴趣，可以通过使用多媒体投影仪、电子白板等工具，或者让学生观看有关公转、自转的动漫或视频。

(3)利用教学案例进行讲解。可以通过讲述一些有关地球公转和地球自转的实例，如地球季节变化、日食、月食等，帮助学生更加容易地理解这些概念，并加深记忆。

(4)引导学生自己探究。在教学过程中，可以引导学生自己动手实验、观察，通过自己的实践来深入理解地球公转和地球自转的过程，培养学生的探究精神和创新能力。

3.课例新的教学设计指导思想

(1)以学生为本，以突出学生主体性为核心，以知识的实用性为重点，在教学过程中，通过多种教学手段，激发学生的学习兴趣，提高学习积极性，从学生的实际出发，培养学生的研究创新能力。

(2)突出问题意识，注重问题解决的能力。在教学过程中，应该注重培养学生的问题意识，引导学生从实际问题出发，探究地球的公转和自转，提高学生的解决问题能力。

(3)重视知识的应用和整合，强化综合性。在教学过程中，应该重视知识的整合和应用，将地球的公转和自转与其他学科的知识相结合，培养学生的综合应用能力。

(4)突出实践性，注重实践操作能力。在教学过程中，应该注重学生的实践操作能力，通过实验、观察、测量等方式，让学生深入了解地球的公转和自转过程，提高学生的实践能力。

(5)引导创新思维，重视创新意识和能力的培养。在教学过程中，注重学生创新意识和能力的培养,引导学生自主学习,发挥探究精神和创新能力,使学生的综合素质不断提高。

4.课例新的教学设计理论依据

(1)新课程改革的要求。新课程改革提出了从课程标准、教学模式、评价体系等方面改革传统教育模式的要求,注重培养学生的创新精神和实践能力,选择性必修一"地球公转与自转"教学设计紧密结合新课程改革的要求,注重学生的主体性与实践性,培养学生的探究精神与创新能力。

(2)学科整合的需求。地球的公转和自转是物理学和天文学的基础知识,这些知识也涉及地理学、历史学等多个学科,选择性必修一"地球的公转和自转"教学设计应该注重整合各个学科的知识,培养学生的综合应用能力。

(3)认知心理学研究成果。认知心理学研究表明,根据学生在学习过程中的认知水平和认知风格的需求,运用多样化的教学手段,满足学生的不同需求,选择性必修一"地球的公转和自转"教学设计,应注重学生的认知特点,引导学生学会思考。

(4)智慧教育技术的应用。教育技术的发展为地球的公转和自转教学提供了更多的可能性,例如,利用多媒体投影仪、电子白板、虚拟实验室等工具,可以更加形象、直观地呈现地球的公转和自转过程,提高学生的学习兴趣。

(5)教育评价的理念。教育评价应注重学生综合素质的发展,"地球公转与自转"的教学设计应注重评价体系的建设,采取多种评价方式对学生的学习状况、能力发展等进行综合评价,评价学生的综合素质和创新能力。

5."地球的公转和自转"课例新课程标准依据

选择性必修一"地球的公转和自转"教学新课程标准依据如下。

(1)知识与技能。学习地球公转和自转的基本概念、规律,了解地球公转和自转的基本特征和变化规律,学会运用所学知识分析问题、解决问题,掌握科学思维和科学方法,进而掌握地球公转和自转的基本特征和变化规律。

(2)过程与方法。通过实验、观察、测量等方式,实际了解地球的公转和自转过程,培养学生的实践操作能力和创新意识,注重学生的主体性和实践性。

(3)情感态度与价值观。通过学习"地球的公转和自转",增强对自然科学的兴趣和热爱,培养学生对科学的好奇心和探究精神,提高学生的环境保护意识和科学素质。

(4)学科交叉与综合。地球公转与自转涉及物理学、天文学、地理学、历史学等多个学科的知识,选择性必修一"地球的公转和自转"教学应注重学科交叉与综合,培养学生综合应用能力。

(5)学习方法培养。"地球的公转和自转"的教学中要引导学生从多角度、多维度学习思考问题,注重以多样化的教学手段对学生进行学习方法的培养。

6."地球的公转和自转"课例新教材教学内容分析

选择性必修一"地球的公转和自转"新教材包括物理、天文学、地理等方面的内容。教学内容主要包括以下几方面。

(1)地球自转。介绍包括自转轴、自转周期、自转方向等在内的地球自转的基本概念、特征和规律。

(2)地球公转。以公转轨道、公转周期、公转速度等为主要内容,介绍地球公转的基本概念、特点和规律。

(3)地球的光照。介绍地球光照的基本概念、特征和规律,包括赤道地区和极地地区的光照情况,以及季节变化的原因。

(4)地球的地理位置。介绍地球的地理位置、经纬度和时区等基本概念和规律,以及地球的形状、大小和重力场等相关知识。

(5)天文现象。介绍日食、月食、地球的四季变化、星座和星系等天文现象,以及它们与地球的公转和自转的关系。

(6)应用实践。介绍地球的公转和自转在生活和科学研究中的应用,例如太阳能、天气预报、地震预警等。

以上内容旨在激发学生学习好奇心和兴趣,使学生实践能力与科学精神得到培养的同时,通过系统全面的介绍,使学生对地球公转和自转有了全面深入的了解,更好地掌握相关知识和技能。

7."地球公转和自转"课例教学对象分析

(1)注重实践教学。采用实验、观察、测量等方式,让学生亲身体验地球的公转和自转过程,培养学生的创新意识与实践能力。

(2)引导学生从多个角度、多个维度理解和掌握相关知识,注重知识的系统性和整体性,培养学生的综合应用能力。

(3)注重培养学生的科学思维能力。引导学生运用分析、归纳、推理的方法解决问题,培养学生科学的思维能力和科学的探究精神。

(4)引导学生发现和解决实际问题。例如,太阳能的应用、天气预报、地震预警等,培养学生的实践能力和创新意识。

(5)注重培养学生的环保意识和科学素养。引导学生积极参与环保活动,关注地球生态的可持续发展。

8.学生的关键能力和核心素养

(1)学生的关键能力

①理解地球公转和自转的基本概念和规律,知道地球公转轨道、节气、日照时间等变化

规律,以及地球自转导致的地理现象,如日出日落、时区等。

②掌握地球公转和自转的主要影响因素。如黄道、地轴倾角、气压带、风带、季风等,理解它们对气候、生物多样性、人类活动等方面的影响。

③理解地球自转和公转与其他天体运动的关系。如人造卫星的轨道、天文现象如日食、月食的发生等。

④具备分析和解决与地球公转和自转相关问题的能力。如解释季节变化、制定旅游线路、预测日照时长等。

⑤具备使用地球公转和自转知识进行跨学科整合的能力。如将其应用于历史学科研究天象观测或运用到生活中判断农业生产的季节等。

⑥掌握使用相关技术手段。如卫星遥感数据判读和地理信息系统使用,培养对地球公转和自转进行量化分析和可视化呈现的能力,如制作气候分布图、季节变化图等。

(2)核心素养的培养

①师生互动的教学方式:教师通过引导学生参与讨论、提出问题、实践操作等,帮助学生全面理解地球公转和自转的概念和规律,同时激发学生的学习兴趣和积极性。

②实验和观察的教学方法:设置有意义的实验,通过观察使学生更加深入地了解地球公转和自转规律以及它们对自然界和人类活动的影响。

③多媒体资源的利用:全面利用数字化教学资源,如视频、动画、虚拟实验等,增强学生对地球公转和自转概念的感知和理解。

④跨学科整合的教学方法:结合历史、文学、科技、艺术等学科,拓宽学生的视野,帮助学生更好地理解地球公转和自转在人类文化和社会发展中的重要作用。

二、教学设计的基本要素

1.教学目标

明确教学的目的和学生需要掌握的知识点,让学生了解地球的公转和自转的概念、原理和影响等。

2.教学内容

根据学科标准和课程要求,选取适合的教材和教学资源,设计相关的课堂活动和实验,通过观察星空和地球运动的视频来帮助学生理解公转和自转的过程。

3.教学方法

选择适合的教学方法和策略,通过小组讨论、问题解决、案例分析、探究式学习等,激发学生的学习兴趣和培养其探究能力。

4.教学评价

设计科学、全面、多元的评价方式,通过考试、作业、实验、课堂表现等,评价学生对公转和自转的掌握情况和理解程度。

5.教学资源

选择合适的教学资源,例如 PPT、实验器材、教学视频和模拟软件等,帮助学生更好地理解和掌握地球的公转和自转。

6.课堂管理

制定合理的课堂管理策略,以保证教学秩序和课堂效果。

三、教学设计的整体思路

1.确定教学目标和学生需求

明确教学目的和学生需要掌握的知识点,让学生了解地球的公转和自转的概念、原理和影响等,掌握学生的知识背景、兴趣和学习特点等。

2.教学内容设计

根据学科标准和课程要求,用实验加深理解和记忆、设计相关课堂活动和实验的方式,帮助学生理解公转和自转的过程,并选择合适的教材和教学资源。

3.教学方法选择

在注重用启发式教学、归纳式教学等方法培养学生思维能力的同时,选择小组讨论、问题解决、案例分析、探究学习等适合学生的教学方法和策略,激发学生学习的兴趣,培养学生的探究能力。

4.课堂管理策略

制定合理的课堂纪律、学生参与性强的课堂管理策略,使学生在轻松愉快的气氛中学习,以保证教学秩序和课堂效果,营造良好的教学氛围。

5.教学目标

对本节课的教学目标与知识点、能力以及学生必要掌握的情绪、态度等内容进行明确的阐述,使学生在教学过程中能够融会贯通。

6.教学内容

根据学科标准和课程要求,选取适合的教材和教学资源,设计相关的课堂活动和实验,通过讲解、实验、观察、讨论等方式帮助学生掌握知识。

7.教学方法

在注重启发学生思维和创新能力的同时,选择启发式教学、归纳式教学、探究式学习等激发学生兴趣、培养探究能力的教学方法和策略。

8.教学资源

选择合适的教学资源,例如教材、课件、实验器材、教学视频、网络资源和模拟软件等,来帮助学生更好地理解和掌握知识。

9.教学过程

详细制定本节课的教学过程,包括导入环节、知识讲解、实验操作、小组讨论、课堂练习等环节,以及教师应该注意的事项。

10.教学评价

设计科学、全面、多元的评价方式,如考试、作业、实验、课堂表现等,来评价学生对知识的掌握程度和认识程度,同时注意发掘学生的潜能,鼓励他们发挥特长和创造力。通过课例简介,教师可以对本节课的教学内容和过程进行有序、科学地安排和设计,从而提高教学效果和学生的学习兴趣。

四、课例呈现

1."地球的公转和自转"简介

课题	地球的公转和自转
教学目标	掌握地球的公转和自转的概念、原理和影响。 对地球公转和自转的周期、方向、速度等有一定的认识,做到心中有数,有的放矢。 对地球公转和自转,能运用实验和观察来加深理解
教学内容	地球的公转和自转的概念和原理。 地球公转和自转的周期、方向和速度。 对地球公转和自转的认识,要通过实验和观察不断加深
教学方法	启发式教学、归纳式教学。 课堂讨论、小组活动。 观察视频、实验操作
教学资源	教材、课件、实验器材、视频、模拟软件
教学过程	导入环节:让学生通过观察天空、星图等现象,引导学生认识地球的公转和自转。 概念解释:说明地球公转和自转的概念、原理、规律、方向、速度等,对地球的公转和自转进行解释。 实验操作:利用实验器材观察地球公转和自转过程,让学生加深理解。 观看录像:通过对录像的观看,了解地球公转和自转运动的规律和产生的地理意义。 小组活动:以小组为单位进行讨论,探讨地球公转运动和自转运动给人类生活带来的冲击。 教学评价:作业→布置有关作业,巩固学生学习成果;实验结果→评价学生对地球公转和自转的知识掌握程度,通过实验表现,实验报告和课堂表现→评价学生的课堂参与度和表现等

小结:通过本节课的学习,同学们初步了解了地球公转和自转的基本概念和原理,同时通过实验和观察加深了对地球公转和自转的认识,培养了学生的观察和探究能力,提高了学生的综合素质。

2."地球公转和自转"教学目标分析

学科素养	学习目标
科学观念与应用	对地球公转和自转的基本概念、基本特性有一定的了解
科学思维与创新	掌握地球公转和自转的相关知识和技能,如地球自转周期、地球公转周期、四季更替的原因等
科学探究与交流	能够运用所学知识解释一些与地球公转和自转有关的现象,如昼夜交替、日食、月食等,形成对自然现象的科学认知
科学态度与责任	有学习科学的内在动力,有创新精神,能独立思考,敢于质疑,善于反思

3.教学重点和难点

教学重点:掌握地球公转与自转的相关知识与技能,如地球自转周期、地球公转周期、四季更替原因等。

教学难点:理解地球自转和公转的复杂关系,并能够运用所学知识解释一些与地球公转和自转有关的现象,如昼夜交替、日食、月食等。

4.主要教学策略和评价方法

(1)激发学生的兴趣。通过展示一些生动的图片和播放一些有趣的视频,引导学生发掘地球公转和自转的奥秘,激发学生的兴趣和好奇心。

(2)合作学习。通过小组合作学习和探究,让学生自主发现和探究地球公转和自转的相关知识和技能,培养学生的创新思维和解决问题的能力。

(3)多媒体辅助教学。通过多媒体课件和互动教学方式,使学生更加直观地理解地球公转和自转的复杂关系,提高教学效果。

(4)班级成绩考核。对学生在班级成绩、参与度、合作精神等方面表现出的积极程度进行考核。

(5)作业评价。通过布置课后作业,测试学生对地球公转和自转的理解程度和掌握情况。

(6)实验评价。通过设计一些实验,检验学生对地球公转和自转的相关知识和技能的掌握情况,提高学生的实验操作和观察能力。

技术支持下的教学策略	内 容
技术支持学情分析	1.学情分析:高中学生对于地球公转和自转的概念有一定的了解,但对于相关的科学知识和技术支持还需要进行深入学习。 学习兴趣和动机:高中学生的学习兴趣和动机有所不同,有些学生对地理学科感兴趣,对地球公转和自转的学习有积极的态度,而有些学生则更倾向于其他学科,对地球公转和自转的学习缺乏兴趣。 学习习惯和方法:高中学生的学习习惯和方法有所不同,有些学生喜欢通过阅读教材和笔记进行学习,而有些学生则更喜欢通过观看视频、听讲座等方式进行学习。 学习能力和水平:高中学生的学习能力和水平有所不同,有些学生对地球公转和自转的学习很容易掌握,而有些学生则需要花费更多的时间和精力进行学习。 2.技术支持:多媒体教学。在教学过程中可以使用多媒体教学方式,通过图片、视频等形式来展示地球公转和自转的过程,帮助学生更好地理解和掌握相关知识。 互动教学。通过互动教学方式,例如小组讨论、讲解等,帮助学生加深对地球公转和自转的理解,促进学生之间的合作和交流。 网络资源。利用互联网资源,例如教育类网站、在线课程等,帮助学生进行学习和巩固知识,扩宽学生的学习视野。 科技工具。例如天文望远镜、星座软件等,通过科技工具的应用,让学生更加直观地了解地球的公转和自转
技术支持课堂导入	1.看录像:播放一段地球公转和地球自转录像,让学生在视觉上感受地球的变化,在学习中激发学生学习的兴趣。 2.提出问题:通过提出一些相关的问题,例如地球公转和自转有什么区别?带领学生去思考,去探究,把求知欲激发出来。 3.实验演示:通过旋转地球仪与闪光灯的配合,模拟地球自转公转过程,使学生更加直观地了解和掌握相关知识,以实验演示的方式展示地球自转公转。 4.图片展示:通过展示与之相关的一些图片,如地球在不同季节的照片,地球转动产生地球球形的变化等,让学生在激发学习兴趣的同时,也能从视觉上感受地球的变化。 5.课件展示:通过制作一些精美的课件,例如PPT、Prezi等,来介绍地球的自转和公转相关知识,同时可以通过动画效果等方式让学生更加直观地了解相关知识

技术支持下的教学策略	内　容
技术支持课堂讲授	1.观看视频:播放一个有关地球的自转和公转过程的视频。视频可以包括一些动画效果来展示地球的自转和公转轨迹、地球的日照和影子变化等。通过视频的展示,让学生更加直观地了解地球自转和公转的过程,从而使学生产生浓厚的兴趣。 2.设问:"地球为什么有白天黑夜?""地球的公转和自转速度分别是多少?"等等之类的设问方式,可以让教师引导学生自己思考问题。这些题目可以帮助学生更好地认识地球的自转与公转,激发学生对知识的求知欲。 3.实验演示:教师可利用一些展示地球自转、公转过程的实验演示。例如,可以用一个地球仪来演示地球的自转过程,用一个灯光来模拟太阳光线照射地球的过程,让学生通过实际观察来理解地球的自转和公转过程。 4.画面展示:表现地球自转公转经过的画面。例如,可以展示地球在不同季节的卫星图片,展示地球的自转产生的地球球体形状变化等等。通过图片的展示,让学生对地球自转、公转的过程有了更直观的了解。 5.课件展示:地球自转、公转相关知识,教师讲解时可借助课件进行讲解,课件可以包括文字、图片、动画等多种形式,通过不同的形式来让学生更加深入地了解地球的自转和公转过程。同时,教师也可以利用课件与学生互动,让学生通过课件上的问题、小测验等来巩固所学知识
技术支持方法指导	1.视频制作软件:教师可以使用一些视频制作软件,例如 iMovie、Windows Movie Maker、抖音等,来制作有关地球的自转和公转过程的视频。这些软件可以帮助教师将图片、音频、视频等多种素材组合起来,制作出生动有趣的视频,让学生更加直观地了解地球的自转和公转过程。 2.实验器材:在进行实验演示时,教师需要一些实验器材来帮助演示。例如,可以使用一个地球仪来演示地球的自转过程,使用一个灯光来模拟太阳光线照射地球的过程等。教师需要提前准备好这些实验器材,并确保它们能够正常运作。 3.图片处理软件:教师可以使用一些图片处理软件,例如 Photoshop、GIMP 等,来处理图片素材,制作出更加美观、生动的图片。比如,图片的亮度、对比度、饱和度等参数都可以通过这些软件进行调整,让画面更清晰、更鲜艳。 4.课件制作软件:教师可以使用一些课件制作软件,例如 PowerPoint、Prezi 等,来制作出有趣、生动的课件。这些软件可以帮助教师将文字、图片、动画等元素组合起来,制作出精美的课件,让学生更加深入地了解地球的自转和公转过程。同时,这些软件也可以帮助教师与学生互动,例如通过小测验、问题解答等方式来巩固所学知识
收集评价数据	1.问卷调查:教师可以利用"问卷星"设计一份问卷,向学生收集关于地球的公转和自转的学习效果的评价数据。问卷可以包括选择题、填空题等多种形式,例如"你对地球的自转和公转有哪些认识?""你觉得本次课程对你的地理学习有何帮助?"等等。通过问卷调查,教师可以了解到学生对地球的自转和公转的掌握情况以及对本次课程的评价。 2.学生作业:教师可以布置一些与地球的自转和公转相关的作业,例如制作

技术支持下的教学策略	内 容
收集评价数据	一个地球自转的动画,解释为什么地球有昼夜之分等等。通过批改学生的作业,教师可以了解到学生对地球的自转和公转的理解情况以及掌握程度。 3.课堂互动:教师可以在课堂上进行一些互动活动,例如小组讨论、知识竞赛等,来了解学生对地球的自转和公转的掌握情况。通过观察学生的表现和听取他们的讨论,教师可以了解到学生对地球的自转和公转的理解情况以及学习兴趣。也可以制作地球公转和自转的评价量表作出评价。 4.考试成绩:教师可以在课程结束后进行一次考试,考查学生对地球的自转和公转的掌握情况。通过考试成绩,教师可以了解到学生对地球的自转和公转的理解程度以及掌握程度
可视化数据呈现与解读	1.制作地球自转的动画:教师可以使用一些制作动画的软件,例如 Adobe Animate、Blender 等,来制作一个地球自转的动画。学生们通过动画更加直观地了解地球自转过程,如地球的自转、公转方向和速度等。 2.制作地球公转的模型:教师可以使用一些 3D 建模软件,例如 Sketchup、AutoCAD 等,来制作一个地球公转的模型。通过模型可以让学生更加直观地了解地球公转的轨道、速度等。同时,教师也可以在模型上标注一些有关地球公转的知识点,例如黄道、赤道等。 3.制作数据可视化图表:教师可以使用一些数据可视化工具,例如 Excel、Tableau 等,来制作一些关于地球的自转和公转的图表。例如,可以制作一个地球日照时间的柱状图,通过柱状高度的变化来展示不同地区的日照时间差异。通过这些图表,学生可以更加直观地了解地球的自转和公转的影响因素及其变化规律。 4.制作虚拟实境模拟:教师可以使用一些虚拟实境模拟软件,例如 Unreal Engine、Unity 等,来制作一个地球自转和公转的虚拟实境模拟。通过虚拟实境,学生可以更加真实地感受地球的自转和公转过程,例如通过摄像机视角来观察地球的自转、公转过程,通过交互式控制来改变地球的自转、公转速度等。同时,教师也可以在虚拟实境中设置一些任务和问题,来帮助学生巩固所学的知识

5.技术工具、平台、资源

希沃白板、宁教云、极课大数据。

6.教学设计的知识思维导图

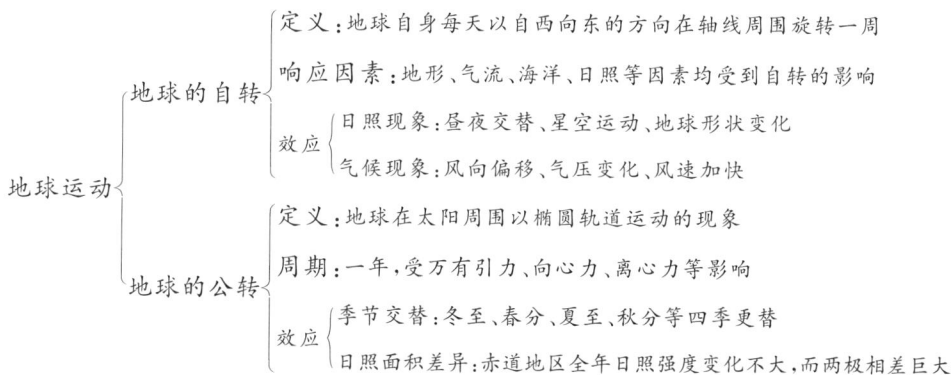

地球运动
- 地球的自转
  - 定义:地球自身每天以自西向东的方向在轴线周围旋转一周
  - 响应因素:地形、气流、海洋、日照等因素均受到自转的影响
  - 效应
    - 日照现象:昼夜交替、星空运动、地球形状变化
    - 气候现象:风向偏移、气压变化、风速加快
- 地球的公转
  - 定义:地球在太阳周围以椭圆轨道运动的现象
  - 周期:一年,受万有引力、向心力、离心力等影响
  - 效应
    - 季节交替:冬至、春分、夏至、秋分等四季更替
    - 日照面积差异:赤道地区全年日照强度变化不大,而两极相差巨大

7.任务驱动模式下的特定教学设计

教学环节	教师活动	学生活动	技术、资源 (含平台与工具)	设计意图
任务1	情境导入： 任务计划是为了让学生在完成任务的过程中，探究地球自转和公转运动的规律和对地球的影响，并以任务为导向，根据实际生活中出现的问题和情境而制定。 第一步:观察现象和思考问题。教师可以引导学生观察生活中的现象，如不同季节白天和黑夜的分布情况。 分析问题:为什么在不同季节,白昼和黑夜的时间长度不同	学生思考： 第二步:小组合作学习。将学生分成小组，协作研究地球自转、地球公转和季节的关系，共同制订实验计划,设计实验方案	宁教云平台展示数字教材内容、学生课前观看视频	贴近学生实际需求,提高学习兴趣。 以任务驱动模式为主导,能将地理知识与学生的实际需求紧密结合,使学生在完成任务的过程中充分认识到地理知识的实用价值,增强兴趣和主动性
任务2	提问:为什么在不同季节,白昼和黑夜的时间长度不同	第三步:实验操作。学生按任务需要部署计划，按实验步骤进行，并记录实验过程和数据	1.希沃白板呈现探究的任务、制作的材料 2.通过实物展台或手机投影展示学生作品	
任务3	提问:为什么地球会有昼夜之分	第四步:数据分析和解释。学生根据实验数据和所学知识,分析和解释为什么在不同季节,白昼和黑夜的时间长度不同	希沃白板呈现教学设计的思路	提高学习效果,加深理解认识。 任务驱动模式能够让学生在真实情境中学习地理知识,使其学习过程充满多样性和灵活性。学生在实践中得到的经验,对加深知识理解有正面的促进作用

教学环节	教师活动	学生活动	技术、资源(含平台与工具)	设计意图
任务4	问:由于季节不同,各地气温、降水量为何不同?	第五步:知识应用。学生利用所学知识,从地球自转和公转的角度,解释为什么在不同季节,白昼和黑夜的时间长度不同;各地气温、降水为何不同	学生利用宁教云平台上传作品,并对其他学生的作品进行评比	动手能力增强了,解题技巧提高了。任务驱动模式能够促进学生动手操作能力的发展,培养学生动手解决问题的能力。通过完成任务,学生能够了解地理知识与实践的联系,掌握解决实际问题的能力,同时也能够在实践中锻炼自身的创新思维能力
任务5	教师组织学生座谈、分组展示	第六步:展示和讨论。学生进行小组展示和讨论,分享实验数据、解释结论,比较不同小组的实验结果是否相似,并进行讨论	通过宁教云平台展示学生作品	
任务6	教师引导学生展开对这节课所学知识的总结,反思所获得的知识	第七步:总结与反思。学生总结所学知识,回顾任务的过程,反思完成任务的收获和不足之处	利用希沃白板进行总结	提高综合素质,培养能力素养。任务驱动模式侧重于培养包括沟通能力、协作能力、创新能力、批判性思维能力等在内的学生的能力素养,可以使学生的综合素质得到全面提升。通过以任务带动教学,使学生综合素质得到全面提高,在今后的学习生活中夯实基础
任务7	教师开展教学评价。针对学生的实验报告、小组展示、讨论表现,以及个人表现进行评价,同时还可以通过考试或作业来测试学生掌握的知识和能力。通过对学生所学表现的评价,可以不断地改进和完善任务驱动的教学策略	学生通过小组互评展开对小组的评价,通过对学生的考试或作业来评价学生掌握的知识和能力	1.微课展示创意设计。2.通过宁教云平台推送课后探究任务。3.通过问卷星进行学习评价	

13

五、课后评价与反思

1 评价量规

（1）教学设计评价量表

评价内容标准	赋分	教师得分
教学设计不够全面和系统,缺乏创意和新颖性	1分	
教学设计基本上能够满足教学需求,但缺乏深入挖掘和探究	2分	
教学设计较为全面和系统,能够满足学生的学习需求,有一定的创意和新颖性	3分	
教学设计非常全面和系统,能够满足学生的学习需求,有很高的创意和新颖性	4分	

（2）教学方法评价量表

评价内容标准	赋分	教师得分
授课方法单一,生硬,不够有趣,不够互动	1分	
授课方式略有变化,但在趣味性和互动性上有所欠缺	2分	
授课方式更加丰富多样,能激发学生的学习兴趣,有一定的趣味性、互动性	3分	
教学方式十分丰富多样,可以使学生的学习兴趣得到极大的激发,趣味性、互动性都很高	4分	

（3）教学态度评价量表

评价内容标准	赋分	教师得分
教师在教学态度上不够认真、不够负责、不够积极主动、不够耐心时开展教学工作	1分	
教师教学态度一般,有时缺乏热情和耐心	2分	
教师授课态度较好,兢兢业业,有一定的积极性和耐心	3分	
教师教学态度良好,工作极其认真负责,对待教学工作热情、耐心,任劳任怨	4分	

（4）课堂管理评价量表

评价内容标准	赋分	教师得分
教师在班级管理、学生纪律、课堂秩序等方面管理还不够严格	1分	

评价内容标准	赋分	教师得分
教师课堂管理稍有不足,学生纪律稍有松散,课堂秩序稍有混乱	2分	
教师班级管理较好,能保持学生纪律,使班级秩序基本稳定	3分	
教师上课管理得好,学生管教有板有眼,上课秩序井然	4分	

以上量表可以根据实际情况进行调整和修改,以便更好地评价教师的教学情况和提高教学效果。

2.学习过程评价

	评价项目	评价内容	赋分	得分
A	学生参与度评价	通过观察课堂氛围和学生参与度,评价学生对地球自转和公转知识的兴趣和理解程度,以便调整教学策略和提高学生的参与度	20	
B	课堂练习评价	通过对学生的课堂练习成绩进行评价,了解学生对地球自转和公转知识的掌握程度,以便及时纠正学生掌握的不足之处,提高学生的学习效果	20	
C	实验和观察评价	通过观察学生实验和观察成果,评价学生对地球自转和公转知识的实际应用能力,以便更好地指导学生掌握相关知识	20	
D	课堂讨论评价	通过课堂讨论,了解学生对地球自转和公转知识的理解程度,以及学生对相关问题的思考和见解,以便促进学生的思维发展和提高学生的分析能力	20	
E	课后作业评价	通过对学生课后作业的评价,了解学生对地球自转和公转知识的掌握情况,以及学生对相关问题的思考和见解,以便更好地指导学生掌握相关知识	20	
最后得分				

综上所述,在高中地理选修必修一"地球公转和地球自转"的教学过程中,都可以进行多种形式的过程性测评,对相关知识的掌握有较好的导向作用,同时也有利于提高学习效果。

3.学生呈现作品评价

	内容	20分	15分	10分
A	科学性			
B	实践性			

	内容	20分	15分	10分
C	环保性			
D	创新性			
E	美观性			

六、信息技术应用

1.网络平台

创建选择题、填空题等考试题目,考查学生对地球自转与公转的基本概念、规律等方面的理解,通过问卷调查、宁教云等网络平台,加深对地球自转与公转的基本概念的理解。

2.智能白板

在课堂教学中,可以使用智能白板,如IWB、Smartboard、希沃白板等,进行互动教学、展示实验结果等,以促进学生的参与度和思维发展。

3.数字化教材

可以使用数字化教材,如PPT、Prezi等,展示地球自转和公转的基本概念、规律、影响等方面的知识点,以便学生更好地理解和掌握相关知识。

4.数据分析软件

可以对学生的学习成绩和课堂表现进行分析统计,如Excel、SPSS、极课大数据等数据分析软件,让学生的学习状况得到更好的评价和反馈。

5.视频录制工具

可以使用视频录制工具,如Camtasia、Loom等,录制教学视频或学生展示视频,以便帮助学生进行复习和回顾。

综上所述,多种技术工具可以用于提高评价效率和准确性,同时也可以激发学生的学习兴趣,促进其学习效果的提高,可以用于高中地理选择性必修一"地球公转和自转"教学评价。

七、评价结果

1.评价量表

(1)学生参与度评价量表

内容	赋分	学生得分
学习兴趣不浓,听课不认真,听课不参加讨论,听课不动手,学生没有兴趣或兴趣不高	1分	
学习有些兴趣,偶尔参与课堂讨论,做一些课堂练习	2分	
学习基本上有兴趣,能积极参与课堂讨论,主动提出问题,认真做课堂练习	3分	

内容	赋分	学生得分
非常有兴趣,能积极参与课堂讨论,提出高质量问题,认真做课堂练习,积极回答问题	4分	

（2）课堂练习评价量表

内容	赋分	学生得分
地球自转和公转有的知识同学们掌握不足,答错的题目居多	1分	
地球自转和公转部分的知识同学们掌握得一般,答错的题目也是有的	2分	
地球自转和公转知识掌握相对较好,多数题目答对	3分	
地球自转和公转部分的知识掌握得相对较好,答对了所有题目	4分	

（3）实验和观察评价量表

内容	赋分	学生得分
对实验的认识不足,对观察结果了解不够,很难解释实验现象	1分	
对实验和观察结果的理解一般,对一些实验现象的解释也是驾轻就熟	2分	
较好地理解了实验和观察结果,能较好地说明大部分实验现象	3分	
很好地理解实验和观察结果,并能很好地解释实验的一切现象	4分	

（4）课堂讨论评价量表

内容	赋分	学生得分
不愿意发表意见,对问题缺乏思考	1分	
发表一些意见,对问题有些思考	2分	
积极发表真知灼见,对问题的思考更加深入	3分	
发表意见很积极,思考问题很深入,解决问题的质量也很高	4分	

（5）课后作业评价量表

内容	赋分	学生得分
对作业理解不足,做错多数题目	1分	
对作业理解一般,做错一部分题目	2分	
较好地理解了作业,多数题目都做对了	3分	
很好地理解了作业,把所有的题目都做对了	4分	

2.学生的作品

(1)一份关于地球自转和公转的比较报告。该学生详细介绍了地球自转和公转的概念、特点和影响,并进行了比较和分析,说明了自转和公转对地球的影响和重要性。

(2)一份绘制地球自转和公转模型的作品。该学生使用各种材料和工具,制作了一个具有自转和公转功能的地球模型,生动形象地展示了地球的运动。

(3)一段地球自转和公转的动画视频。该学生使用计算机软件,制作了一段动画视频,展示了地球的自转和公转运动,引人入胜,生动形象。

(4)撰写地球自转和公转现象研究小论文1篇。学生详细研究了地球自转和公转现象,分析了地球自转和公转现象产生的原因和影响,提出了自己的见解和观点,对地球自转和公转现象进行了深入研究。

(5)制作一个关于地球自转和公转的图文并茂的展板。学生精心制作了一个图文并茂的展板,生动形象地展示了地球自转和公转的概念和特点,以及对地球的影响。这些学生作品不仅表现了学生对地球自转和公转知识的深刻理解和掌握,而且在促进学生思维发展、提高学习兴趣等方面,展示了学生的创造性和表现力。

八、命题方向和立意

1.命题方向

(1)地球公转和自转的基本概念和特征。探究地球公转和自转的定义、周期、方向、速度等基本特征,以及这些特征对地球上的自然环境和人类活动的影响。

(2)季节变化的原因和规律。分析地球公转的轨道特征和自转的倾斜角度对季节变化的影响,解释不同季节的气候特征和生态环境变化。

(3)地球的时区和国际日期变更线。介绍地球自转引起的时区差异和国际日期变更线的设立原因和位置,探究不同地区的时间和文化差异。

(4)天文现象的观测和应用。介绍日食、月食、星座、流星雨等天文现象的产生原因和观测方法,分析这些现象对人类历法、航海、天文学等方面的应用。

(5)地球自转的影响和应用。探究地球自转引起的地球表面风向、海流、地球自转偏向力等自然现象及其对人类生产和生活的影响,如风能、水能的开发利用。

(6)地球公转的影响和应用。介绍地球公转引起的日照时间、太阳辐射、地球温度等自然现象及其对人类生产和生活的影响,如太阳能的利用和气候变化的影响等。

(7)地球运动的历史和未来。探索地球公转和自转的历史变化及其对地球自然环境和人类活动的影响等未来发展趋势,如地球轨道的变化、自转速度的变化等。

2.命题立意

(1)地球公转和自转的基本特征。题目可以涉及地球公转和自转的周期、方向、速度等基本特征,并要求考生能够正确解释这些特征对地球上的自然环境和人类活动产生的影响。

(2)季节变化的原因和规律。题目可以涉及地球公转的轨道特征和自转的倾斜角度对季节变化的影响,要求考生能够正确解释不同季节的气候特征和生态环境变化,并掌握季节变化的规律。

(3)地球时区与国际日期变更线。题目可涉及地球自转引起的时区差异及国际日期变更线的设置原因、位置等,要求应试者对不同地区的时间、文化差异能作出正确的解释,做到对时区与国际日期变更线的知识了然于胸,不能因为时间、文化的差异而盲目。

(4)观察运用天文现象。题目可涉及日食、月食、星座、流星雨等天文现象产生的原因和观察方法,要求考生掌握天文现象的基本知识和观察技巧,并能分析运用人文、航海、天文等现象。

(5)地球自转影响与应用。题目可涉及地球表面风向、洋流、地球自转偏向力等因地球自转引起的自然现象及其对人类生产、生活的影响,要求应试者能对这些现象的成因、作用作出正确的解释,并能熟练掌握应用性的相关知识。

(6)地球公转影响与应用。题目可涉及地球公转引起的自然现象及其对人类生产、生活的影响,如太阳照射时间、太阳辐射、地球温度等,要求考生能正确解释产生这些现象的原因和作用,并能熟练掌握相关应用知识。

(7)地球运动的历史与未来。题目可涉及地球公转与自转的历史变迁与未来发展趋势,要求应试者能正确解释地球轨道的变化、自转速度及对地球自然环境的影响、人类活动的影响等,并能掌握相关知识,考生可结合自己的实际情况,对地球公转与自转加以理解。

九、教学反思

1. 项目学习连接知识、生活和学生,培养核心能力

地球的公转和自转是高中地理选择性必修一的重要内容,在教学中应当注重学生的实际生活和现实应用。在教学过程中,采取项目学习的方式,将知识、生活和学生紧密联系起来,帮助学生更好地理解和掌握地球的公转和自转知识。首先,在项目学习之前,通过讲解地球自转和公转的基本概念和特征,让学生对知识点有一个初步的了解。然后,组织学生分成小组,让每个小组选择一个有关地球自转和公转的实际问题进行调查研究,如日食和地球季节变化等。学生通过查阅书籍、上网、实地查看等方式,收集有关资料,整理出了学习调研报告。其次,通过授课和小组辅导的方式,对学生进行指导,帮助他们深入了解地球自转和公转的相关知识。同时,教师也引导学生进行自主学习和探究,鼓励他们从实践中发现问题、解决问题,并将所学知识应用到实际生活中。最后,在项目学习结束后,组织学生进行小组展示,让他们将自己的研究成果展示给全班同学。通过展示,让学生在学习中收获更多的东西同时,也能学到其他小组的研究成果,还通过课堂测试、写作业、座谈等方式,对学生的学习情况进行考核并反馈。整个教学过程中,注重将地球的公转和自转知识与生活和学生联系起来,帮助学生更好地理解和掌握相关知识。通过项目式的学习方式,不仅让学生学到了相关的知识,而且对学生的动手能力、探究能力、创新能力等方面都进行了锻炼。同时,学生的思维能力、表达能力也通过小组展示、班级讨论等方式得到了很好的锻炼。

2.分层活动推动思维拓展提升核心素养

高中地理选择性必修一教材中的"地球的公转和自转"在促进学生思维拓展的同时,以循序渐进的方式,注重推进层次性活动,促进了教学中的层次性活动的推进,促进了学生对相关知识的深入理解和掌握。第一,教学设计应由浅入深,对学生学业的推进应循序渐进。在教学的开始阶段,我们可以通过讲解地球的自转和公转的概念和基本特征,让学生对相关知识有一个初步的了解。第二,我们可以引导学生进行实验和观察,深入了解地球自转和公转的规律和影响。能够引导学生深入理解和掌握相关知识,做到探究式学习,融会贯通,学以致用。第三,注重引导学生在教学过程中的思考与探索。能激发学生的兴趣,推动探究能力的发展,如出题、组织研讨等。同时,我们也可以引导学生进行自主学习和探究,让他们在实践中发现问题、解决问题,并将所学知识应用到实际生活中。最后,注重对学生在教学考核中的学习情况进行综合评价。教师可以通过课堂测验、作业、小组展示等方式对学生的学习情况进行评价和反馈。并且,教师也可以通过学生的课堂表现、思维发展等方面来评价学生的综合能力。总之,在高中地理选择性必修一"地球公转与自转"的教学中,要注意推进层次性的活动,对相关知识要逐步深入地帮助学生理解与掌握,对学生的思维发展要有一定的促进作用。

3.微能力助力学生创新解决地理问题

在高中地理选择性必修一"地球的公转和自转"的教学中,我们可以运用微能力助力问题解决,帮助学生更好地理解和掌握相关知识。首先,引导学生运用观察力、实验能力等微能力,观察、实验、探究自转和公转的规律和影响。例如,组织学生进行实验,让他们通过观察地球自转和公转对日出日落和季节变化的影响,深入了解相关知识。其次,引导学生运用分析力、判断力等微能力,分析和判断地球自转和公转的影响和规律。比如可以做题,让学生通过分析判断来解决问题,如,为什么赤道上一年的白天和晚上的时长基本是相同的?为什么会出现极昼极夜这样的现象呢?最后,能够引导学生运用综合能力、创新能力、解决实际问题等微能力,将所学知识运用到实际生活中去。例如,提出问题让学生通过综合运用所学知识,解决日出日落时间和季节变化对生活的影响。总之,在高中地理选择性必修一"地球公转与自转"教学中,运用微能力帮助解题,帮助学生对相关知识有更好的理解与掌握,提高学生的综合能力与创新能力。

参考文献

[1] 张慧慧. 基于多元智能理论的高中物理实验教学策略研究[D].合肥:合肥工业大学,2009.

[2] 刘学军,冯朋.高三化学复习课的探究教学设计[J].中国教育研究论丛,2006(年刊):572-574.

[3] 刘菲.任务型语言教学在英语复习课中的应用[J].中小学外语教学(中学篇),

2022,45(7):44-49.

[4] 程传满.中学物理探究式教学的研究与实践[D].武汉:华中师范大学,2004.

[5] 叶爱山,邓洋阳.现代信息技术下立体化教学资源建设研究[J].山西青年,2023 (1):45-47.

[6] 葛浩,林其斌,周海军.电类专业"三平台、三融合、三导向"实践育人模式探索与实践[J].滁州学院学报,2022,24(5):89-93,101.

[7] 赵婷.对小学数学乘法教学的实践与探索[J].数学大世界(下旬),2022 (10):47-49.

[8] 杨剑,黄骏瀚,廖美林.H学院大学生创新创业教育满意度调查分析[J].人才资源开发,2022(13):52-55.

[9] 涂华婷,王选,查雨彤,严加勇.基于知识图谱理念的生物医学电子学在线课程建设初步探索[J].卫生职业教育,2023,41(11):19-23.

[10] 许浩峰.核心素养背景下高中地理课堂问题情境教学探析[J].教学管理与教育研究,2021,6(19):60-62.

[11] 鄢文英.先学后教模式在小学语文课堂中的应用[J].教师博览,2022(18):48-49.

[12] 邹东才.思维导图在初中地理教学中的运用路径[J].吉林教育,2023(6):88-90.

[13] 曹娜.探究信息化背景下小学数学教学改革之路[J].陕西教育(教学版),2022 (Z1):63-64.

[14] 霍永峰.论初中数学教学中师生互动存在的问题及解决策略[J].智力,2022 (14):119-122.

（主要执笔人：毛忠义　银川市第九中学）

"三新"背景下"地球运动的地理意义"教学研究与案例应用

——以"地球运动的地理意义"第一章第二节为例

一、教学背景分析

1.课程改革前课例教学中存在的问题

(1)昼夜与昼夜交替的概念比较。学生对昼夜和昼夜交替现象了解不清晰,认为这二者是相同的。还有的同学对昼夜交替现象产生的原因理解不深,想不明白为什么地球自转会产生昼夜交替现象。

(2)晨昏线的分类与判读。由于课本插图是静态图而且只能看到晨昏线的一半,因而有些学生不明白什么是晨线和昏线,晨线和昏线有什么区别,如何判断它们,如果转换观察的角度,就更不明白了。

(3)昼夜长短及其变化的分析。由于缺乏空间想象能力,有些学生很难从侧视图中想明白昼夜长短的差异及判断方法,也不可能理解太阳直射点移动造成的晨昏线的动态变化,以及所引发的昼夜长短的变化。

(4)地方时与区时关系的辨析。学生不明白为什么地球上同一时间不同的地方会有不同的时间,为什么有的地方会早一些,而有的地方会晚一些,以及时区、区时与地方时的差异和联系。

(5)太阳高度角和正午太阳高度角。学生平时观察太阳的经验较少,对太阳高度角的存在及其变化的感性认识不足,不了解太阳高度角最大出现在当地一天的中午 12 点。

(6)正午太阳高度角时空分布规律分析。学生以往判断正午太阳高度角的空间分布规律都是根据课本插图中的正午太阳高度角的大小变化来判断的,但实际上,不了解这个角度的含义,也就很难掌握其空间分布规律。而缺乏动态的模拟更是让学生们对正午太阳高度角的季节变化摸不着头脑。

2.解决课例存在问题采取的策略

(1)创设学生熟悉的地理情境。本案例以学生熟悉的不同地方作息时间表和同一地方不同季节的作息时间表差异引发学生质疑,将理论知识与实际生活中的地理现象相结合,创设地理情境,激发学生学习兴趣。

(2)运用多媒体工具进行辅助教学。这部分内容比较抽象,学生缺乏感性认识,而课本示意图又难以体现地球运动的真实情景,这就要求教师运用多媒体工具进行辅助教学,对地球运动现象进行模拟演示,使学生对地球运动的相关规律有直观的感受。

(3)利用画图方式解决难点。多媒体工具可以让学生更容易理解课本内容,但教学资料以及测试等均以静态图示形式呈现。这就需要学生将动态演示与静态图示关联起来。而画图无疑是最好的攻克难点的方式。画图方式还可让学生很好地理解各地理要素的数量关系,进而深入理解相关内容。

(4)利用地理现象的转换来帮助学生理解。正午太阳高度角及其变化的内容理论性太强,不但不易理解,甚至显得枯燥无味,这对学生来说是一个非常难学的内容。然而正午太阳高度角与物体的影子之间存在着极大的联系。把对正午太阳高度角及其变化的研究转化为对物体影子及其长短变化的研究,可使学习内容更为形象也更贴近生活,更加便于学生理解。

(5)引导学生自己探究。课例内容难度较大,适当的引导加上学生自己的探究可使内容学习变得生动而富有挑战性。本案例主要采用问题探究式教学,让学生全程参与,自己得出相关结论,使学习变得轻松而容易。

3.课例新的教学设计指导思想

(1)注重情境的设置,促进课程内容有机衔接。情境教学在新课标中得到了专门强调,这就需要教师有意在情境设置和情境问题的解决上下功夫,然而比较难的是地球自转和公转的地理意义怎样联系到一个情境上。本案例用一条时间线将三部分内容有机地衔接起来,分别以本地与新疆、山东夏季作息时间表的差异及本地夏季与冬季作息时间表的差异设置情境,最后再转至时间与物体影子的关系以及影子与太阳高度角的关系,还有四季的划分等,使课程内容有机地衔接到一起。

(2)以学生为中心,突出学生的主体性。学生是课堂的中心,一堂课的好坏首先看其是否将学生置于课堂的中心和活动的主体。本案例自始至终以学生为中心,引导学生将复杂的内容简单化,枯燥的内容生活化,通过观察、探究、归纳、总结得出结论,凸显学生的主体地位。

(3)强化思维转换,提升问题解决的能力。"地球运动的地理意义"是地球运动部分的重点和难点内容,特别是正午太阳高度角变化和昼夜长短变化的内容,既抽象难以理解,又枯燥不易引起学生的兴趣。如何才能让学生理解所学内容且不觉得枯燥呢?本案例采用思维转换的方式,让学生将学习昼夜长短的变化转变为理解日常作息时间的变化。将理解太阳高度角和正午太阳高度角的变化理解为物体影子的日变化、年变化及空间变化等,提升学生理解问题和解决问题的能力。

(4)突出实践性,培养实践操作能力。本课例主要通过模拟软件操作让学生探究所学内容。第一部分地方时,需要学生操作 TerraTime 软件,计算全球各地时间的差异;第二部分昼夜长短变化,要求学生通过三维地球仪的操作,感受昼夜长短变化的原理;第三部分正午太阳高度角的变化,需要学生通过"太阳视运动模拟器"观察太阳高度角与物体的影子之间的关系;第四部分四季和五带,需要学生运用图新地球软件叠加相关图件,进而感受四季和五带的形成。在此期间,学生还需将观察到的地理现象转绘到平面图中,建立起三维视图与平面图之间的联系。以上活动实用性强,学生动手操作能力得到充分锻炼。

(5)关注应用性,强化知识的整合和应用能力。地球自转和公转运动的地理意义比较复杂,又各自独立成体系。本案例将地球自转的地理意义与公转的地理意义进行整合,形成了地方时的形成与计算、昼夜的形成与变化、物影与正午太阳高度的变化、四季与五带的划分四个有机联系的部分。案例关注知识应用性,从情境的设置和问题的解决、地方时的计算及正午太阳高度的应用等,无不体现了应用性特征。

(6)引导创新思维,培养创新意识和本领。本课例内容虽为常规内容,但设计绝不循规蹈矩,而是时刻体现创新性。地方时部分,通过变换视图,让学生建立起实际昼夜情况与地方时之间的联系,进而计算地方时、区时等。昼夜长短变化部分将原分属于自转地理意义的昼夜形成和公转地理意义的昼夜长短的变化有机地结合起来,通过分析太阳直射点与晨昏线的关系,进而探索太阳直射点运动与昼夜长短变化的关系。正午太阳高度,通过观察、总结物影与太阳高度角之间的关系,然后通过物影的变化,对正午太阳高度角的变化进行探究。四季和五带划分部分采用地理信息技术软件模拟现象产生的过程,有助于学生对知识的理解。创新作业部分,让学生在巩固学过的知识的同时,换个角度去思考所学内容。

4.课例新的教学设计理论依据

(1)新课程改革要求。《普通高中地理新课程标准》(2020年修订版)是现行新《普通高中地理》教材的主要依据。新课程强调情境的设置,提倡合作式学习和探究式教学,注重学科核心素养的培养,特别是地理学科的实践能力的培养,还有地理信息技术的使用等。这些都是设计这门课程的理论基础,在具体设计这门课程的时候,都要特别关注。

(2)学习金字塔的研究成果。学习金字塔理论表明:采用不同的学习方法,学习者两周后仍然可以记忆的内容有很大的差异。而第五种"小组讨论"、第六种"做中学"或"实战演练",分别能记住50%的内容和75%的内容。本课程也依据了该研究成果进行课程设计,将枯燥难懂的内容,通过"合作学习"和"做中学"及"实际演练"的方式组织,从而提升教学效果。

(3)直观教学理论的要求。"地球运动的地理意义"中的很多地理现象都是三维立体的,而课本及试卷中有关本部分的地理现象往往都是通过二维图像展现的,这就需要在三维立体景观与二维图片之间建立起联系。本课程先利用地理信息技术软件模拟真实的地球运动现象,再通过绘图的方式将其转化为二维图像,使它们之间建立联系,进而达到整合的目的。

(4)教育技术的应用。现代教育技术是现代教育中提高教学效率的重要手段,特别是在互联网+背景下更是如此。现在关于教育技术的各种理论也随着现代教育技术的发展而不断涌现。这些都是多媒体课程设置的重要理论依据。本课程主要应用一些常规的多媒体教学手段,另外使用平板电脑等多媒体终端,同时应用地理信息技术,力争提高教学效率,达到最好的教学效果。

(5)教育评价理念。教育评价是教育不可忽视的重要内容,它伴随着教育教学的出现而产生。教育评价理念从以前的注重教师评价以及终结性评价,到现在注重过程性评价、思维结构评价以及学生互评等,其间发生过很多次重大变革。本课程基于现阶段各种先进的教育评价理念,将教学评价融入教学的各个阶段,以教带评,以评促教,使教学评价更为科学,也使教学效果得到更好的量化。

5.课例新课程标准依据

(1)知识与技能。学习地球运动的地理意义,了解地球自转和公转产生的地理现象及其时空分布规律和产生这些现象的原因,学会运用这些原理分析和解决实际生活中出现的问题,培养学生科学思维及实践应用能力。

(2)过程与方法。使学生通过观察、实际操作、合作探究、绘图等方式,加深对本部分内容的理解,培养学生的综合思维、创新意识和地理实践能力,进而掌握地球运动的地理意义的有关原理。

(3)情感态度与价值观。通过学习地球运动的地理意义,培养学生热爱大自然、热爱祖国、热爱家乡的情感和对中华优秀传统文化的尊重,培养学生科学、人文的探究精神,树立人地协调发展的理念。

(4)学科交叉与综合。在学习本部分内容时,要让学生运用相关学科知识和技能解决遇到的问题,培养学生学科交叉融合和综合应用能力,其中涉及了地理、天文、物理、数学、历史学的相关知识和原理。

(5)学习方法与策略。本部分内容的学习应引导学生运用观察记录法、实践操作法、合作探究法、图形转绘法等,在做中学,使学生不断提高学习效率;在学中用,提高学习质量,达到融会贯通,学以致用的目的。

6.课例新教材及教学内容分析

新教材选择性必修一"地球运动的地理意义"部分涉及物理、天文学、地理等相关知识,教学内容主要包括以下方面。

(1)昼夜更替。介绍了昼夜更替现象及其原因、周期、意义等内容,还有晨昏线及其特征和晨昏线的判读等内容。

(2)地方时。介绍地方时的形成及其计算方法、时区、区时及其计算方法、国际日期变更线及其相关计算等。

(3)沿地表水平运动物体的偏移。介绍了沿地表水平运动物体的偏移现象、偏移规律、形成原因等,并对其在实际生活中的应用进行了简单的说明。

(4)昼夜长短的变化。介绍昼夜长短变化的形成原因,昼夜长短的季节变化规律和空间变化规律,昼夜长短的计算,日出、日落方位的判断等内容。

(5)正午太阳高度变化。主要介绍太阳高度角及其与物体影子长短的关系、太阳高度角的日变化规律、正午太阳高度角的季节变化与空间变化规律、正午太阳高度角的计算与应用等。

(6)四季和五带的划分。介绍地球上的四季划分方法及其区别、地球上五带的划分及五带中太阳直射和极昼、极夜情况等。

以上内容全面系统地介绍了地球自转所产生的地理意义和地球公转所产生的地理意义,激发学生对这些现象的好奇心,进而开启对这些现象的探究之旅,培养他们的地理思维和科学探究精神。

7.课例教学对象分析

学生在初中地理学习的基础上对本部分内容应有一个简单的认识和相应的知识铺垫,但由于高中是基于初中学习基础上对本部分内容的深入学习,加之本部分内容比较抽象,学习难度较大,因而在具体操作过程中可能面临较大困难,这就需要在教学实践中从以下方面加以努力。

(1)注重实践操作。学生通过观察、实际操作、归纳总结学习相关知识,加深对相关原理的理解。

(2)强化合作探究。学生通过合作探究学习陌生知识,通过讨论集大家的智慧解决问题,同时培养学生合作的意识。

(3)关注实际应用。通过实际生活中的现象激发学生学习兴趣,通过实际应用让学生巩固所学知识与能力,通过知识再应用检验学生学习效果。

(4)加强思维转换。通过引导,让学生不断变换思维方式,使他们建立起形象思维与抽象思维之间的联系,并学会把所给的呈现形式转换为便于解决问题的形式。

(5)重视人地协调。通过学习,感受古人在处理人与地理环境关系上的正确做法及其所体现出来的智慧,把古人解决实际问题的人地协调思想运用到实际生活中。

8.学生的关键能力和核心素养

(1)学生的关键能力

①了解昼夜产生的原因、昼夜更替的周期、昼夜更替的影响,学习运用沿地表水平运动物体的偏移规律等,并能从中找到解决实际生活中出现问题的方法。

②了解四季的产生和划分,五带的产生和划分,五带中太阳直射和极昼、极夜情况。

③理解晨昏线的特征、分类,昼夜长短的变化及其时空分布规律,学会运用昼夜长短的

变化规律分析实际生活中的现象。

④了解地方时的产生、划分时区的方案,理解地方时与区时的关系,掌握计算地方时和区时的一般方法。

⑤了解太阳高度角的产生、太阳高度角与物体影子之间的关系,掌握正午太阳高度角变化的时空分布规律,学会运用太阳高度角的变化规律,解决实际生活中出现的问题,树立人地协调发展观念。

⑥学会辨识各特殊节气的日照图,简单绘制特殊节气的日照图,熟练掌握一些有关地球运动的常用软件操作。

(2)核心素养的培养

①探究问题的教学方法:教师通过创设情境,引导学生通过解决情境问题,学习有关地理知识,培养区域认知、综合思维和人地协调的观念,在各部分学习过程中,也通过设问,解决生活中的地理问题,进而学习相关地理原理。

②合作讨论的教学方法:通过合作讨论解决课程重点和难点问题,训练学生合作学习的习惯,培养学生综合思维和地理实践力。

③多媒体资源的利用:运用多媒体材料,增加学生对地球运动等有关内容的感性认识,增加学生对这部分内容的理解,通过地球运动相关软件的操作,培养学生区域认知、综合思维和地理实践力等方面的能力。

④跨学科整合的教学方法:利用立体几何等相关数学知识学习日照图的判读,并学会在三维立体图与二维平面图之间转绘。应用历史知识了解古人对地球运动地理意义相关内容的认识。培养学生人地协调观念和动手操作等地理实践能力。

二、教学设计的基本要素

1.教学目标

运用 TerraTime 软件,使学生认识地方时的产生、时区的划分、地方时与区时的关系;利用三维地球仪,让学生认识昼夜交替现象的形成、晨昏线的分类及其判读、昼夜长短变化的时空分布规律等知识;利用三维地球仪,让学生认识正午太阳高度角及其变化的时空分布规律、正午太阳高度角的计算及其应用等知识;利用图新地球软件和多媒体教学资料,让学生初步了解沿地表水平运动物体的偏移规律及其应用,认识四季、五带的划分。

2.教学内容

根据地理新课程标准要求,选取"地方时和区时""昼夜交替及其变化""正午太阳高度角的变化""四季与五带的划分"四部分主要内容分别设计探究活动,运用多媒体素材和信息技术手段,让学生通过合作探究达成教学目标。

3.教学方法

根据教学内容及其特点,选择适合自己的教学方法和策略,如观察记录法、合作探究法、绘图法、案例研究法、小组活动法等,激发学生的学习积极性,培养学生的综合能力。

4.教学评估

设计思维结构评价表、交互式量化评价表、典型试题等,采取学生自评、学生互评、教师评价等方式,适时进行量化评估。

5.教学资源

让学生通过多媒体素材、TerraTime 软件、三维地球仪、日出日落方位演示动画、教学视频等教学资源在观察、操作、探究中深入了解和掌握地球运动的地理意义。

6.课堂管理

制订合理的小组划分方案、合适的课堂管理策略、适当的小组活动激励机制,运用信息技术手段,来保证学生的参与度和教学秩序,提升课堂教学效果。

三、教学设计的整体思路

1.创设课程情境

根据教学目标和教学内容,以学生熟悉的日常作息表引入课程,然后分设四个情境:第1课时对比本地与新疆及山东夏季作息时间表的差异,提出为什么不同地方的夏季作息时间表不同;第2课时对比本地夏季和冬季作息时间表的差异,提出为什么要设置两种作息时间表;第3课时引导学生思考古人是如何确定时间的;第4课时引导学生思考四季轮回的形成。

2.教学活动设计

本课程根据教学内容及其联系,重新整合教学内容,分四个课时进行学习,依次为地方时与区时计算、昼夜交替及其变化、正午太阳高度角及其变化和四季五带的划分。每一课时分设三个项目,即介绍基本概念,呈现地理现象;引导学生探究地理原理;组织学生总结地理规律并应用到实际生活中。

3.教学方法与教学资源的选择

本课程主要根据教学内容及其特点,分别选择如下教学资源:第1课时选用的三维地球仪、TerraTime 软件等教学资源;第2课时选用地球运动动画和三维地球仪等教学资源;第3课时选用日出日落演示动画、三维地球仪等教学资源;第4课时选用多媒体素材、图新地球软件等教学资源。每课时选用观察记录法让学生观察现象,然后用合作探究法让学生探究地理现象的原理,再运用绘图法让学生通过绘图建立起三维立体图与二维平面图的联系,最后使用案例研究法让学生将学习到的原理应用到具体实践中。

4.实施教学评价

本课程分别采用表现性评价和终结性评价两种方法进行教学评估。表现性评价采用学生自评和学生互评的手段,即学生在答完题和操作软件后,对自己的成绩和所得的收获进行评价,或者对同学在答题和操作软件中的表现进行评价。每部分内容在学习完成后采用终结性测评,即选取典型习题作为课堂学习效果评价的依据,通过学生的完成情况对学生的学习效果进行测评,对学生的学习效果进行量化比较。最后在课程总结时由教师对学生的整体课堂表现及学习效果进行评价。

四、课例呈现

1."地球运动的地理意义"课例介绍

课题	地球运动的地理意义
教学目标	掌握昼夜交替、地方时与区时、昼夜长短变化、正午高度角变化等规律; 了解沿地表水平运动物体的偏移规律,认识划分四季、五带的方法; 能够利用常用软件模拟地球运动产生的现象,学会相关简单计算
教学内容	昼夜更替,地方时与区时,昼夜长短变化,正午太阳高度变化; 四季五带的划分,沿地表水平运动物体的偏移规律; 地球运动相关信息技术软件的操作、日照图的绘制
教学方法	问题探究教学、绘图法教学; 课堂讨论、合作探究; 观察视频、软件操作
教学资源	教材、多媒体课件、模拟动画;相关软件
教学过程	导入环节:让学生通过对比本地与新疆、山东夏季作息时间表的差异、本地夏季与冬季作息时间表的差异,进而思考产生这种差异的原因。 概念解释:说明地方时、时区、区时、昼夜更替、正午太阳高度等概念。 软件操作:运用模拟软件,对地理现象进行观测,使学生加深对地球运动地理意义的认识。 观察动画:通过观察动画使学生产生对地球运动的地理意义及其影响的认识。 小组活动:针对地球运动所产生的地理现象,采取分组讨论的方式,对其原理进行探究。 教学评价: 　作业,布置巩固学生学习成果的有关绘图作业和探究作业。 　观测结果,通过观测记录和观测总结,评估学生对地球运动地理意义的掌握程度。 　课堂表现,评价学生参与课堂的程度、听课的情况、学习的效果

2."地球运动的地理意义"教学目标分析

学科素养	学习目标
科学观念与应用	认识地方时、时区、区时、昼夜更替、正午太阳高度角等概念
科学思维与创新	掌握计算当地地方时、区时的规律,理解昼夜长短变化规律,正午太阳高角变化规律等
科学探究与交流	能够运用所学知识解释一些与地球运动有关的现象,运用所学原理解决一些实际生活中遇到的问题
科学态度与责任	有探究地理现象的兴趣,有分析问题的能力和一定的运用所学地理原理解决问题的创新精神

3.教学重点和难点

教学重点:晨昏线判读与时差计算原则、昼夜长短与正午太阳高度的变化规律、四季与五带的划分方法等。

教学难点:时差计算原则、昼夜长短的时空变化规律、正午太阳高度的时空变化规律。

4.教学策略和评价方法

(1)利用身边的案例创设情境。利用学生身边经常接触的作息时间表的差异创设情境,提升学生的好奇心,激发学生学习探究兴趣。

(2)开展合作探究学习。通过小组合作探究学习,取长补短,汇集团队的智慧,解决难点问题,培养学生团队合作精神。

(3)多媒体辅助教学。通过多媒体课件和视频动画以及模拟软件,再现地球运动及其产生的地理现象,使学生更加直观地感受地球运动的地理意义,提升教学效率和教学效果。

(4)课堂表现评价。通过学生表现性评价量表评估学生在课堂上参与教学活动的积极性、合作精神及学习效果等方面表现。

(5)实践操作评价。通过设计一些观察记录,归纳总结表格,检验学生对地球运动的地理意义相关知识和技能的掌握情况,提升学生的观察和实践操作能力。

(6)教学效果及作业评价。通过课堂练习检验学生对本课程的学习效果,通过布置课后作业,测试学生对地球运动地理意义的理解情况和掌握程度。

5.技术工具、平台、资源

希沃白板、TerraTime 软件、三维地球仪软件、日出日落方位动画、智慧教育平台、图新地球软件。

6.板书设计

```
                                      昼夜交替
                     自转的地理意义      地方时
                                      沿地表水平运动
                                      物体的偏移
地球运动的意义
                                      昼夜长短变化
                     公转的地理意义      正午太阳高度变化
                                      四季和五带
```

五、具体课例的任务驱动模式下的教学设计(以第 2 课时为例)

教学环节	教师活动	学生活动	技术、资源	设计意图与素养要求
导入新课	展示夏季本地作息时间表与冬季作息时间表差异图片创设情境,引导学生思考:为什么我国的作息时间在同一地点、不同时段也会存在差异	思考:同样是在我们国家的一个地方,作息时间为什么会有差异	在希沃白板平台,用PPT展示图片内容,导入新课	创设情境,激发学生学习兴趣,培养学生区域认知和综合思维能力
复习巩固:昼夜交替的形成	利用三维地球仪软件复习地球昼夜的生成、昼夜更替现象、晨昏线及其分类:昼半球与夜半球的分界线(圈),称为作晨昏线(圈),又可分为晨线和昏线两部分。晨昏圈垂直于太阳光线且平分地球。昼夜交替的周期是 1 个太阳日 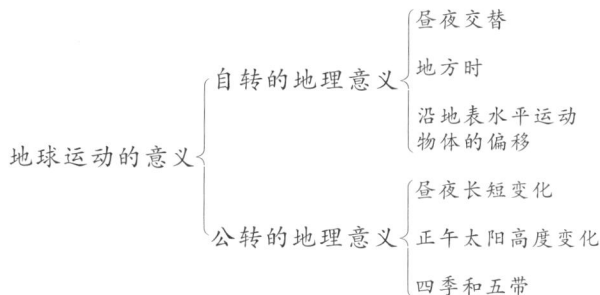	同学们观察三维地球仪软件对昼夜现象,以及晨昏线及其判读进行回顾,复习所学内容	三维地球仪软件演示探究场景及问题	让学生直观感受地球上昼夜交替现象,复习昼夜交替形成原因,培养学生综合思维和地理实践力

教学环节	教师活动	学生活动	技术、资源	设计意图与素养要求
探究一：昼夜长短的产生	利用三维地球仪软件模拟晨昏线的产生及其运动和昼夜长短变化，并归纳出其中的原理：晨昏线将经过的纬线分割为昼弧和夜弧，若昼弧长于夜弧，则昼长夜短；反之，则昼短夜长	学生观察三维地球仪软件演示现象，探究晨昏线及其移动与太阳光线的关系，昼夜长短的产生原因	三维地球仪软件演示探究场景及问题	让学生直观感受地球上昼夜长短现象，探究形成原因，培养学生综合思维和地理实践力
探究二：二分日全球昼夜分布规律	运用三维地球仪软件模拟二分日地球昼夜分布情况，引导学生分析二分日全球昼夜分布规律及其产生原因，以及二分日全球日出日落时间。总结：春分日与秋分日，太阳直射赤道，昼夜等长遍布世界各地，均为12小时，日出 6：00，日落 18：00	学生观察模拟演示思考：1. 太阳直射点在哪条纬线？2. 全球昼夜的纬度分布规律是什么？3. 二分日全球日出日落时间是几点	三维地球仪软件演示探究场景及问题	通过模拟演示让学生感受到二分日晨昏线与经线重合，将地球上所有纬线平分，昼夜等长，培养学生区域认知、综合思维和地理实践力

教学环节	教师活动	学生活动	技术、资源	设计意图与素养要求
探究三：夏季和夏至日全球昼夜分布规律	利用三维地球仪软件模拟夏季和夏至日地球的昼夜分布,指导学生在全球范围内观察从春分日到夏至日的昼夜长短变化规律,以及夏季和夏至日地球昼夜长短在全球范围内的纬度分布规律。总结:夏半年,太阳直射北半球,北半球各纬度昼比夜长,纬度越高,昼越长,北极附近出现极昼,南半球相反。夏至日,太阳直射北回归线,北半球各地白天最长,夜晚最短,北极圈及其以北地区出现极昼,南半球相反 	学生观摩演示思考:1.太阳直射点北移,全球不同纬线的昼夜长短如何变化?2.太阳直射点在夏天和夏至日分别位于哪些纬线?3.全球昼夜长短分布规律在夏季和夏至日分别有哪些	三维地球仪软件演示探究场景及问题	通过模拟演示,让学生认识到太阳直射点的运动与昼夜长短变化之间的关系以及夏至全球昼夜长短的纬度分布规律,培养学生的综合思维和地理实践能力
探究四：冬季和冬至日全球昼夜分布规律	指导学生利用三维地球仪软件模拟并观察冬季和冬至日地球的昼夜长短情况,从夏至到冬至地球各纬度昼夜长短的变化规律,冬季和冬至日全球昼夜长短的纬度分布规律。总结:冬半年,太阳直射南半球,北半球各纬度昼短于夜,纬度越高,昼越短,北极附近出现极夜现象,南半球相反;北半球冬至日,太阳直射南回归线,北半球各地昼最短夜最长,北极圈及其以北地区为极夜,南半球则相反 	学生观摩演示思考:1.太阳直射点南移,全球各纬度昼夜长短如何变化?2.冬季和冬至日太阳直射点分别位于哪些纬线?3.全球昼夜长短的纬度分布在冬季和冬至日有哪些规律	三维地球仪软件演示探究场景及问题	通过模拟演示的方式,培养学生区域认知、综合思维和地理实践能力,让学生认识到太阳直射点运动与昼夜长短变化的关系以及冬季和冬至日全球范围内昼夜长短的纬度分布规律

教学环节	教师活动	学生活动	技术、资源	设计意图与素养要求
归纳总结	利用二分二至日日照图指导学生总结昼夜长短,极昼、极夜出现位置及昼夜长短变化与太阳直射点移动的关系,利用太阳直射点移动示意图总结昼夜长短变化规律,利用三维地球仪指导学生总结日照图判读和昼夜长短计算。 点在北,北昼长;点在南,南昼长;点在北,北极昼;点在南,南极昼;点北移,北昼增;点南移,南昼增 	观察二分二至日日照图总结:1.昼夜长短及其分布与太阳直射点的位置有什么关系?2.极昼极夜现象与太阳直射点位置之间有何关系?3.太阳直射点运动与昼夜长短变化的对应关系是什么	三维地球仪、希沃白板和PPT展示总结内容	通过总结归纳,使学生更好地理解昼夜长短分布及变化与太阳直射点的位置及其运动情况的对应关系,学会判读日照图和计算昼夜长短,培养学生区域认知、综合思维和地理实践力等方面的核心素养
课堂练习	教师运用智慧教育平台推送地球运动的地理意义相关练习,当堂检测学生本节课学习效果,巩固学习成果	连接智慧教育平台学生终端机,推送练习	智慧教育平台展示课堂练习	认真做好测试工作,巩固学生的学习成果
解决问题	教师引导学生解决本课导入情境问题,并解释由于北半球夏季昼长夜短,故使用夏季作息时间表,而冬季昼短夜长,故使用冬季作息时间表	学生解释:为什么各地的夏季作息时间与冬季作息时间不尽相同	希沃白板与PPT展示引入问题	用学过的知识解决实际问题,培养学生地理学科的人地协调、综合思维和地理实践力等核心素养
作业	转换角度,引导学生分析南半球国家的昼夜长短变化规律及作息时间表与北半球国家的差异	学生拓展研究:分析南半球国家与北半球国家的昼夜长短变化规律和作息时间表有哪些不同	希沃白板和PPT展示课后作业	训练学生知识迁移应用能力

六、课后评价与反思

1.教学过程评价

(1)教学设计评价量表

评价内容标准	赋分	教师得分
教学设计不够全面和系统,缺乏创意和新颖性	1分	
教学设计基本上能够满足教学需求,但缺乏深入挖掘和探究	2分	
教学设计较为全面和系统,能够满足学生的学习需求,有一定的创意和新颖性	3分	
教学设计非常全面和系统,能够满足学生的学习需求,有很高的创意和新颖性	4分	

(2)教学方法评价量表

评价内容标准	赋分	教师得分
授课方式单一、生硬,不够有趣,缺乏互动	1分	
授课方式略有变化,但在趣味性和互动性上有所欠缺	2分	
授课方式更加丰富多样,能激发学生的学习兴趣,有一定的趣味性、互动性	3分	
教学方式丰富多样,可以使学生的学习兴趣得到极大的激发,趣味性、互动性都很高	4分	

(3)教学态度评价量表

评价内容标准	赋分	教师得分
教师在教学态度上不够认真、不够负责、不够积极主动、不够耐心地开展教学工作	1分	
教师教学态度一般,有时缺乏热情和耐心	2分	
教师授课态度较好,兢兢业业,有一定的积极性和耐心	3分	
教师教学态度良好,工作极其认真负责,对待教学工作热情、耐心,任劳任怨	4分	

(4)课堂管理评价量表

评价内容标准	赋分	教师得分
教师在管理班级、学生纪律、教学秩序等方面还不够严格	1分	
教师课堂管理稍有不足,学生纪律稍有松散,课堂秩序稍有混乱	2分	
教师管理能力较好,能保持学生纪律,使班级秩序基本稳定	3分	
教师上课管得好,对学生管教有板有眼,上课秩序井然	4分	

以上量表可以根据实际情况进行调整和修改,以便更好地评价教师的教学情况和提高教学效果。

2.学习过程评价

	评价项目	评价内容	赋分	得分
A	学生参与度评价	通过观察课堂气氛和学生参与度,评价学生对地球运动地理意义知识的兴趣和理解程度,以便调整教学策略和提高学生的参与度	20	
B	课堂练习评价	通过对学生的课堂练习成绩进行评价,了解学生对地球运动地理意义知识的掌握程度,以便及时纠正学生掌握的不足之处,提高学生的学习效果	20	
C	实验和观察评价	通过观察学生实验和观察成果,评价学生对地球运动地理意义知识的实际应用能力,以便更好地指导学生掌握相关知识	20	
D	课堂讨论评价	通过课堂讨论,了解学生对地球运动地理意义知识的理解程度,以及学生对相关问题的思考和见解,以便促进学生的思维发展和提高学生的分析能力	20	
E	课后作业评价:	通过对学生课后作业的评价,了解学生对地球运动地理意义知识的掌握情况,以及学生对相关问题的思考和见解,以便更好地指导学生掌握相关知识	20	
		最后得分		

综上所述,通过多种形式的过程性测评,更好地引导学生掌握相关知识,提高学习效果。

七、信息技术应用

1. 希沃白板

在课堂教学中应用希沃白板进行一般课件、图片、视频资料和课堂练习的展示,同时可以实现教师与学生在课件、图片与课堂练习上的标注,连接手机还可实现学生绘图和计算结果的投屏展示。

2. TerraTime 软件

应用 TerraTime 软件切换地球模式和地图模式,展示时区的划分、区时和与当地地方时的关系、区时的计算等,让同学们更好地理解这些概念,更好地理解它们之间的联系,从而熟练地掌握当地地方时和区时的计算。

3. 三维地球仪

三维地球仪软件在演示昼夜交替、晨昏线、日照图、地方时等地理事物方面具有独特的优势,特别是在不需要网络连接下动态演示日照图、昼夜长短变化、正午太阳高度角变化等,而且体积小、操作更简便快捷。

4. 日出日落方位动画

使用日出日落方位动画主要是动态演示太阳方位与物影之间的关系,正午太阳高度角与太阳高度角之间的关系,日出日落方位等问题。

5. 智慧教育平台

课堂应用智慧教育平台可实时向学生推送课堂练习题、回收学生答案,统计学生作答情况,使教学评价更为真实有效,也可更有针对性地讲评课堂练习。

6. 图新地球软件

应用图新地球软件叠加相关地理专业图件,可对地理要素进行实时三维立体展示,揭示各地理要素之间的联系,探究地理现象及其原理。

八、评价结果

1. 学生参与度评价量表

内容	赋分	学生得分
学生兴趣不浓,不听课或听课不参加讨论,听课不动手,不完成课堂练习	1分	
学生有些兴趣,偶尔参与课堂讨论,做一些课堂练习	2分	
学生基本上有兴趣,能积极参与课堂讨论,主动提出问题,认真做课堂练习	3分	
学生非常有兴趣,能积极参与课堂讨论,提出高质量问题,认真做课堂练习,积极回答问题	4分	

2.课堂练习评价量表

内容	赋分	学生得分
学生对地球运动地理意义知识掌握不足,答错多数题目	1分	
学生对地球运动地理意义知识掌握一般,答错一部分题目	2分	
学生对地球运动地理意义知识掌握较好,答对大部分题目	3分	
地球运动地理意义的知识,同学们都掌握得非常好,把所有的题目都答对了	4分	

3.实验和观察评价量表

内容	赋分	学生得分
学生对实验的认识不足,对观察结果的了解不够,很难解释实验现象	1分	
学生对实验和观察结果的理解一般,对一些实验现象的解释不到位	2分	
学生较好地理解了实验和观察结果,能较好地说明大部分实验现象	3分	
学生很好地理解实验和观察结果,并能很好地解释实验的一切现象	4分	

4.课堂讨论评价量表

内容	赋分	学生得分
学生不愿意发表意见,对问题缺乏思考	1分	
学生有些发表意见,对问题有些思考	2分	
学生积极发表真知灼见,对问题的思考更加深入	3分	
同学们发表意见很积极,思考问题很深入,提问质量也很高	4分	

5.课后作业评价量表

内容	赋分	学生得分
学生对作业理解不足,做错多数题目	1分	
学生对作业理解一般,做错一部分题目	2分	
学生较好地理解了作业,多数题目都做对了	3分	
学生很好地理解了作业,把所有的题目都做对了	4分	

九、章节测试命题方向和立意

1.命题方向

(1)地方时和区时的计算。借助一些生活中遇到的问题,比如旅游、国际贸易和世界上的热点事件创设情境,考查学生对地方时和区时的计算能力。

（2）昼夜长短的变化。考查学生对昼夜长短变化的掌握和知识的迁移应用,既有太空探索的背景,也有我国航天事业发展的背景,或以太阳能的利用为背景创设情境。

（3）正午太阳高度角的变化。以学生简单天文观测或是地理实验以及太阳能发电效率等为背景创设情境,考查学生对正午太阳高度角变化的掌握情况和应用能力。

（4）四季和五带的划分。考查学生对四季五带及其相关地球自转与公转关系的掌握,背景是我国古代的天文观测仪器或古遗址或日常生活中的一些特殊的天文现象,如立杆无影现象等。

2.命题立意

（1）中国发展的巨大成就展示。题目涉及中国航空航天等科技领域的巨大进步以及社会主义现代化建设的伟大工程,充分展示了国家发展的巨大成就。

（2）中华优秀传统文化的传承。题目涉及中国古代天文观测的伟大发明和重大发现,还有一些中国考古新发现,有利于中华优秀传统文化的进一步传承。

（3）地理实践能力的培养。题目涉及一些学生地理实验和野外观测以及地方时、区时计算、正午太阳高度计算等内容,有助于学生地理实践力的培养。

（4）树立人地协调观。题目涉及正午太阳高角的应用,如蔬菜大棚的朝向、作息时间的设置、日光的利用、楼间距的计算、昼夜长短的利用等,对学生树立人地协调观有很大的好处。

十、教学反思

1.运用情境和项目式教学

本课例充分运用情境教学方法,用一条时间线索设置情境,将课程内容全部串联起来。另外,运用项目式教学,分设不同项目,而且在各项目中设置不同问题,让学生在解决这些问题过程中学习课程内容。

2.充分运用信息化教学手段

本课例全程采用现代信息技术手段,尤其是地理信息技术,使原本难度较大的内容变难为简,直观生动,使学生在不同的课时,根据所学内容和特点,运用不同的信息化软件,更容易理解,并能做到触类旁通。

3.注重地理实践力培养

本课例所涉及的内容包含很多生活中的地理现象,使用的案例很多均取自日常生活,运用很多信息化软件,在案例分析、案例探究、软件操作中无不关注到学生地理实践力的培养。

4.对教师运用信息化技术的要求较高

本课例运用了许多现代化的信息技术手段,特别是运用了许多专业的地理信息技术软件,这就要求教师不仅要对本部分内容有深刻的理解,而且要熟练掌握有关信息化手段的操作。

5.教室信息化设备配置要求相对较高

本课例应用了许多地理信息技术软件,如 TerraTime 软件、三维地球仪、日出日落方位动画、图新地球软件等,这些软件需要教室计算机配置较高,尤其是有较快的网速,此外还需要安装 Flash 插件或 Flash 播放器。

6.难点在于信息化技术与学科融合

本课例所涉及的地球运动的地理意义内容,本来是地理学科中比较难的部分,再加上大量的信息化技术手段的运用,虽然降低了学生理解的难度,但是增加了教师操作的难度。信息化技术与学科的融合程度,对教师来说还是最难把控的,但也是决定本课程成功与否的最关键要素。

参考文献

[1] 陈晓斌,林启栋.自制教学软件"虚拟三维地球仪"及其教学应用[J].中学地理教学参考,2012(1-2):59-60.

[2] 缪尧平,林浩平.基于"三维地球仪软件"的探究活动设计[J].地理教学,2014(2):32-40.

[3] 陈实.应用软件(App)与中学地理教学的融合[J].现代信息技术与中学地理教学,2018:105-106.

(主要执笔人:朱　瀛　银川市第九中学)

"三新"背景下"地球的历史"教学研究与案例应用

——以"地球的历史"第一章第三节为例

在当前"三新"背景下,关于"地球的历史"课程的教学研究和案例应用面临新的机遇和挑战。本文通过对"三新"背景下"地球的历史"教学情况的调研和分析,提出了相应的教学策略和方法,以期达到更好地适应新时代的教学要求。随着信息技术的高速发展和社会的快速变化,教育环境已经发生了巨大的变化。面对这种情况,"地球的历史"课程教学的改革和创新显得尤为重要。本文将讨论如何在"三新"背景下推进"地球的历史"课程教学研究与案例应用,以适应新时代的教学要求。

一、教学背景分析

(一)课程改革前课例教学中存在的问题

高中地理"地球的历史"一课在课程改革前,存在的问题主要有以下几方面。

1. 课程内容问题

(1)重视知识传授,忽略实践性和综合性。在以往的"地球的历史"教学过程中,传授知识是主要的教学方式,忽略了学生的实践性和综合性。导致学生在学习过程中难以将知识应用到实际中去,同时也限制了学生的思维发展。

(2)知识点重复,内容重叠。在传授知识的过程中,教师往往是基于教科书或自己的知识体系来进行讲解的,忽略了内容的选择和重点。导致课程的内容重复和重叠,难以引起学生的兴趣。

(3)教材结构不合理。在过去的"地球的历史"课程中,教材结构缺乏重点和难点的强化,内容的组织和整合不足。以上这些问题导致学生在学习过程中只能被动地接受知识,而缺少了思维的创新和推广。

2. 教学方式问题

(1)教学方式单一,缺乏多元化的教育模式。在传统的"地球的历史"教学中,教师往往是讲授式教育,学生被动接受知识,缺乏学习主动性。这种单一的教学方式不能满足学生对于知识的探究和新思维的发展。

(2)缺乏针对性和个性化的教学。不同的学生有着不同的学习能力和特点,而传统的教学方式往往是注重知识传授而忽略了学生个性化和针对性的设定,缺乏针对性。

(3)缺乏实践教学。在传统教学中,学生只是听讲、写笔记,很少有实践环节。这样不利于学生的知识应用和解决问题的能力提升,也不利于学生的兴趣培养与思维发展。

以上这些问题导致教学方式创新和改革的迫切性日益凸显,因此需要在课程改革中注重多元化的教育方式和个性化的教学内容设定,以及通过实践教学增强学生的实践操作能力和创新思维能力,最终使学生整体能力全面提升。

3.教学资源问题

(1)教师教学资源缺乏优化和创新。教师在教学中,往往缺乏针对性地选择和使用多样化的教学资源,使用的资源比较单一,教学缺乏创新思维,选择的资源缺乏实用性。

(2)教材缺乏差异化和多样化的设计。传统的教学模式下,教材使用大多固定模板,缺乏根据学生实际需求和个性差异进行差异化、个性化教学设计,使得教材的实用性和综合性有所欠缺。

(3)网络资源利用较少。利用互联网之便和海量资源对于学生的学习和教师的教学来说都具有重要意义,但传统教学中往往忽略或未充分利用网络资源,使得学生的学习和教师的教学效果受到限制。

4.学生的学习兴趣和动机

(1)教学内容缺乏新鲜感和趣味性。课程内容过分注重传授地理知识和历史事件,忽略了学生的实际需求和学习兴趣的培养。

(2)学习压力过大。学生在备战高考的过程中,时间紧张,学习重负相对较重,缺乏学习的自由度和独立思考,容易导致学生放弃主动探究课程内容的想法。

(3)学习方式单一,缺乏多元化。传统的地理教学往往缺乏多元化的教学方式和方法,缺乏具有针对性的教育模式,难以激发学生的学习热情和动机。

(4)对地理科学的认识不足。在学生的学习过程中,对地理科学的认识不足,在接受该课程前缺乏对地理科学的系统性认识,对学习缺乏充分的期待。

针对以上这些问题,需要处理新思维和教育模式,增加课程内容的趣味性和操作性,鼓励学生探索和实践,增强学生的自主研究和总结能力,从而提高学生的学习兴趣和动机。

5.教师的素质和能力方面问题

(1)知识结构陈旧。教师的知识结构和理念相对滞后,缺乏新思维和创新意识,未能切实把握新学科和新要求。

(2)课堂教学模式单一。教师在课堂上使用的教学模式单一,内容结构不合理,难以引导学生独立思考和自主探究,降低了教学效果。

(3)缺乏创新的教育理念。教师在教学中缺乏创新的教育理念,课程设计、教学方法、教学资源等方面都存在较大的局限性。

(4)对学生的学习需求了解不足。教师对学生的实际需求和兴趣缺乏充分的了解,未能通过教学手段和方式,充分调动学生的积极性和主动性。

(5)缺乏及时的反馈和评价。教师在教学中缺乏对教学效果的反馈和评价机制,不能满足学生的需求和要求,也不能充分利用学生的学习反馈,改善课程设计和教学效果。

为了解决以上教师问题,应该着力提高教师的师德师风和授课技能,开阔教师的眼界,使教师能够全面深入地理解和把握新知识、新教育理念和新技术,探索创新的教育形式和模式,增强关注和理解学生阶段的能力,创造富有挑战性和拓展性的学习环境,加强教学反馈分析和修正,提高教师的科学研究和实践能力。

(二)解决课例教学中存在的问题采取的策略

高中地理"地球的历史"课例在教学中存在的问题需要从以下几个方面进行解决。

1.教学方式

采用创新多元的教学方式和手段,例如以项目为主导的教学模式、拓展式教学、小组合作等。这些教学方式有助于激发学生兴趣,提高学生的参与度和主动性,使得学生可以根据自身特点和个性化的需要来选择合适的学习方式。

2.教学资源

创新丰富的教学资源,例如通过学校官网、网络库、电子课堂等方式,充分利用关联资源提高教学效果和资源整合能力。同时,建立高质量的教育资源库,结合各类应用软件,增加教学资源丰富性和可操作性。

3.学生的动机和兴趣

在课堂上运用针对性和富有启发性的教育方法,激发学生的学习热情和科学兴趣,提升学生的动手操作能力,同时设计具有挑战性的任务,使学生明确自己的学习目标并勇于创新。

4.教师的素质和能力

加强教师的教育理念和新知识的学习,使其能够全面深入地理解和把握新知识、新理念和新方法,找准教育方向和动力源。课堂教学中强化师生互动,达到教学相长的目的。

(三)课例新的教学设计指导思想

(1)以学生为中心,注重学生主体地位和学习动机,根据学生的认知层次和兴趣特点,以学生的需求为导向,开展情境教学和探究式教学。

(2)将学科与社会实际问题相结合,强化学科的内在联系,培养学生的批判意识和问题解决能力,以提升学生的独立思考能力和创新精神。

(3)注重培养学生的实践能力,在教学过程中经常使用实验、调查、讨论等方式,使学生能够运用所学习的知识和技能解决实际问题。

(4)注重开展跨学科教学,突破学科壁垒,丰富课程内容,提高综合素质和学科交融性,以培养具有全球视野的高质量创新人才。

(5)融入现代信息技术、多媒体技术和信息资源,提升教学质量和效果,合理使用网络教育资源,提高信息素养和科技应用能力。

(6)注重教学评估方法的革新,采用多层次的评估方式,充分考虑评估结果对学生学习和教学质量的影响,为有效评估带来更多依据。同时关注评估的公平性和对学生个性化需求的尊重。

(四)课例新的教学设计理论依据

1.教育目标导向

教育目标导向教学是新课程改革的核心理念之一。在"地球的历史"课例教学中,教师需要以学生的成长需求为目标,在推动教育过程中以培养学生的综合素质、发展学生的思维能力和生活技能为目的。

2.情境教学

情境教学是一种以情境为基础的教学方式。在"地球的历史"课例教学中,通过以真实生活情境为基础的教学设计,教师可以让学生更好地理解知识,增强学生的学习兴趣,提高学生的学习效果。

3.探究式教学

探究式教学是指学生在自主、自发的情况下,发掘知识的学习方式。在"地球的历史"课例教学中,教师通过组织实验、调研、讨论、解决问题等活动,引导学生积极参与,充分发挥学生的主动性和创造性,提高课程的实效性,从而更好地达到教学目标。

4.跨学科教学

跨学科教学是指在教学中充分利用多学科资源,使学生获得更全面、更立体的知识。在"地球的历史"课例教学中,教师将课程与其他科目的内容相结合,加强与实际问题的联系。

5.多元化评价

多元化评价是指评价方式和评价内容多种多样,评价的对象不仅仅是学生的知识掌握,还包括学生社会实践能力、个性特点、学习体验的评价。在"地球的历史"课例教学中,教师采用质性评价、量化评价、自我评价、同伴评价等多种评价方式,全面客观地评价学生的综合能力和学习效果的目的。

(五)课例新课程标准依据

1.普通高中地理课程标准

该课程标准是针对普通高中地理课程而制定的,其中包含了高中地理学科的各个方面,包括地球和宇宙、地球和环境、地球和人类等,也概括地指出了高中地理学科所应具备的知识结构、素质和能力等,这是地理学科的指导性文件,教师应当依照该文件的要求来设计和开展课程教学。

2.教育部《教育规划纲要》的实施

《教育规划纲要》是中国教育部提出的原则性文件,是高中各科课程制定和实施的纲领性文件。教师应当围绕这一文件要求,结合地球科学的实际情况,对课程的内容、方法、目标等方面进行详细的规划,力求贯彻落实。

3.地方教育行政部门制定的地方课程标准

不同地区的特点和条件不尽相同,地方教育部门按照当地的实际情况和需求,制定了不同地区的地理教材,有利于教学按地方特色进行更具体、更实用的教学安排和设计。

(六)课例新的教材及教学内容

1."地球的历史"基本知识体系

新的教材中将地球的历史划分为多个时期,包括早期、中期、晚期等,要求学生掌握地球形成及演变的基本知识,认识地球历史演变对现今世界的影响。

2."地球的历史"案例分析

新的教材强调案例分析的重要性,列举了大量地球历史事件和相应世界文化成就,扩大了学生的视野,增强了学生的独立思考和解析案例的能力。

3."地球的历史"学科应用

新的教材介绍了地球历史在其他学科中的应用,如生物学、化学、物理学、历史学等。这有助于学生理解地球的历史与我们周围万物的关系,进一步拓宽学生的知识面,提高全面发展的素养。

4."地球的历史"中的环境保护

新教材内容注重对资源稀缺和环境危机等方面的问题陈述,并且结合各种案例分析,强调环境保护的重要性,教育学生保护和节约资源,保护和维护环境。

(七)课例教学对象分析

高中地理"地球的历史"课例教学的对象是高中学生,年龄段通常在16～18岁。这个年龄段的学生已经具有了比较好的学习能力和自主意识,在教师的指导下,能更好地掌握和理解地球历史的相关知识。同时,由于高中学生的学习目的和未来发展方向各异,他们接受地球历史课程的需求、知识收获和运用方式等也各不相同。比如部分学生有志于攻读地理学、考取相关专业的大学,他们需要更深入、全面地了解与掌握该领域的基本常识和核心知识,从而更好地适应未来的学习和职业需求。而另一些学生则可能希望通过地球历史的学习,发展自己的人文素养和宏观视角,更好地认识世界、发展个人品格和价值观。

(八)学生应具备的关键能力和核心素养

1.学生信息获取和分析能力

"地球的历史"内容包含大量的文字材料、图片、地图等信息素材,学生需要具备良好的信息获取能力和信息分析能力,能够快速准确地获取有用信息进行分析和归纳。

2.学生综合分析和推理能力

学生需要通过综合分析和推理,探究地球演化历程的本质规律,较好地理解地球环境、人类文明和未来发展方向,具有较强的逻辑思维和判断能力。

3.学生科学探究和实验能力

在地球历史学科中,学生需要掌握地球科学的基本研究方法和实验技能,能够设计并参与科技创新,通过实验和模拟等手段,加深对地球演化历程的理解。

4.学生的跨学科能力

地球历史学科是跨学科的,需要学生具备基本的跨学科能力,包括人文素养、化学、物理等方面的综合知识和基本方法,在综合性问题的研究中具有很好地解决问题和沟通交流的能力。

5.学生环境保护和可持续发展意识

地球的演化历程包含了环境对生命影响和生命对环境的影响过程,学生需要认识到环境的重要性和可持续发展的必要性,有意识地采取环保和可持续生活方式。

二、教学设计的基本要素

1.教学目标

明确教学的核心目标和子目标,以便学生和教师能够共同明确学习的重点和难点,确定评估标准。

2.教学内容

根据课程标准、教学大纲及教材,选择教学内容,确定教学重点,结合生动事例和案例,设计提高学生兴趣的教学内容。

3.教学方法

科学有效地选择教学方法,满足学生多元化、个性化的学习需求,适当采用讲授、探究、实验等多种教学手段,确保教学过程丰富多彩,达到最好的教学效果。

4.教学时长

合理安排教学时间,通过充足时间使学生有充分理解和吸收知识的机会,及时解决学生在学习过程中遇到的问题,确保学生对本单元内容的全面掌握。

5.学习资源

教学过程中需要借助环境资源、社会资源、网络资源等多种教学资源,以及各种教具工具,为学生提供更加丰富的教学渠道和学习资源,增强教学实效性和学生思维启迪性。

6.评价方式

合理选择评估方法,做到内容合理、目的明确、贴合实际、可操作性强。从知识、能力、素养三方面考虑,根据单元目标和教学内容设计任务、作业、考试的评估方法,以评估结果为依据,及时调整课程和教学内容。

三、教学设计的整体思路

高中地理"地球的历史"课例教学设计的整体思路是充分联系学生现实生活和实践,将地球演化历史融入学生日常经验、观察和科学实践之中,激发学生的兴趣和好奇心,并以此为基础不断引导学生深入思考、归纳总结。同时,关注学生的整体素质和能力提升,不仅要引导学生接受知识,更要通过实践和实验的方法,使学生的信息获取能力、归纳总结能力、创新判断能力等方面得到有效提升。

1.跨学科性和整合性

学科之间的关联和渗透在课程设计中需要得到充分考虑,例如结合地理、生物、化学等课程,使学生能够形成更加全面、立体的知识结构。

2.科学性和实证性

引导学生通过科学实验和科研项目等实践形式了解地球演化过程,教学设计需要充分关注体现实验内容和实验步骤的内容,加强实验技能的培养。

3.案例分析和探究

学生需要通过探究和分析地球历史案例,提高其思维逻辑能力和判断能力,同时也需要从案例中发现问题、思考解决问题的方法,从而培养学生创新思维和解决实际问题的能力。

4.环保意识和可持续发展

在学生学习科学知识的同时,必须加强对生态环境和资源保护的教育,使学生了解自然界在发展中需要保护,达到可持续发展的目标。

通过以上几点强调的方向和思路的实践,将全面提高学生知识获取和整合的能力、实验技能、探究和分析能力以及环保意识和可持续发展观念等的综合素养。

四、课例呈现

1.PPT 展示

通过 PPT 来呈现本单元的知识点、重点难点、经典案例、实验过程等,同时配合生动有趣的图片、幻灯片、视频及多媒体素材等,使学生感受到视觉上的冲击,达到学习效果的提升。

2.实验展示

通过实验的方式展示地球演化历史中的某一过程或现象,标本、岩石、化石、地图等具体物品的实际呈现,能够使学生更加直观地了解地球演化的历程,从而更好地理解和掌握知识。

3.互动讨论

课例中可以引入问题讨论等形式,让学生就某一课题的不同观点进行讨论交流,从而培养学生的思维表达和交流沟通的能力。

4.参观博物馆、实地考察

通过参观博物馆或实地考察等多种形式,引导学生通过实际观察、实地考察等方法,了解和掌握地球演化历史的具体信息。

5.课外作业

可以布置综合性的任务和作业,通过学生自主选择和独立完整性学习,提高学生自我探究和思考能力,推动学生综合运用所学知识,不断提升学习效率和质量。

五、课例简介

本课例是为高中地理"地球的历史"单元开发的一份详细教学案例,目的是帮助教师合理规划并设计一节高效的地理课,以加深学生对地球演化历史的理解和认识。课例的教学设想和展示方式多样,如PPT、实验展示、分组讨论、实地考察等。在教学内容的选择和设计过程中,重点强调了跨学科和整合性,强调学生实践探究和问题求解的能力提升,在学生学习的同时注重其环保意识和可持续发展观念的培养。课例各环节的设计均有详细说明,可以作为教师备课的参考资料,以帮助教师设计出一些更加符合本单元教学特点和学科特性,呈现出更好的教育效果的具体教学方案。本课例主要从以下五个维度开展教学。

课题	地球的历史
教学目标	1.理解地球演化的基本知识,熟练掌握地球的形成和演变原理,并深入了解大陆漂移、构造运动等历史事件。 2.掌握地球形成的过程和各种理论,理解地球历史上的重大事件及其背后的科学原理。 3.能够进行实验探究,探究地球物质的运动与演化的过程,能够运用科学方法分析、解释相关环境地貌,进一步提高实验探究和创新判断的能力。 4.加强环境保护和可持续发展的意识,认识到自然环境的重要性,学会利用自然资源保护周围环境。 5.在完成课程学习和实际探究的过程中,强化思维锻炼、提升创新能力以及表达能力等方面的综合能力,全面提高学生的综合素养
教学内容	1.地球的形成和演变历史,以及各种地球演化理论的介绍。 2.对地球演化中的重大事件进行详细介绍,如造山运动、地震、火山喷发等。 3.大陆漂移和板块运动的详细讲解,及其对地球演化历史的影响。 4.单元重点难点及经典案例的深入讲解,比如海岸侵蚀、岩石圆形抛射等。 5.通过实验形式展示或讲解一些经典案例或重点难点,例如泥流的形成和水文循环机制等。 6.着重讲解和引导学生了解环保意识和可持续发展的重要性,强调自然环境的保护和资源合理利用的必要性。 7.开展课外探究作业,让学生有机会自主选择和探究地球演化历史的相关内容,从而提高自主学习能力和资源整合能力。 总之,高中地理"地球的历史"课例的教学内容旨在帮助学生更好地理解探究地球演化历史,加深其对自然环境、环保和可持续发展等知识的认识,提高其分析解决实际问题和相应能力的提升

课题	地球的历史
教学方法	1.引入法:通过电影或图片等形式引入课程,让学生产生浓厚的兴趣和好奇心。 2.教学归纳法:介绍地球的形成和演变历史时,采用归纳法先总结整个过程,再展开具体内容的讲解。 3.课外阅读法:让学生阅读相关书籍、文章、报刊、电视等资料,并扩展其知识面。 4.案例探究法:通过经典案例如海岸侵蚀等,引导学生探究有关地球演化的相关问题和背后的科学原理,提高其实践能力和思维能力。 5.实验法:通过实验形式,让学生探究地球物质的运动与演化的过程,进一步加深其对地球演化历史的理解和认识。 6.模拟方法:模拟各种地球历史事件,例如模拟大陆漂移的过程,让学生更好地感受地球演化历史的真实情境。 7.讨论法:以小组讨论、辩论等形式展开课堂教学,让学生展开思考和探讨地球演化历史的常识性问题。 总之,高中地理"地球的历史"课例的教学方法应该多样性和实践性相结合,在实践环节中更好地体现学生主动探究的能力,加深学生对地球演化历史的感性理解和认识
教学资源	参考教材:适合不同地区、不同版本的适用教材,例如,人民教育出版社、人民邮电出版社、哈尔滨出版社等出版的地理教材。 数字化资源:可以通过互联网资源,如百度、谷歌等搜索引擎搜索地球演化历史、大陆漂移、板块运动、环保等相关主题。 场地设施:例如,实验室、计算机教室、多媒体教室、旅游劳动实践基地等。 地形图和地图:可以借用国土资源局和国家测绘局等机构提供的地图和地形图,以便学生做详细的分析和实践探究。 图书馆资源:可以借用图书馆藏书、期刊、专业期刊、字典及其他相关书籍,以便更加全面地研究和学习有关地球演化历史的相关学科知识。 总之,高中地理"地球的历史"课例教学资源应该多样化,既要考虑到本课程内容的需要,也要考虑到学生的实践课程,以此促进学生综合素质的全面提升
教学过程	引入(3分钟):通过介绍一些地球历史上的有趣事件或者通过图片、视频等形式,引起学生的兴趣,引导学生思考课程内容。 知识概览(7分钟):简单介绍地球演化历史、大陆漂移、板块漂移等基本概念。 拓展知识(8分钟):深入讲解有关地球演化之类的理论、理论基础和变化机理,以及大陆漂移和板块运动原理等知识点。带有实际和图像形式的解释将更有利于学生的理解和学习。 案例研究(15分钟):结合案例,例如海岸侵蚀等,引导学生探索和分析海洋环境的演化与变化。同时,将相关突出问题实际展现在课程中。教师还可以根据实际情况设计一些实践案例进行相关的讨论。

课题	地球的历史
教学过程	总结归纳(5分钟):回顾并总结当天的知识点,强调重点、难点和要点,以及科学方法等相关内容。 作业布置(2分钟):提出作业要求并布置一些练习和复习摘抄,以加强学生对知识的掌握。 总之,高中地理"地球的历史"课例的教学过程应该全面有序,注重实践,并且注重培养学生的思维能力和实践能力,以便使学生能更好地探究和理解地球的演化历史

1. 高中地理必修一"地球的历史"技术支持下的教学目标分析

学科素养	学习目标
科学观念与应用	1.自然科学基本概念与方法:培养学生掌握、理解和运用自然科学的基本概念和方法,例如观察、实验、比较等,以便更好地理解地球演化历史的相关内容。 2.资源与环保:培养学生保护和合理利用自然资源,促进环保意识和可持续发展的认识,以便在将来更好地应对环境压力。 3.综合能力:培养学生的科学思维、创新思维和实践能力,以便在课程中更好地探究和理解地球演化历史相关的问题,并且更好地解决各种实际问题。 4.国际经验与多元文化:在课程中引入国际经验和多元文化元素,让学生了解不同国家和地区的不同实践模式、经验和文化,以便更加全面理解地球演化历史及其相关问题
科学思维与创新	1.实验设备和模拟软件:这些设备可以帮助学生进行一些模拟实验,在操作过程中,学生可以更深入地理解地球演化历史中的相关知识。 2.在线资源:可以使用Internet上存在的在线地理平台、数字化地图和其他相关资源来探索和分析地球历史和物种演化。 3.应用软件:可以使用气象预测软件、地理信息系统(GIS)、大气污染的建模和仿真等工具来探究控制环境问题,并进行预测和分析。 4.多媒体资料:如地球行星的各种图示、演示材料,能够更生动形象地展示地球演化历史的过程,促成与现实生活相结合,有利于学生的思维和思考能力的提升。 　　通过上述技术支持,可以更加全面有序地开展高中地理"地球的历史"课例的教育和实践,使学生在实践和思考中不断掌握和运用科学思想和创新能力,更好地提升他们的科学素养和整体素质

学科素养	学习目标
科学探究与交流	1.在线答疑平台:教师可以在在线平台上回答学生所提出的问题,讨论地球演化历史中的相关问题,激发并引导学生的思维和探究精神。 2.学科论坛:建立一个涉及地球历史相关的学科论坛,让学生和教师一起交流和探讨相关问题,分享经验和见解。 3.小组讨论:将学生分成若干小组,在小组内讨论地球演化历史中的相关问题,通过交流和讨论集体解决问题。 4.信息技术工具:使用语音、文字、图像等多种信息技术工具进行交流和探讨,例如通过视频会议的方式讨论和探究某些问题。 通过这些交流和讨论,可以激发学生的学习兴趣和潜力,并且帮助学生更好地理解和运用地球演化历史相关的知识。与此同时,交流和讨论还可以促进教师间的合作交流,从而取得更好的教育效果
科学态度与责任	1.强调数据的准确性:知识的真正目的是能够获得高质量、可靠、可重复的数据,而为了获得这类数据,我们就必须遵循一些严格的科学原则和方法。在课程中,应该强调数据的准确性和正确性对于解决科学问题的重要性。 2.强化实践的重要性:学生应该通过各种方法和实践来加深对地球演化历史相关知识的理解和应用,例如实验、野外考察、个人研究等。 3.引领学生正确的科学价值观:科学学习应该把因果关系、推理与证据、精确性、诚实与责任感以及共同探究和合作放在一个重要的地位。 4.引导学生对环境的保护和可持续发展的认识:地球演化历史的课程应该强调地球环境的变化和保护,以及如何保护人类所需的自然资源,培养学生可持续发展的价值观,增强对环境的责任感。 5.自我反思和评估:学生应该学会分析和评估自己的学习成果和过程,以及自己在探究和实践中的表现,强化自我反思和自我审查的意识,自我完善自己的科技知识和技能。 通过技术支持,可以更好地培养学生的科学态度和责任意识,增强学生的社会责任和科技意识,形成对地球和人类的深层次尊重和关怀的观念

2.高中地理必修一"地球的历史"教学重点和难点及解决措施

(1)教学重点和难点

①教学重点:一是地球演化的基本过程和地球构造的基本特征;二是地球表面与内部介质及其相互作用关系。

②教学难点:一是生命演化的基本过程与分布规律;二是历史时期人类与地球环境的相互作用关系。

(2)解决措施

①多媒体教学:利用多媒体教学,通过图片、动画等方式生动形象地展示地球演化的基本过程和地球构造的相关特征,帮助学生更好地理解和记忆。

②激发探讨兴趣:通过引入具体实例,激发学生对地球演化知识的兴趣,引导他们通过探究和实验探讨这方面的问题,培养学生的探究精神和科学思维。

③案例分析法:在教学中引入案例,以地质灾害和人类的生态破坏为例,探究地球的表面与内部介质之间的相互关系,并引导学生从案例中进行思考和总结,提高学生的综合思维能力。

④参观实践:通过实地参观考察,观察地球表面的现象,了解其变迁以及不同的地质现象的形成,帮助学生了解地形特征及其演化,能够举一反三,从中引出相关的知识点。

通过以上手段的引导,学生能够更好地理解并掌握地球演化的相关知识,提高学生的综合素养和科学思维能力,让学生在探究和实践中不断掌握和运用科学思想和创新能力,更好地提升他们的科学素养和整体素质。

3.高中地理必修一"地球的历史"主要教学策略和评价方法

(1)激发学生的兴趣和参与度:通过引导学生主动参与和探究学习,如小组探究、案例分析、实践参访等,激发学生学习的兴趣、探究精神和自主学习能力。

(2)注重知识连贯性和协同学习:通过知识连贯性的教学,板块链教学法等手段,帮助学生形成系统的知识结构,通过协同学习的方式提高学习效果,培养学生的合作以及团队合作精神。

(3)发掘学生的思维活动:采用多元化教学方法,如案例教学法、启发式教学法、探究式学习等,帮助学生发掘个人潜能以及激活思维,培养解决问题的主动性和思维能力。

(4)多媒体辅助的教学:通过多媒体展示、影像资料等形式,让学生"看得见",让知识更加生动有趣。

（5）技术支持下的教学策略

技术支持下的教学策略	内　容
技术支持学情分析	1.利用学习管理系统(LMS)：学习管理系统可以收集和管理学生的学习数据，如评估结果、测验成绩、课堂出勤等数据，从中可以分析学生的学习状况和表现，发现问题和需要加强的方面，为教师提供教学参考和治理措施。 2.课程跟踪记录：在课程中，教师可以记录学生在课堂中的表现，如学生的参与度、学习方法、合作精神等，分析学生的认知、心理、行为等因素，从而了解学生的学习情况。 3.课堂表现：教师可以通过对学生的回答、问题解决和表现等方面进行观察和评估，分析学生的掌握程度，并在教学过程中进行针对性的帮助和支持。 4.反馈调查：教师可以通过调查问卷等形式向学生收集反馈信息，以了解学生的学习情况和态度，发现问题并采取相应措施。 通过以上方式的综合应用，可以有效地分析学生的学习情况和问题，了解他们的需求和困难，为教师提供科学的教学参考和指导，更好地支持学生的学习和发展
技术支持课堂导入	1.视频播放：播放有关地球演化历史相关的视频，以图像的方式直观地展示地球的变化和发展历程，让学生对课堂主题产生更大的兴趣和好奇心。 2.班级讨论：在班级内开展简短的讨论，了解学生对地球演化历史的基本认知，并在讨论中引入学习主题，引导学生进入课堂。 3.小组活动：通过小组活动的方式，播放有关地球演化历史相关的短片，让学生在小组内进行讨论和互动，从而更好地理解课堂主题。 4.随机提问：通过随机提问的方式，激发学生的积极性和参与度，检查学生的初步掌握程度，同时引入学习主题，为后续的学习打下基础。 5.游戏互动：通过游戏互动的方式，让学生在轻松、有趣的氛围中接触到地球演化历史相关的知识，以此引入学习主题，并激发学生的学习兴趣和好奇心
技术支持课堂讲授	1.互动式讲授：教师可以采用互动教学方式，让学生进入课堂，例如提问、讨论和举手发言。主动开展与学生的互动，鼓励学生表达自己的看法，并尽可能地解答疑惑和引导学生发问。 2.多媒体辅助讲授：利用多媒体教学设备，例如教学用电脑、投影仪等，通过丰富的多媒体素材，如地图、图片、动画等展示课程主题。这有助于让学生生动形象地理解地球演化过程及其相关内容。 3.案例分析法：课堂中，教师应引入实际案例，例如经典的地球演化历史事件或与地球环境相关的案例。通过引导学生借助案例，分析和解决有关的问题和现象，有助于激发学生的思考。 4.教学实验：在合适的时候，设计一些简单的实验，把实验和学习环节关联起来。例如模拟地壳构造变化等，帮助学生更好地理解和掌握地球演化过程和原理。 5.课件制作：让学生在探究中对学习的内容进行总结整理，并习得更强的导授能力，这会树立学生的自信心，并提升他们的自学能力

技术支持下的 教学策略	内　容
技术支持 方法指导	1.引导探究式学习:在教学中,可以采用引导探究的方式,让学生主动参与学习,积极探究和发现课堂知识。例如,可以利用实验的方式,让学生对地球演化史中的一些重要事件进行模拟研究,以此为基础展开探究式的学习。 2.启发式教学:在教学中,可以采用启发式教学的方式,启发学生发现问题。例如,提问"地球演化是如何发生的"之类激发学生的好奇心和探索精神,引起学生的学习兴趣,从而进一步了解和探究相关的地质知识。 3.课堂互动:在课堂中,可以采用互动的方式,让学生与教师进行双向沟通,促进学生的参与和思考。例如,采用问题解答、小组讨论等形式,引导学生积极思考,认真倾听并回答问题,提高课堂互动效率。 4.多媒体融合:在教学中,可以采用多媒体融合的方式,结合多媒体教育技术,利用地图、图片、视频等资料、软件,让学生更直观地感受地球演化史的事件和变化,同时使教学过程更加生动和形象。 5.案例分析法:在授课或者辅助教材的设计中,结合实际案例,以小到个人,大到国家、地区等实现举例教学。这不仅丰富了教材知识,还将知识与实际案例相结合,使学生在学习过程中更容易理解相关的概念和知识
收集 评价数据	1.问卷调查:在课程结束时,可以为学生进行匿名的问卷调查,了解他们对教学方法、内容、效果的评价,获取他们的意见和建议。 2.课堂观察:教师在课堂上可以仔细观察学生的学习情况,包括参与度、学习状态、学习效果等,对他们的学习情况做出评价。 3.课程测试:课程结束时可以对学生进行测试,考查他们对课堂知识的掌握程度,测试成果多样化,在掌握知识方面有可能让学生感到压力较大,可以适当地调整测试的难度和形式。 4.反馈集中:教师可以安排学生在课程结束时,进行反馈和总结,体现他们的学习收获和反思,并就教师讲授涉及内容做出相应的评论或建议。 5.课程录像:在授课过程中,课堂录像可以作为评价数据的有力参考。观看录像,教师可以对自己的授课方法和效果,以及学生的反应做出评价和分析
可视化数据 呈现与解读	1.制作幻灯片、PPT等电子课件,通过数字地图、地质图、时间轴等多种方式,呈现地球历史上的重要事件、地质变化等信息。 2.教学视频:制作课程视频,通过视频中的动画、示范等形式,生动地展现地球历史上的关键事件。 3.数字地球教学:使用数字地球软件,将地球的历史各个阶段展示给学生。结合地球历史上的事件,引导学生通过互动探究和发现的方式,深入了解地球历史和人类文明的发展。 4.实地考察:组织学生到地质遗迹、自然博物馆等实地考察,深入了解地球历史上的事件和演化过程。 通过以上教学策略,能够深入浅出地使学生了解地球历史上的重要事件和发展过程,提高学生的动手能力和实践能力,培养学生的探究兴趣和科学素养

(6)技术工具、平台、资源。希沃白板、宁教云、极课大数据。

六、具体课例的任务驱动模式下的教学设计

(一)教学目标

1.了解地球的历史,掌握地球演化过程的基本内容。

2.理解和掌握地球演化的基本规律和特点。

3.掌握地球演化对人类发展的影响。

(二)教学重点、难点

1.掌握地球演化过程和基本规律。

2.理解地球演化对人类发展的影响。

3.培养学生的分析和解决问题的能力。

(三)教学内容与教学方法

教学内容:

第一部分:地球演化的基本过程

1.地球的形成:太阳系的形成以及地球的形成。

2.地球演化的四个阶段:古生代、中生代、新生代和人类社会阶段。

第二部分:地球演化的基本规律和特点

1.板块构造学说及其对地球演化的影响。

地壳演化过程中地理环境的变化。

第三部分:地球演化与人类社会的发展

1.地球演化对人类进化的影响。

2.地球资源的开发利用。

教学方法:

1.探究性学习:引导学生主动发现知识点并进行归纳总结。

2.观察实验法:通过观察实验增加学生对知识的理解与记忆。

3.学生中心教学法:通过让学生自主学习和合作学习,提高学生对知识的掌握能力。

4.讨论式教学法:通过讨论,进一步加深学生对知识的理解与掌握。

(四)教学过程:以"地球的历史"为例。

教学环节	教师活动	学生活动	设计目的
导入	【提问】 1.身材庞大的动物为什么没能在地球上生存下来? 2.地球的环境都发生过什么样的变化? 【视频】如果把地球46亿年的历史压缩为一天,地球上生物的出现在什么时候?	结合自己的认知,谈一谈地球演化的历史。 观看视频,感受地球生物的演化过程。	提升学生的学习兴趣。 让学生直观地了解地球历史的演化

教学环节	教师活动	学生活动	设计目的
化石的类型	【展示图片】 任务探究一：化石是怎么形成的？	观看视频，了解化石形成的过程，总结描述化石的形成过程。	
地层	通过地层认识地球的演化历程： 任务探究二：总结地层层序律，展示图片 　　地层 　　沉积岩 绘制示意图帮助学生理解岩石形成的先后顺序。 【思考】A、B两地是否具有同一时代的地层？将同时代的地层用虚线连接起来，猜想两地地层产生差异的原因	通过观察图片，总结地层的特点： 地层：具有时间顺序的层状岩石 沉积岩：裸露在地表的各种岩石，在风吹、日晒、雨淋以及生物的作用下遭到破坏，破坏产物被风和流水等搬运沉积起来，经过压紧固结而形成。 地层层序律： 1.同一时代的地层往往含有相同或者相似的化石。 2.生物总是由低级到高级、从简单到复杂进化的。因此，越古老的地层含有越低级、越简单生物的化石	在图片中找到地层顺序，形象化教学帮助学生形成系统观点，锻炼学生总结归纳能力
生物进化与环境演化示意图	【展示】地质年代表 　　任务探究三：按照时间顺序要求学生绘制表格，填充内容。 　　借助丰富的图片和简短的文字讲解不同时期的典型生物类型	根据教师的展示和课本内容填写表格。 　　动物：原核生物—真核生物—无脊椎动物、有脊椎动物—两栖动物—爬行动物—哺乳动物。 　　植物：原核生物—蓝藻—真菌—苔藓—蕨类—裸子植物—被子植物	帮助学生梳理时代演化顺序，形成知识体系

地质年代	动物演化	植物演化	海陆演变	成矿作用
前寒武纪				
古生代				
中生代				
新生代				

教学环节	教师活动	学生活动	设计目的
课堂训练	引导学生完成教材 19 页活动探究,填写空白。 学生结合所学知识完成填图训练		学以致用, 梳理框架

	地质年代	演化特征
板书总结	前寒武纪 距今 5.41 亿年	大气、海洋、陆地慢慢形成,成矿时期(金属矿产),蓝核生物制造氧气,多细胞与真核生物出现。
	古生代 距今 2.52 亿年	早古生代:地壳运动剧烈,海陆变迁,形成联合古陆。 晚古生代:海洋面积缩小,鱼类向两栖类和爬行动物进化。蕨类植物繁盛,裸子植物出现,第一次成煤时期。 古生代末期:最大规模生物灭绝。
	中生代 距今 6600 万年	爬行动物盛行(恐龙),裸子植物繁盛,第二次成煤时期。
	新生代	板块漂移:形成现代海陆格局,气候出现冷暖变化,被子植物和哺乳动物占据优势地位

第一节:地球的形成

1.教师引入:介绍太阳系的形成过程,并让学生回答问题。

2.学生探究:通过 PPT 展示,了解地球的形成过程。

3.学生作业:学生自主查找相关资料,总结并展示地球的形成过程。

第二节:地球演化的四个阶段

1.教师讲解:介绍地球演化的四个阶段,并通过具体实例加深学生对各个阶段的理解。

2.观察实验:通过观察化石等实物,了解地球演化的基本过程。

3.学生作业:通过制作 PPT,总结并展示地球演化的四个阶段。

第三节:板块构造学说及其对地球演化的影响

1.学生探究:通过模拟实验探究板块运动对地震、火山等自然灾害的影响。

2.学生讨论:学生分组讨论板块构造学说的提出与发展,并展示讨论结果。

第四节:地壳演化过程中地理环境的变化

1.观察实验:通过观察岩石等实物,了解地质构造对地形的形成与变化的影响。

2.学生作业:通过参观周边地区,总结并展示地形的演化过程。

第五节:地球演化对人类进化的影响

1.教师讲解:介绍地球演化对人类进化的影响。

2.学生探究:学生通过展示地球资源开发利用的实例,进一步了解地球演化对人类社会的影响。

3.学生作业:通过小组活动,总结并展示地球演化对人类进化的影响。

(五)教学评估

1.针对每个环节设置小测验,查看学生掌握情况。

2.每节课结束时,教师与学生进行互动交流,检查并分享学生的思考问题和解决问题的方案。

3.提供大量的相关教材和参考资料,让学生自己做笔记,最终进行统一的笔记整理,及时总结本节课内容。

七、课后评价与反思

1.评价量规

(1)教学设计评价量表

评价内容标准	赋分	教师得分
教学设计不够全面和系统,缺乏创意和新颖性	1分	
教学设计基本上能够满足教学需求,但缺乏深入挖掘和探究	2分	
教学设计较为全面和系统,能够满足学生的学习需求,有一定的创意和新颖性	3分	
教学设计非常全面和系统,能够满足学生的学习需求,有很高的创意和新颖性	4分	

(2)教学方法评价量表

评价内容标准	赋分	教师得分
教学方法单一、呆板,缺乏趣味性和互动性	1分	
教学方法稍有变化,但缺乏趣味性和互动性	2分	
教学方法较为丰富和多样,能够激发学生学习兴趣,具有一定的趣味性和互动性	3分	
教学方法非常丰富和多样化,能够极大地激发学生学习兴趣,具有很高的趣味性和互动性	4分	

(3)教师教学态度评价量表

评价内容标准	赋分	教师得分
教师教学态度不够认真负责,缺乏热情和耐心	1分	
教师教学态度一般,有时缺乏热情和耐心	2分	
教师教学态度较好,认真负责,有一定的热情和耐心	3分	
教师教学态度非常好,极其认真负责,充满热情和耐心	4分	

（4）教师课堂管理评价量表

评价内容标准	赋分	教师得分
教师课堂管理不够严格,学生纪律松散,课堂秩序混乱	1分	
教师课堂管理稍有不足,学生纪律稍有松散,课堂秩序稍有混乱	2分	
教师课堂管理较好,能够维持学生纪律,课堂秩序基本稳定	3分	
教师课堂管理非常好,学生纪律严明,课堂秩序井然	4分	

2.学习过程评价

	评价项目	评价内容	赋分	得分
A	学生参与度评价	通过观察课堂气氛和学生参与度,评价学生对地球的历史知识的兴趣和理解程度,以便调整教学策略和提高学生的参与度	20	
B	课堂练习评价	通过对学生的课堂练习成绩进行评价,了解学生对地球的历史知识的掌握程度,以便及时纠正学生掌握的不足之处,提高学生的学习效果	20	
C	实验和观察评价	通过观察学生实验和观察成果,评价学生对地球的历史知识的实际应用能力,以便更好地指导学生掌握相关知识	20	
D	课堂讨论评价	通过课堂讨论,了解学生对地球的历史的理解程度,以及学生对相关问题的思考和见解,以便促进学生的思维发展和提高学生的分析能力	20	
E	课后作业评价	通过对学生课后作业的评价,了解学生对地球的历史知识的掌握情况,以及学生对相关问题的思考和见解,以便更好地指导学生掌握相关知识	20	
总分				

综上所述,在高中地理必修一对地球的历史的教学过程中,可以进行多种形式的过程性评价,以便更好地指导学生掌握相关知识和提高其学习效果。

3.学生呈现作品评价

	内容	20分	15分	10分
A	科学性			
B	实践性			
C	环保性			

	内容	20分	15分	10分
D	创新性			
E	美观性			

八、信息技术应用

1. PPT演示软件

通过制作PPT,将地球的历史展示给学生们,使学生更加直观地了解地球演化的基本内容。

2. 3D模型

通过3D模型,让学生可以更加深入地了解地球的形成、地球演化的四个阶段、板块构造学说等知识点。

3. 视频教学

通过查找大量地球演化的视频教学资源,让学生可以更直观地了解地球的历史发展过程。

4. 远程讲座

通过邀请地质学家和地球科学专家进行远程讲座,可以让学生拓宽视野,了解更多的地球演化研究成果。

5. 在线学习平台

通过在线学习平台提供课前预习材料、授课录像及课后作业,方便学生随时随地进行学习,提高学生学习效率。

九、评价结果

1. 高中地理"地球的历史"课例主要的评价方法

(1)考试评价:通过期末考试、测试、课堂测验等考试方式,对学生的知识储备、理解能力、运用水平进行评价。

(2)作业评价:通过布置作业、课堂讨论、探究项目等方式,对学生的自主学习能力、思考能力、解决问题能力进行评价。

(3)实践评价:通过实验成果、探究成果、研究论文等实践成果进行评价,对学生的实践应用能力、科学研究能力进行分析和评估。

(4)其他评价:通过谈话评价、考勤评价、小组合作评价等方式,评价学生的参与度、合作能力和成长情况。

2. 评价量表

(1)学生参与度评价量表

内容	赋分	学生得分
学生缺乏兴趣,不听讲,不参与课堂讨论,不做课堂练习	1分	
学生有些兴趣,偶尔参与课堂讨论,做一些课堂练习	2分	

内容	赋分	学生得分
学生基本上有兴趣,能积极参与课堂讨论,主动提出问题,认真做课堂练习	3分	
学生非常有兴趣,能积极参与课堂讨论,提出高质量问题,认真做课堂练习,积极回答问题	4分	

（2）课堂练习评价量表

内容	赋分	学生得分
学生对地球的历史知识掌握不足,答错多数题目	1分	
学生对地球的历史知识掌握一般,答错一部分题目	2分	
学生对地球的历史知识掌握较好,答对大部分题目	3分	
学生对地球的历史知识掌握很好,答对全部题目	4分	

（3）实验和观察评价量表

内容	赋分	学生得分
学生对实验和观察结果理解不足,难以解释实验现象	1分	
学生对实验和观察结果理解一般,能解释一些实验现象	2分	
学生对实验和观察结果理解较好,能解释大部分实验现象	3分	
学生对实验和观察结果理解很好,能解释全部实验现象	4分	

（4）课堂讨论评价量表

内容	赋分	学生得分
学生不愿意发表意见,对问题缺乏思考	1分	
学生发表部分意见,对问题有些思考	2分	
学生积极发表意见,对问题有深入思考	3分	
学生非常积极发表意见,对问题有深入思考,提出高质量问题	4分	

（5）课后作业评价量表

内容	赋分	学生得分
学生对作业理解不足,做错多数题目	1分	
学生对作业理解一般,做错一部分题目	2分	
学生对作业理解较好,做对大部分题目	3分	
学生对作业理解很好,做对全部题目	4分	

3.学生的作品呈现

(1)绘制地图和图表。学生制作各种类型的地图和图表,比如全球地质构造图、地球演化年表、板块运动示意图等等。这些图表可以帮助学生更加直观地理解地球历史的演化过程。

(2)制作科普展板。学生以地球历史为主题,设计制作科普展板,展示地球演化历史的重要事件和地理现象,介绍各种有关地球历史的知识,让观众能够更好地学习和理解地球历史的演变过程。

(3)撰写科普文章。学生分组,每组选取地球历史中的一件重要事件,通过收集整理资料,撰写科普讲义或文章,让同学互相分享和学习。

(4)实地考察和实验。通过实地考察和实验来帮助学生更深入地了解地球历史。比如选择一些地理景点、地质博物馆等进行考察学习,或者自己动手制作一些模型或实验来模拟地球历史演化过程等。

十、章节测试命题方向和立意

1.命题方向

(1)地球演化的基本概念。地球的成因、演化、构造和地理环境变化。

(2)地球的起源和演化历程。地球的起源和形态、大陆和海洋的分布、地质时间和地质年代。

(3)地球内部的构成和结构。地球内部结构的基本特征、地震波的传播和地球内部分层的结构。

(4)地球表层地理环境的形成和演变。地球表层的风化侵蚀、地貌类型、岩石类型及其形成。

(5)环境变化与人类活动。自然界的灾害及其防治,人类活动与自然环境的相互关系。

(6)考试以选择题、填空题、简答题和分析题等形式出现,需要学生掌握基本概念、知识点和理论,并能够灵活应用到实际问题中进行分析和解决。

2.命题立意

测试命题应该涵盖以下几个方面的立意要求。

(1)考查学生对于地球演化的基本概念和理论的掌握和理解。

(2)考查学生对于地球起源和演化历程的了解和掌握。

(3)考查学生对于地球内部结构和构成的认识和理解。

(4)考查学生对于环境变化与人类活动的关系的掌握和理解。

(5)考查学生对于地球表层地理环境形成和演变过程的认识与理解。

(6)考查学生能否灵活运用所学知识解决实际问题。

(7)考查学生分析能力、综合能力和判断能力的培养。

测试命题注重知识点的贯通,避免孤立地考查,加强实践能力和综合素质的考查,体现学科的多元性和学科整体性,有助于提高学生地理学科的思维能力和综合素质。

十一、教学反思

1.项目学习连接知识、生活和学生,培养核心能力

高中地理学科选择性必修一"地球的历史"一课不仅可以让学生了解地球的演化历史和地理环境变化,还可以加深学生对于环境保护和可持续发展的认识,并培养学生的实践能力和综合素质。以下是一些有助于将知识、生活和学生连接起来,培养核心素养能力的教学项目。

(1)核心素质提升:以探究为导向,设置实验和研究课题,激发学生的兴趣和热情,提高学生的探究能力和自主学习能力。

(2)生活化教学:通过生活化教学方式,如实地考察、实物展示、图像教学、角色演绎等方式,将知识点融入实际生活之中,激发学生的好奇心,增强学生的学习动力。

(3)创意设计活动:通过丰富多彩的创意活动,如地理游戏、趣味测试,让学生在轻松愉悦的氛围下学习地球演化的知识,锻炼学生的创新思维和创造力。

(4)拓展阅读材料:提供多种拓展阅读材料,如地球演变的历史揭秘、未来地球的展望等书籍、文章等,让学生更深入了解知识,拓宽学生的视野和思维。

通过以上教学项目,可以将知识与生活和学生紧密地连接起来,培养学生的实践能力、探究能力和综合素质,从而更好地提高学生的学习成果。

2.分层活动推动思维拓展,提升核心素养

推动思维拓展的分层活动包括以下三个方面。

(1)知识层面:学生通过分层思维把地球的历史分为不同的时期,分析各时期发生的重要事件以及地质变化,深入了解地球的演化过程和变化规律。

(2)信息层面:学生通过分层思维归纳总结各时期的特点和特征,制作出具有各级分类和层次的图表或表格,帮助学生更好地理解和记忆地球历史的知识。

(3)深层次思考:学生通过分层思维思考一些深层次的问题,如地球的演化是否具有可预测性,地球的历史对人类有哪些启示,或地球的演化是否会对人类的未来造成威胁等,促进学生爱国识人、尊重发展的核心素养的提升。

通过分层活动的开展,可以帮助学生进行更深入、更全面、更系统的地球历史知识学习,提高他们的自主思考和分析能力,拓展他们的视野和思维广度,进一步提升学生的核心素养。

3.微能力助推学生创新解决地理问题

在"地球的历史"这一课程中,学生需要了解地球生命、物质和能量的演化历程,掌握地球表层和内部构造以及地壳的演化规律等地理知识。同时,通过教学微能力的引导和培养,可以帮助学生更好地发挥创新思维,探索解决现实地理问题的方法。

（1）数据分析能力：通过收集和分析各种地球历史的数据，如化石记录、地层分布、地震数据等，通过数据分析，帮助学生理解、归纳地球历史中发生的变化规律。

（2）空间思维能力：掌握地球表层和内部的空间结构，理解板块构造、地震、火山、山脉等地理现象的发生机理，通过对空间信息的分析和理解，帮助学生解决地理问题。

（3）科学实验能力：学生可以通过模拟实验、场地考察等方式，设计各种实验并收集数据，探究地球历史中发生的事物，提高他们的科学实验能力和解决实际问题的能力。

（4）数学运算能力：在学习"地球的历史"中，涉及各种数学运算，如地震震级、地质学年代、块体运动速度等，培养学生的数学运算能力，帮助他们更好地理解和分析地理问题。

通过以上教学微能力的培养和引导，可以帮助学生更好地探究和解决"地球的历史"中涉及的各种地理问题，提高他们的学科素养和科学解决问题的能力。

参考文献

[1] 孙立霞. 基于"微课"模式《道路勘测设计》课程教学改革创新的研究[J]. 新教育时代电子杂志(教师版),2016(27):197-198.

[2] 寇洋洋. 基于多元互动模式的初级汉语口语课堂活动设计研究[D]. 济南:山东师范大学,2019.

[3] 周斌. 关于中学数学课题学习的实践研究[D]. 南昌:江西师范大学,2008.

[4] 麦庆涛. 情境教学在语文课堂中的应用[J]. 文学教育(中),2013(8):117-118.

[5] 高鹏飞. 思想政治课问题探究式教学分析[J]. 南北桥,2017(16):193-196.

[6] 杜玉香. 新课标高中教材《地理3》的比较研究[D]. 呼和浩特:内蒙古师范大学,2011.

[7] 姚桂琴. 基于地理核心素养培养的教学设计——以"地震及防震减灾"为例[J]. 地理教学,2020(13):45-48.

[8] 薛华. 启发式教学在物理教学中的应用[J]. 山东电力高等专科学校学报,2008(2):8-10.

[9] 王文月. 初中数学实验教学与学生数学素养培养[J]. 中国教育技术装备,2020(7):121-122.

[10] 郭琴琴. 指向核心素养的单元教学目标设计[D]. 天津:天津师范大学,2020.

[11] 刘绍春."地球的圈层结构"内容详析[J]. 地理教育,2012(8):21-23.

[12] 李荣春. 数学教学中学生注意力的培养探究[J]. 新课程·下旬,2013(9):36-36,37.

[13] 吕红英. 动态分层教学在高职公共外语教学中的应用[J]. 英语广场,2020(11):119-121.

（主要执笔人:杨学梅　银川市第九中学）

❖ 第二部分 地表形态的塑造 ❖

"三新"背景下"塑造地表形态的力量"教学研究与案例应用

——以"塑造地表形态的力量"第二章第一节为例

近年来,"三新"背景下地表形态的塑造教学已成为地理教育中的热点问题。"塑造地表形态的力量"以塑造地球表面形态为核心,加强学生对地球表面形态形成的基本认识和理解,培养学生的思维能力和动手能力,促进学生在新课标和地理学科能力标准的总体要求下进行创新思维和创造能力的培养。

一、教学背景分析

1.课程改革前课例教学中存在的问题

(1)重知识点,轻学生实际操作。传统的教学模式是教师注重对知识点的讲解,忽视对学生的动手能力的培养。因此,在教学中,学生只是被要求记住地理概念和地貌特征,而没有通过实践来加深对地理现象的理解。

(2)过分注重记忆,缺乏科学探究。传统教学强调"死记硬背",缺乏对科学探究的重视。在"塑造地表形态的力量"教学之中,学生只是被要求记忆各种地貌形态的特征,而没有对他们形成的原因和影响进行科学探究,缺乏理解和思考能力。

(3)启发式教学的缺失。在传统教学中,教师对知识的传授只是单向的,对启发式教学的传授有所欠缺。在"塑造地表形态的力量"教学中,教师只是快速讲解复杂的地理概念,而缺乏引导学生自主创新和思考。

(4)考试导向。在传统教学中,学科评估只是基于考试分数。在"塑造地表形态的力量"教学中,教师往往会组织一些机械性、死记硬背的练习,以迎合应试教育的评估方式,忽略了学生的创造力和想象力。

2.解决课例教学中存在的问题采取的策略

(1)强化前置知识的教育。在课程开始之前,可以通过简单的小测验、课程预热等方式来检查学生的前置知识。对于缺乏前置知识的学生,给予额外的学习材料和学习指导,保证学习效果的最大化。

(2)引入具体案例,提高学生学习兴趣。通过实际案例演示和解释人类活动和地表形态之间的关系,使得学生更加容易理解和掌握知识点。

(3)引入多媒体教学辅助。采用多媒体教学辅助,将课文、图片、视频等融合在一起,使学生更直观地感受到教学效果。这种方式既能提高学生的学习兴趣,又能帮助学生对课程内容理解得更加透彻。

(4)采用分组配合、相互影响的办法授课。在授课过程中,可以引入小组合作和互动的方式,让学生相互讨论和交流,加深对课程的理解和记忆。

(5)鼓励学生自主思考和创新。在教学过程中,鼓励学生进行自主思考和创新,为他们提供一定的自主性环境,增强学习动力。

3. 课例新的教学设计指导思想

"塑造地表形态的力量"课例在"三新"背景下,要求运用新的教学设计指导方针。教学设计首先着眼于对学生创新思维和动手能力的启发和综合素养的提升。其次,注重培养学生的环保意识和可持续发展观念,通过知识的传授和实践的操作,让学生懂得如何合理利用土地资源,保护环境。最后,采用多元化的教学方式,在真实考察、模拟操作和小组合作的同时,激发学生学习的兴趣和主动性,增强教学的互动性和灵活性,让学生更好地获取知识。在这样的指导思想下,教学设计可以包括以下几个方面的内容:一是让学生了解营造地表形态力量的重要性和发展利用现状,比较不同地貌形成方式的差异性,形成正确的地质规律观念和认知;二是引导学生通过实地考察和调查,掌握塑造地表形态的相关知识和技能,了解土地开发的实际过程和存在的问题;三是通过模拟操作和小组合作,让学生亲身体验地表形态塑造的过程,培养他们的实践能力和动手能力;四是注重环保意识和可持续发展观念的培养,让学生在学习过程中理解和思考环境保护和可持续发展问题;五是采用多元化的教学方法,如 PPT 演示、小组讨论和课堂辩论等方式,增强教学的趣味性、互动性和启发性。

4. 课例新的教学设计理论依据

(1)教学目标。教学设计应清晰明确地规定教学目标,使学生能够全面认识地表形态塑造、了解各种地表形态的形成和变化原因以及对人类生存的影响。

(2)学科结合。"塑造地表形态的力量"教学内容与地质学等相关学科有较强联系,结合各学科的知识进行教学设计,构建知识间的联系和认知框架。

(3)循序渐进。从浅入深、循序渐进地开展课程内容,使学生的认知水平得到全面提高。

(4)抓练习。注重实践教学,强化学生对地表形态的实际感知和认识。

(5)个性化教学。教学设计考虑学生的个性差异和实际情况,采取适合不同学生的教学策略和方法,增强学习积极性。

(6)评价机制。教学设计根据教学目标和课程内容设计合理的评价机制,评价方式应多样化,评价标准应明确且规范化,用于检验教学效果,帮助学生自我完善所学内容。

(7)资源利用。教学设计积极利用各种教学资源,包括多媒体、图书馆、实验室等辅助教学,增强学生的自主学习能力。

(8)质量管理。教学设计加强对教学质量的管理,建立科学完整的教学质量保障机制,不断提高教师教学水平和整体素质。

5. 新课程标准依据

(1)目标导向。课程目标考虑学生的认知和发展阶段特点,突出塑造地表形态力量的特点和影响,注重培养学生的地理素养、自我认识和表达能力。

(2)经验学习。促进学生积极参与经验学习,探究地球历史变化和人类活动对地球的影响。

（3）多元化评价。在评价上采用多种多样的方式评价学生的学习能力和知识掌握情况，注重学生自评、同伴互评等评价方式。

（4）教材及教辅。按照学科教学任务，选用重点在地表形态形成、地球历史、人类活动与地表形态的联系，利用卫星技术进行地表形态调查及分析等方面的权威教材。

（5）教学形式。通过讲授、实验、观测、实践、参访等多种教学方式，培养学生分析和解决地理实际问题的能力。

（6）师资队伍建设。加强师资队伍建设。通过学习，使教师不断学习相关知识和熟悉最新技术，更好地提高教学质量和教学水平。

6.课例新的教材及教学内容

（1）地球历史变迁。讲解地球历史变化的过程，如地质活动、气候变化等对地球表面形态塑造的作用，阐述各种形态的成因和变化原因。

（2）生态环境与地表形态。生态环境的变迁和破坏对地表形态塑造的作用，生态修复与重建对盆地地表形态的调整以及环境恢复效果等。

（3）人类活动与地表形态。人类活动对地表形态的破坏和改变，如城市化、农业活动、采矿等带来的地表形态变化。

（4）应用卫星技术的地表调查。介绍应用技术的发展前景及相关内容，如地表调查分析应用卫星遥感，监测地表形态变化等。

（5）地表形态调查与实践。探究地表形态的形成原因与区域分异规律，学生参加实地考察和调研，完成基础知识的学习。帮助学生观察地表形态的制造元素、形成过程，以及时间序列的变化规律。

通过对以上"塑造地表形态的力量"新的教材及教学内容的分析，不仅重点对内容原理进行介绍，还对实践应用和技术手段进行重点训练。同时，丰富了课程内容，深度和广度都得到了增强，有助于提升学生的综合素质和应用能力。

7.课例教学对象分析

授课对象为高中地理学科的学生，一般为高一年级或高二年级。了解地表形态的形成机制和不同因素对地表形态的影响，是学生在学习地理学科的过程中所必需的。在课例教学中，学生需要具备一定的基础知识，如地球形态、地球大气圈、水圈等基本概念，以及对地质结构和地貌类型的了解。此外，学生需要具备一些基本的科学研究方法和技巧，如采集数据、制作数据表格和图表等。

需要注意的是，不同的高中学段的学生掌握的知识和技能差异很大，因此在教学中需要根据不同学生的实际情况进行差异化教学，以确保教学效果的最大化。

8.重点能力与学生应具备的核心素养

（1）关键能力

①系统性思维能力：理解和分析塑造地表形态的力量的系统性和复杂性，掌握各个因素

之间的相互作用和影响。

②数据分析能力:掌握采集、整理和分析地表形态数据的方法,使用各种工具制作清晰、准确的数据表格和图表,并能够从中得出有用的结论。

③创新思维能力:有发现问题、探究求索的精神,能够从学习实践中不断挖掘问题本质和深入核心,并尝试提出新的见解和解决方案。

(2)核心素养

①地理意识:具备"地表形态"是地球上一个重要自然现象的意识,能够理解地理环境和人类活动对地表形态的影响和塑造。

②综合素养:通过实践和学习,发展多方面技能和能力,包括信息收集、处理和表达等多方面综合能力,以适应复杂的学习和生活环境。

③国际视野:通过对地表形态在全球尺度上的分布、特征和影响的学习,增强国际视野,拓宽自己的思路和视野,以适应未来的国际竞争和合作需求。

二、教学设计的基本要素

1. 教学目标

(1)了解地球表面形态的基本特征和分类方法。

(2)认识塑造地表形态的力量,既有内在的力量,也有外部的力量。

(3)了解地形起源和发展的基本规律。

(4)掌握识读地形图的方法,对地形剖面图进行绘制。

2. 教学内容

(1)地球表面形态的基本特征和分类方法。

(2)塑造地表形态的力量:内力和外力。

(3)地形起源和发展的基本规律。

(4)地形图识读法,地形剖面图识读法。

3. 教学过程

(1)知识点讲解,包括地球形态、地形分类、内力和外力、地形起源与发展规律、地形图和地形剖面图。

(2)阅读地形图和地形剖面图,教师示范方法。

(3)学生练习阅读地形图和地形剖面图,以及绘制地形剖面图。

(4)学生通过课外实地考察,观察和体验地形塑造过程和地貌景观变化。

(5)学生通过小组合作形式探究地形演变的规律和地形图与实地考察之间的联系。

4. 教学方法

(1)多媒体讲解。

(2)教师现场演示和指导。

(3)小组讨论和合作探究。

(4)实地考察和实践操作。

5.教学手段

(1)多媒体课件。

(2)地形图和地形剖面图。

(3)地貌相关的动态图、实物模型和实地照片。

(4)现场考察和参观。

(5)资料、文献和电子资源。

6.教学评价

(1)考查学生对地形图和地形剖面图的阅读和绘制能力。

(2)现场考查和小组讨论报告考核学生对地貌规律和地形演变的理解和应用能力。

(3)考核学生平时作业的掌握程度和课堂测验的掌握情况。

三、教学设计的整体思路

1.教学目标明确

要求学生通过整体教学设计,在掌握地球表面形态的基本特征和分类方法的基础上,了解塑造地表形态的力量,包括内力和外力,并能在掌握地形图识读方法和地形剖面图绘制方法的基础上,掌握地形地貌的起源和发展的基本规律,掌握地形图的判读方法。

2.教学内容丰富,条理清晰,涉及多个知识点

如地球表面形态的基本特征和分类方法、塑造地表形态的力量、地形地貌的来龙去脉规律、地形图的识读方法、地形剖面图的绘制方法等,对学生形成和加强认识和理解都有很好的帮助。

3.教学方法灵活多样

让学生在实际操作中积累经验,提高技能,加强交流与合作,通过多媒体课件讲解,现场演示和指导,小组讨论和合作探究,实地考察与实践操作等多种教学方法进行教学。

4.教学手段丰富多样

除多媒体课件、地形图和地形剖面图等传统教学手段外,还增加了动态图、实物模型、实地照片等现代化教学手段和实地考察参观等激发学生兴趣和探究性的实用手段,使教育教学质量有了较大提高。

5.教学评价科学合理

通过考试测试、现场考察和分组报告、平时作业和课堂测验等多种形式,对学生的学习成果和教学效果进行全面客观的评价,充分发挥地理学科的学科特点和独特优势,提高学生的综合素质和实践能力。

四、课例呈现

1.案例名称

冰川地貌

2.案例简介

冰川是一种大自然的现象,通过雪和冰的堆积形成巨大的冰川,在运动过程中切割、侵

蚀和运输岩石和土壤,最终形成各种特殊的地貌。这些地貌包括山谷、冰碛丘陵、冰川湖和冰川峡谷等。

3.教学过程

(1)通过图片和视频展示冰川地貌形成的过程和特点,引导学生了解冰川的形成、运动和侵蚀过程等相关概念,同时介绍其在地球表面形态塑造中的重要作用。

(2)组织学生进行分组讨论,引导学生探讨冰川地貌对周边环境的影响和作用,例如在气候、水文、生态和经济等方面的影响。同时,要求学生根据各自所在地的情况,寻找与冰川地貌相关的例子进行分享。

(3)通过地图和实地考察等方式,引导学生了解冰川地貌在世界范围内的分布和发展情况,同时带领学生通过观察和记录了解冰川地貌的细节和特点。

(4)根据学生的讨论和发现,引导学生总结出冰川地貌形成的主要因素和特点,同时探究与冰川地貌相关的其他自然力量和地质现象等。

4.教学目标

(1)了解冰川地貌的形成、运动和侵蚀过程,以及其在地球表面形态塑造中的作用和重要性。

(2)探讨冰川地貌对周边环境的影响和作用,并了解其在气候、水文、生态和经济等方面的影响。

(3)了解冰川地貌在世界范围内的分布和发展情况,探究其形成的因素和特点,同时探索与冰川地貌相关的其他自然力量和地质现象等。

(4)提高学生观察和记录能力,培养学生对地貌形态变化的敏感性和探究能力。

五、课例简介

1."塑造地表形态的力量"课例介绍

"塑造地表形态的力量"是高中地理选择性必修课程,从土地利用角度分析了地表形态对人类活动的影响,以地质力、气候力、水力等自然力对地表形态的塑造作用为主要内容。在这堂课教学中,学生们将了解以下内容:

(1)地质力对地表形态的塑造作用,包括板块构造运动、地震、火山等自然现象。

(2)气候力对地表形态的塑造作用,包括风蚀、水蚀、冻融等自然现象。

(3)水力对地表形态的塑造作用,包括河流侵蚀、滑坡、海水侵蚀等自然现象。

(4)地表形态对人类活动的影响,包括土地利用、灾害防治、城市规划等方面。

通过观察野外现象、分析案例、掌握地理信息技术、了解地表形态变化的成因和机理及地表形态变化对人类活动的影响和应对措施等,使学生在学习这节课的过程中对自然与人类的互动关系有较为深刻的认识。

课题	塑造地表形态的力量
教学目标	1.理解地球内部热力学作用和地表物理作用的基本含义,了解塑造地表形态的主要因素。 2.掌握地球内部作用的基本特征,如火山、地震、地壳运动等,能够对不同种类的构造和运动现象进行区别和分类。 3.了解风、水、冰三种外力对地表的作用特点,掌握风蚀、水蚀和冰蚀的基本原理、类型和形态,认识山地、河谷地形的基本要素和形成过程。 4.了解人类活动对地表的影响,提高学生对环境保护的认识,理解环境与发展的关系,是人类保护环境的重要内容
教学内容	1.内部力量对地表形态的影响:地球的内部由地核、地幔和地壳三部分组成,它们之间的运动、相互作用会导致包括火山、地震、地壳运动等在内的地球表面各种形态的产生。 2.外部力量对地表形态的影响:如风、水、冰等外部因素和人的活动等,也会对地表形态产生风化、侵蚀、沉积等过程的影响。 3.自然地理环境的多样性:各种自然环境的地形条件不同,因此塑造地表形态的力量也会不同。如高山、平原、沙漠等地形条件不同,自然景观和生态系统也会有所不同。 4.人类活动对地表形态的影响:人的活动对地表形态也会产生影响,如开垦土地、建造城市、挖掘矿藏等。这些活动可能会改变原始的自然地貌,并对环境造成破坏。 通过学习"塑造地表形态的力量"这个教学内容,可以更好地理解地球表面的形态和特征,并认识到自然环境与人类活动之间的相互作用和影响。同时,还可以学习到相关的保护自然资源、保护环境的知识和技能
教学方法	1.场地教学法:对当地的自然风光、人工景观等地方组织学生进行实地考察和观摩。可以组织学生前往水库、河流、滑坡等进行实地考察和采样,用实际的数据和材料去展示和说明地表形态的形成原因和过程。 2.模拟实验法:可以通过模拟实验的方式,让学生通过自己操作和实践来了解各种地表形态的形成原因,探究各种力量之间的关系,比如通过模拟河流流动的槽道,了解水力的作用等。 3.多媒体教学法:可以利用多媒体软件、网站等技术手段,呈现生动、形象的动画、图像等,以帮助学生更好地理解地表形态的形成原因和过程,增强学习的趣味性和可行性。 4.小组合作学习法:可以让学生分成小组,自己选定感兴趣的地形现象或是某种形态力量,进行学习和研究,并在小组内分享交流,互相学习和促进自主学习。 总之,针对这一教学内容,需要采用一些具有启发性、趣味性、实践性强的教学方法,帮助学生在培养探究精神和动手能力的同时,更好地理解地表形态的形成原因和形成过程

课题	塑造地表形态的力量
教学资源	1.《地理》选择性必修一教材:高中地理必修一的教材包含了对此主题的详细介绍和相关内容,对于学习本主题具有重要的参考价值。 2.《自然地理学》:这是一本介绍地表形态形成原理、规律和过程的专业教材,可以为学生深入了解本主题提供有效帮助。 3.TED演讲视频:TED上有一段演讲视频,讲的是"地表形态变迁的影响、原因和未来预测",不仅能够激发学生对这一主题的兴趣,还能让学生通过视觉和听觉的方式获取相关知识。 4.地质博物馆:实地考察和教学,让学生可以在真实的自然环境中观察和了解地表形态的形成和变化过程,从而更好地理解本主题。 5.互联网资源:如文献、图像、视频等,可以帮助学生进行更为深入的学习和研究,也可以使学习体验更为丰富和多样化
教学过程	一、开门红(3分钟) 　　教师通过播放地表形态改变的时间序列视频向学生引入话题,并激发学生对自然环境的认识和对人类活动的思考。 二、知识导入(2分钟) 　　教师通过PPT介绍不同的自然因素,如地震、风化、水力等,并让学生了解这些因素对地表形态的影响教师引入人类活动对地表形态的影响。比如,大规模的开采和开发,林地砍伐和建设活动等。 三、知识拓展(25分钟) 　　1.教师带领学生了解地球上几种不同的物理景观类型,如山地、平原、高原、低地等,并让学生理解不同的自然因素和人类活动对这些景观类型的影响。 　　2.教师带领学生分组进行班级比赛。通过观察图片,学生需要分辨是自然因素还是人类活动对该景观类型的塑造起到了主要作用。 　　3.教师引导学生分组进行小组讨论,就本组负责的图例,讨论自然因素或人类活动对该景观类型的作用。 四、知识总结(3分钟) 　　教师对今天的知识点进行总结和回顾,并让学生就今日所学进行反思,分享思考成果。同时,教师就今天学生学习内容的疑难问题进行解答。 五、再次强调学科理念(2分钟) 　　教师通过强调学科理念,鼓励学生积极探索、发现和创造,拓展他们的思维和提高学生的认知能力。 六、课后作业(15分钟) 　　根据今日的学习内容,教师布置相关的课后作业,让学生继续深化对今天的学习内容的理解和思考。同时强调学习的重要性,学生的学习兴趣和积极性也得到了提高

2.高中地理选择性必修一"塑造地表形态的力量"教学目标分析

学科素养	学习目标
科学观念与应用	这一课时学习,我们学习了许多有关于塑造地表形态的力量的科学观念与应用。包括地质作用、水力作用、风力作用、冰川作用等等。通过学习这些科学知识,我们可以更好地理解和解释不同地貌的形成过程,进而探讨地貌的演化和地形变化的原因。同时,我们还可以将这些科学观念应用到实际生活中。例如,在城市规划和建设中,我们可以考虑到地质构造和地貌形态对建筑物稳定性和地下水资源的影响,从而更加科学地规划和设计城市。学习"塑造地表形态的力量"可以帮助我们深入了解地球在不同地质环境下的变化和特点,对我们认识和保护地球起到积极的作用
科学思维与创新	"塑造地表形态的力量"以地表形态的形成、变化、演化过程为重点,以地表形态塑造过程中各种自然力量的作用为主要内容,是高中地理必修课程的章节内容。在学习这一课时内容时,要注重培养科学思维和创新能力,不能只盲目地记忆所学知识,更要通过实践探究、归纳总结和创新思维来逐步理解和掌握相关概念和知识。同时,注重在学习过程中多角度、多维度地思考问题,了解自然环境与人类活动之间相互制约、相互促进的关系,了解生态环境如何维护和保护的问题,如何促进可持续发展,在学习过程中,我们要把学习的重点放在对环境保护的认识上
科学探究与交流	目的是深入了解形成地球地表形态的相应力量,演化过程,塑造表面形态。具体将围绕以下几个方面展开。 1.地球表面形态的形成和演变过程:探究地球上各种自然地理现象及其成因和影响。如地壳运动、地震、火山喷发、风化、侵蚀等。 2.塑造地表形态的力量:探究地球上各种力量,如内部地球热力学作用、地球自转、地球表面的水循环和大气循环等,以及它们对地表形态的塑造力和作用机制。 3.地球资源的利用与环境保护:探究地球资源的利用与环境保护问题,如对石油、煤炭、水资源等的开采利用与环境破坏,以及人类活动对自然地理环境的影响和改变。 4.通过本次学习,学生将进一步理解地球地表形态的形成和演变机制,以及地球上不同力量对地表形态的影响和作用,同时也将加深对地球资源利用与环境保护的认识和理解,为未来的环保和资源管理做好准备
科学态度与责任	①掌握基本的地质学和地貌学知识和概念,了解地球表面形态的形成和演变过程。 ②进行实地考察和实验研究,了解地表形态的实际情况和特征,体验科学探究过程。 ③坚持科学的思维方式,采用科学的方法和工具,进行数据采集、处理和分析,形成科学结论。 ④关注人类活动对地表形态的影响,认识到保护环境和资源的重要性,有环保意识和可持续发展意识。 ⑤学生在学习过程中,要积极探索、勇于创新,为实现社会和谐和可持续发展作出自己的贡献,体现科学的态度和责任感

3.高中地理选择性必修一"塑造地表形态的力量"教学难点解析及解决措施

教学内容涉及地球物理学和地貌学的基础知识,重点介绍了内力与外力对地表形态的作用和影响,其中,难点主要集中在以下几个方面。

①对地壳内部结构和板块运动的理解。掌握地球内部的组成和构造,并理解板块运动是地球表面的巨变过程。这一点需要通过举例和解析地震、火山等地质灾害的原因和后果来加深学生的理解和记忆。

②受内力和外力作用于地表形态的机制。理解内力(地震、火山等)和外力(风、水、冰等)对地表形态的不同作用机制,并能够识别和比较它们在不同地区的影响。这一点需要通过各种手段来传授,比如实地考察、模拟实验等等。

③地表形态的分类和特征。掌握地表形态分类的原则和方法,并能够描述和解释各类地貌的形成原因和特征。这一点需要通过图表解析、实地考察和互动讨论等方式进行教学。

以上难点问题,教师可以采取以下办法解决。

一是建立直观的模型和情景,帮助学生对抽象概念的理解。比如通过三维模型和动态演示等方式展示地球内部构造和板块运动的过程。

二是注重实践教学,让学生身临其境地投入到学习中去。比如进行野外考察、模拟实验等活动。

三是多角度地引导学生思考问题,培养学生对问题的综合分析能力。如让学生通过案例教学,对地质灾害的成因、影响等进行分析,并有针对性地提出防范措施。

四是以调动学生学习兴趣为目的,加强阅读和思考。可以选取相关的科普读物、纪录片等进行推荐,让学生在课堂之外也能做到持续学习。

4.高中地理选择性必修一"塑造地表形态的力量"主要教学策略和评价方法

教师可针对教学内容"塑造地表形态的力量"采取以下教学策略和评价方法。

(1)问题驱动的教学。引导学生发现地球表面的各类地貌,从中探究形成原因,激发他们的求知欲和思考能力。

(2)互动探究的教学。利用小组合作讨论、学生主导教学等形式,引导学生自主探究,加深学生的理解和记忆。

(3)实践体验的教学。开展实地考察、模拟实验等活动,让学生亲身参与,感受内力与外力对地表形态的作用和影响。

(4)多媒体辅助的教学。通过多媒体展示、影像资料收集等形式,让学生"看得见",让知识更加生动有趣。

(5)技术支持下的教学策略。

技术支持下的教学策略	内　容
技术支持学情分析	1.调查问卷:通过调查问卷,了解学生对地表形态的掌握程度,了解学生对相关概念的理解程度,通过调查问卷,根据结果对学生的薄弱环节和问题进行分析,为后面的教学提供针对性帮助。 2.思维导图:通过让学生在黑板或纸张上构建地表形态相关的思维导图,帮助学生厘清知识点之间的联系和层次,深入挖掘知识内涵,帮助学生加深理解。 3.数字地图:以图像化的方式向学生呈现不同区域的地表形态及其形成机制,激发学生对地表形态内在联系的观察力和理解力,利用数字地图软件对地表形态的内在联系进行进一步探索。 4.情境化教学:通过多个情景教学案例,让学生深入感受到不同地表形态的形成、演变和对人类生产、生活和生态环境的影响,引发学生的探究和思考。 以上技术支持可以帮助教师深入了解学生的学情和思维特点,更好地调整教学策略,提高教学效果
技术支持课堂导入	"塑造地表形态的力量"一课导入在高中地理课堂导入时,可采用以下技术支持的方式: 1.让学生通过观看相关视频或图片,了解不同的地貌形态是如何形成的,例如山脉、河流、海岸线等。利用引起学生兴趣的多媒体设备,播放相关的录像或PPT。 2.设计一些有趣的问答或小游戏,引导学生了解地球表面的复杂性和多样性,例如,在黑板上或PPT上展示一张地图,让学生根据山脉、高原、平原等地貌特征,猜测地点的名称以及形成的原因。 3.让学生以实地考察的方式,亲身感受塑造地表形态的力量的强大。可以带领学生去户外进行野外考察,例如观察急流、暴风雨对河岸的侵蚀,或是山体滑坡、地震等对地貌造成的影响,让学生在实践中感受地表形态的力量。 总之,在进行高中地理选择性必修一"塑造地表形态的力量"课堂导入时,除了传授相关概念知识外,更重要的是引导学生主动思考、体验和感知,从而更好地理解地理知识和现象

技术支持下的教学策略	内　容
技术支持 课堂讲授	1. PPT 演示：利用 PPT 制作有关塑造地表形态的力量的相关知识点进行演示，可以利用图片、视频等多种方式进行讲解。 2. 实物展示：在课堂上，可以通过展示一些实物来直观地展示地表形态的形成过程，例如海蚀地貌的形成等。 3. 地图解析：通过对各个地理地貌的地图说明，可以让学生更深刻地理解地表形态的形成原因和过程。 4. 图表解读：将大量的地貌图表整理成知识点进行教学，让学生更容易掌握相关概念和知识。 5. 模拟实验：通过模拟地球运动、测量地貌地形的实验，可以使学生更好地了解地表形态的形成原理。 6. 问题引导法：通过提出课堂问题，引导学生自主思考，通过小组讨论等方式来探究地表形态的丰富知识。 7. 视频学习：利用网络资源，选取较有代表性的视频进行展示，可以使学生更深入地了解地表形态的形成过程及其变化规律
技术支持 方法指导	1. 利用多媒体技术进行课堂讲授，例如制作 PPT 演示、使用实物展示、地图解析、图表解读等方法，以便更加生动而有效地传授相关知识点。 2. 制订针对性强的实验与探究方案，如模拟地球运动、地貌地形测量等实验，并根据学生的实验结果和表现进行针对性的指导，以培养学生的科学思维能力。 3. 引导学生自主探究，采用问题引导法，例如提出切入点引导学生自主思考，通过小组讨论等集体学习模式，促进自由交流与合作。 4. 利用网络资源，选择较有代表性的视频进行展示，例如地球运动、自然地貌变化等相关视频，以便全方位、多角度地了解地表形态的形成原理。 5. 利用智能设备和平台，例如搭建在线课堂和性能评估平台，以便更加高效和科学地进行教学和评估，并及时跟进学生的学习进度和表现，以便有针对性地开展课外辅导活动。 综上所述，通过这些技术支持下的方法指导，在更好地激发学生学习兴趣，促进学生的知识积累和才能培养的同时，更好地指导教师进行相关课程的教学工作

技术支持下的 教学策略	内 容
收集 评价数据	1.问卷:可以设计一份测查本章学习效果的问卷,测查学生地理知识、地理技能等方面的掌握情况。可以使用在线调查工具如 Google 表单、问卷星等进行问卷调查,方便实时收集和统计数据。 2.视频录制:可以让学生用手机或录音笔录制课堂教学过程,然后回放和评价教师的讲解和教学效果。同时,也可以记录学生在实验室操作过程中的表现和反应,以及在课堂上的互动情况。实验室操作录像能够辅助教学,帮助学生对所学知识和技能更好地理解和运用。 3.群体讨论:可以组织学生进行小组讨论,让他们分享自己的看法,并互相评价和提出建议。这样的交流方式,对学生的学习热情和兴趣的激发,能起到促进思考和讨论的作用。 4.作业任务:可以设计一些与本章相关的任务和作业,如做练习题、写实验报告、制作 PPT 等,用于评估学生的学习成果和技能掌握情况。同时,也可以鼓励学生提交优秀作品,并给予肯定和奖励,以激励他们不断进步和创新。 通过以上方式,全面收集和评价学生的学习成果和技能掌握情况,帮助教师了解学生的学习效果和个性特点,及时调整教学策略和方法,使教学质量和效果得到提高
可视化数据 呈现与解读	1.收集相关数据:可以通过公开的数据集,如国家地理信息中心、国家环境遥感监测中心、国家统计局等网站进行数据查询和下载。 2.数据处理:对收集到的数据进行清洗,转换格式,并选择适合的数据可视化工具进行数据处理,如 Excel、Tableau、Python 等。 3.可视化数据呈现:利用数据可视化工具将处理好的数据转换成图表等进行可视化呈现,在呈现过程中应根据数据特点、教学要求选择合适的可视化图表。 4.解读数据分析结果:通过图表或数据可视化结果,深入分析各种自然力量如地震、火山、地质作用等塑造地表形态的过程及其对人类活动的影响等,并引导学生深入思考相关问题。 5.对于高中学生,可以使用较为简单、易操作的数据可视化工具,如 Microsoft Excel、Plotly、geospatial software 等进行数据处理和可视化。同时,在进行可视化呈现时,需要注意图表的规范性,确保数据准确、清晰、易懂,使学生真正了解塑造自然力量对地表形态塑造的过程和意义。

（6）技术工具、平台、资源。希沃白板、宁教云、极课大数据。

（7）教学设计的知识思维导图。

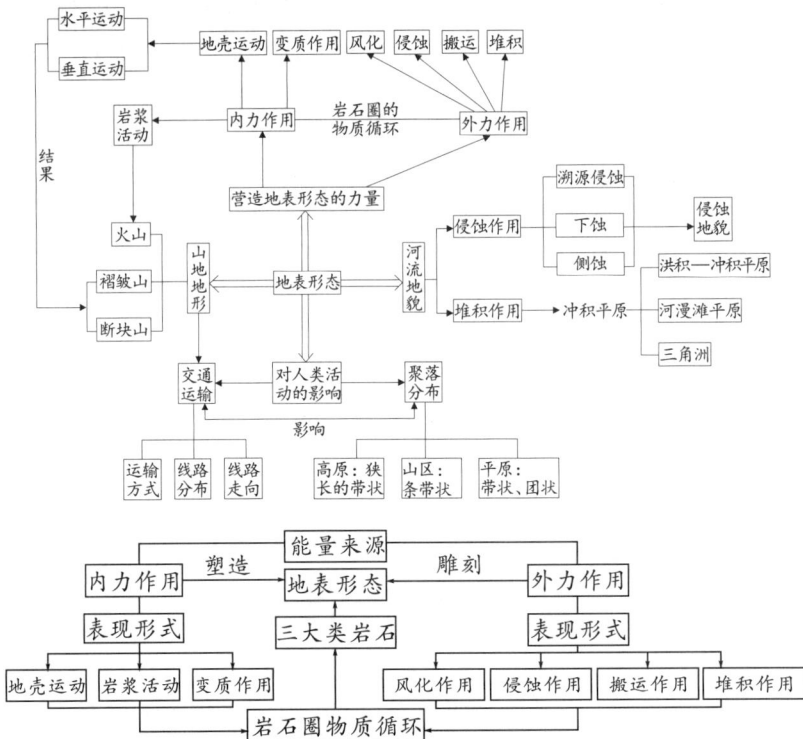

水平运动 垂直运动 — 地壳运动 变质作用 风化 侵蚀 搬运 堆积

岩浆活动 — 内力作用 — 岩石圈的物质循环 — 外力作用

结果 — 火山 褶皱山 断块山 — 山地地形 — 地表形态 — 河流地貌

营造地表形态的力量

侵蚀作用 — 溯源侵蚀 下蚀 侧蚀 — 侵蚀地貌

堆积作用 — 冲积平原 — 洪积—冲积平原 河漫滩平原 三角洲

交通运输 — 对人类活动的影响 — 聚落分布

影响

运输方式 线路分布 线路走向 — 高原：狭长的带状 山区：条带状 平原：带状、团状

能量来源

内力作用 — 塑造 — 地表形态 — 雕刻 — 外力作用

表现形式 — 三大类岩石 — 表现形式

地壳运动 岩浆活动 变质作用 — 岩石圈物质循环 — 风化作用 侵蚀作用 搬运作用 堆积作用

六、具体课例的任务驱动模式下的教学设计

教学环节	教师活动	学生活动	技术、资源（含平台与工具）	设计意图
任务描述：本任务将针对"塑造地表形态的力量"这一行进行学习，旨在让学生了解不同力量如何影响地表形态变化，并探究现象背后的原因与机制	情境导入："想一想，为什么我们生活的地方是有高有低，有山有水？是怎么形成的呢？"接着，教师将呈现一组有关地形的照片，并向学生询问照片中地形是如何形成的。教师鼓励学生进行猜测和探究，引导学生进入学习状态。随后，教师会引入本节课的主题：塑造地表形态的力量，并布置任务：以小组形式完成实地探究和分析，了解自然因素和人为因素对地表形态造成的影响，并提出解决方案。学生对地表形态的兴趣和思考，通过这样的情境导入而被激发出来，为之后的学习埋下了伏笔	学生思考：1.看图或视频，探究地表形态变化的原因及相关影响因素，并对此加以探究	宁教云平台展示数字教材内容、学生课前调查视频	使学生掌握地理学中的关键概念，如地貌、物质循环、气候变化等。这对学生深入了解地表形态的形成和形态的塑造都会有好处

教学环节	教师活动	学生活动	技术、资源 (含平台与工具)	设计意图
任务2	提问:地球上哪些力量是影响地表形态的主要因素?它们各自的作用是什么? 地球上不同的岩石类型和地层结构会如何影响地貌的形成?请举例说明。 了解不同地貌类型的形成原因对于什么有帮助?我们需要了解什么特定的案例(如仙女山地貌、喀斯特地貌等)?	分组讨论不同地貌类型(如山脉、盆地等)是如何形成的,并分析各种地貌对当地社会和经济发展的影响。 学生利用所学知识和地理工具,设计调查报告,研究本地区的自然环境,发现其中的地表形态特征	1.希沃白板呈现探究的任务、制作的材料。 2.通过实物展台展示学生作品	通过案例研究和实地考察,引导学生了解不同地区的地貌类型、形成原因及对当地社会经济发展的影响
任务3	提问:为什么地球气候变化会对地表形态造成影响?这种影响有哪些后果? 如何使用地图等工具研究地球表面不同的特征?不同的信息怎么串联起来,形成全方位的理解?	让学生运用基础科学方法,分析城市化进程中人类活动如何塑造地表形态,以及我们应该如何发展城市化,以使发展更加可持续	希沃白板呈现学生设计的思路	加深学生对地面特征的理解,通过读图、实地考察等实践活动,培养学生科学动手能力。 提高学生的信息素养,让他们能够运用不同来源的地理信息去制定环境保护和地质灾害防范计划
任务4	提问:什么原因造成中国南方地区不同原因的山脉和平原地貌,其形成和发展是怎样的?它们对当地社会和经济的发展有什么影响	要求学生以团队方式,通过实地探究和野外考察,研究不同地方地球表面的特征和气候变化情况。然后,就他们的研究结果,让学生给出建议以减轻环境压力	学生利用宁教云平台上传作品并对其他学生的作品进行评价	培养学生社会责任感和可持续发展意识,通过探究人类活动对地表形态的影响,启发学生积极参与环保和可持续发展行动

教学环节	教师活动	学生活动	技术、资源 (含平台与工具)	设计意图
任务 5	教师组织学生座谈、分组展示	让学生运用基础科学方法，分析城市化进程中人类活动如何塑造地表形态，以及我们应该如何发展城市化，以使发展更加可持续	通过宁教云平台展示学生作品	指导学生使用地理工具和技术，如遥感和地理信息系统，帮助他们了解和分析地表形态的变化和演化，探究其对全球气候变化的影响
任务 6	教师引导学生展开对这节课所学知识的总结，反思所得的东西	让学生运用地理知识，研究全球环境问题，尤其是气候变化对地表形态的影响，探讨有关问题的解决方案，并且通过展示等方式传授知识	利用希沃白板进行总结	提高综合素质，培养能力素养
任务 7	教师开展教学评价，针对学生的实验报告、小组展示、讨论表现，以及个人表现进行评价，同时还可以通过考试或作业来测试学生掌握的知识和能力。通过对学生所学知识的评价，可以不断地改进和完善任务驱动的教学策略	学生通过小组互评开展对小组的评价，通过对学生的考试或作业来测试学生掌握的知识和能力	1. 微课展示创意设计。2. 通过宁教云平台推送课后探究任务。3. 通过问卷进行学习评价	任务驱动模式侧重于培养包括沟通能力、协作能力、创新能力、批判思维能力等在内的学生的能力素养，可以使学生的综合素质得到全面提升。通过以任务带动教学，使学生综合素质得到全面提高，在今后的学习生活中夯实基础

七、课后评价与反思

1.评价量规

（1）教学设计评价量表

评价内容标准	赋分	教师得分
教学设计不够全面和系统,缺乏创意和新颖性	1分	
教学设计基本上能够满足教学需求,但缺乏深入挖掘和探究	2分	
教学设计较为全面和系统,能够满足学生的学习需求,有一定的创意和新颖性	3分	
教学设计非常全面和系统,能够满足学生的学习需求,有很高的创意和新颖性	4分	

（2）教学方法评价量表

评价内容标准	赋分	教师得分
授课方法单一、呆板,缺乏趣味性和互动性	1分	
授课方式略有变化,但在趣味性和互动性上有所欠缺	2分	
授课方式更加丰富多样,能激发学生的学习兴趣,有一定的趣味性、互动性	3分	
教学方式十分丰富多样,可以使学生的学习兴趣得到极大的激发,趣味性、互动性都很高	4分	

（3）教师教学态度评价量表

评价内容标准	赋分	教师得分
教师在教学态度上不够认真、不够负责,不够积极主动、不够耐心地开展教学工作	1分	
教师教学态度一般,有时缺乏热情和耐心	2分	
教师教学态度较好,兢兢业业,有一定的积极性和耐心	3分	
教师教学态度良好,工作极其认真负责,对待教学工作热情、耐心,任劳任怨	4分	

（4）教师课堂管理评价量表

评价内容标准	赋分	教师得分
教师课堂管理不足,学生纪律散漫,班级秩序混乱	1分	
教师课堂管理稍有不足,学生纪律稍有松散,课堂秩序稍有混乱	2分	
教师课堂管理较好,能维持学生纪律,使班级秩序基本稳定	3分	
教师课堂管理非常好,学生纪律严明,上课秩序井然	4分	

2.学习过程评价

	评价项目	评价内容	赋分	得分
A	学生参与度评价	通过观察课堂气氛和学生参与度,评价学生对"塑造地表形态的力量"知识的兴趣和理解程度,以便调整教学策略和提高学生的参与度	20	
B	课堂练习评价	通过对学生的课堂练习成绩进行评价,了解学生对"塑造地表形态的力量"知识的掌握程度,以便及时纠正学生掌握的不足之处,提高学生的学习效果	20	
C	实验和观察评价	通过观察学生实验和观察成果,评价学生对"塑造地表形态的力量"知识的实际应用能力,以便更好地指导学生掌握相关知识	20	
D	课堂讨论评价	通过课堂讨论,了解学生对"塑造地表形态的力量"的理解程度,以及学生对相关问题的思考和见解,以便促进学生的思维发展和提高学生的分析能力	20	
E	课后作业评价	通过评价学生的课后作业,了解学生对"地表形态塑造的力量"知识,以及学生对相关问题的思考、感悟等方面的掌握情况,从而对学生掌握相关知识起到较好的引导作用	20	
总分				

综上所述,在高中地理选择性必修一对"塑造地表形态的力量"的教学过程中,可以通过多种形式进行过程性评价,更好地引导学生对相关知识的掌握,并使其学习效果得到提高。

3.学生呈现作品评价

	内容	20分	15分	10分
A	科学性			
B	实践性			
C	环保性			
D	创新性			
E	美观性			

八、信息技术应用

1.地图软件

通过地图软件应用,学生可以查看全球各地的地形地貌情况,包括山脉、河流、平原、海洋等,帮助学生更深入地了解地表形态的多样性和复杂性。

2.视频和动画

通过制作地质演化的视频和动画,让学生能够更好地了解地球表面形态的演变过程。学生可以利用各种视频制作软件,如 iMovie、Final Cut 等,以及动画制作软件,如 Flash、Toon Boom 等,制作自己的作品。

3.虚拟实境技术

利用虚拟实境技术,学生可以模拟各种地形地貌变化的场景,如地震、火山爆发、冰川运动等。学生可以利用虚拟现实头盔、手柄等设备,亲身体验不同的地球科学现象,身临其境地感受地表形态的变化。

4.卫星图像

通过利用卫星图像,学生可以观察和比较地表形态和地貌特征的差异,使用 Google Earth 等工具,自主探索地球各地的自然地形。

这些信息技术的应用可以激发学生学习地理的兴趣,提高他们的学习效果和效率,帮助他们更好地理解地球表面形态的复杂性和多样性。

九、评价结果

1.评价方法

(1)能力评价:通过实际操作、综合分析等形式,考查学生对内力和外力对地表形态的作用机制的理解和应用能力。

(2)学习效果评价:通过作业、考试等方式,考核学生对地壳内部结构、板块运动、地表形态分类等内容的掌握情况。

(3)思维能力评价:考核学生通过课堂互动、小组讨论等各种形式思考问题、解决问题的能力。

值得说明的是,以上评价方式可以自行采用,也可以结合具体情况采用合并方式。

2.评价量表

(1)学生参与度评价量表

内容	赋分	学生得分
学生兴趣不浓,不听讲,听课不参与讨论,不做课堂练习	1分	
学生有些兴趣,偶尔参与课堂讨论,做一些课堂练习	2分	
学生基本有兴趣,能积极参与课堂讨论,主动提出问题,认真做课堂练习	3分	
学生非常有兴趣,能积极参与课堂讨论,提出高质量问题,认真做课堂练习,积极回答问题	4分	

(2)课堂练习评价量表

内容	赋分	学生得分
学生对"塑造地表形态的力量"知识掌握不足,答错多数题目	1分	
学生对"塑造地表形态的力量"知识掌握一般,答错一部分题目	2分	
学生对"塑造地表形态的力量"知识掌握较好,答对大部分题目	3分	
学生对"塑造地表形态的力量"知识掌握很好,答对全部题目	4分	

(3)实验和观察评价量表

内容	赋分	学生得分
学生对实验的认识不足,对观察结果理解不足,很难解释实验现象	1分	
学生对实验和观察结果的理解一般,能解释一些实验现象	2分	
学生较好地理解了实验和观察结果,能较好地说明大部分实验现象	3分	
学生很好地理解实验和观察结果,并能很好地解释实验的一切现象	4分	

(4)课堂讨论评价量表

内容	赋分	学生得分
学生不愿意发表意见,对问题缺乏思考	1分	
部分学生发表意见,对问题有些思考	2分	
学生积极发表意见,对问题的思考更加深入	3分	
学生发表意见很积极,思考问题很深入,提出问题质量也很高	4分	

（5）课后作业评价量表

内容	赋分	学生得分
学生对作业理解不足，做错多数题目	1分	
学生对作业理解一般，做错一部分题目	2分	
学生较好地理解了作业，多数题目都做对了	3分	
学生很好地理解了作业，把所有题目都做对了	4分	

3.学生的作品呈现

（1）海浪与海蚀地貌：学生选择展示不同类型的海浪如何影响海岸线的形成和地貌特征的变化，通过模型、图表和图片来解释海蚀过程以及形成的不同地貌，如海蚀平台、海蚀崖、海蚀洞等等。

（2）河流与冲积平原：学生创建一个模型或地图，展示河流如何在山区和平原上刻画出它们的轮廓和地形，从而解释河流流动的基本原则、冲积平原、峡谷和瀑布。

（3）冰川和地形：学生研究冰川的运动和融化过程，以及它们如何改变山峰和山谷等地形特征，使用模型或地图来演示冰川冻结、融化、沉积作用和冰震等现象的过程，并解释它们对地貌的影响。

（4）风蚀与风成地貌：学生探究风是如何在不同的地貌区域中进行侵蚀和沉积的。

（5）学生可以使用图片合集或视频来解释沙尘暴及其影响，沙丘和石柱等风成地貌。

十、章节测试命题方向和立意

1.命题方向

（1）地球内外力量对地表形态的影响：地球内部的地震和火山爆发，地球外部的风、水和冰对地表形态的影响。

（2）山地和平原的形成过程和特征：解释山地和平原形成的原因、形成的过程以及它们的特征。

（3）水的侵蚀和沉积：讨论冰川、河流、海洋和降雨等水的侵蚀和沉积作用，以及这些作用对地表形态的影响。

（4）风的侵蚀和沉积：探究风对沙丘、岩石和土壤的侵蚀和沉积作用，以及这些作用对地表形态的影响。

（5）人类活动对地表形态的影响：分析人类活动（如采矿、土地利用变化和建筑等）对地表形态的改变，以及这些活动带来的环境问题。

2.命题立意

（1）地表形态是怎样形成的？探求外力和内力如何作用于地表形态。

（2）地表形态对人类活动有哪些影响？分析城市化、农业、旅游等方面的案例。

(3)地表形态的变化会引起自然灾害吗？如何预防和应对这些灾害？

(4)探索地球表面形态因受人类活动而产生的变化,受全球气候变化的影响。

十一、教学反思

1. 项目学习连接知识、生活和学生,培养核心能力

通过这个教学项目的学习,可以帮助学生将所学的地理知识与生活实际联系起来,了解地球表面形成的过程和力量。同时,通过对地球的形成和演化的学习和研究,培养学生解决实际问题的能力和创新思维。在学习过程中,学生需要进行实地观察、图像分析、实验研究等操作,促使他们思考、探究和表达自己的观点,培养其与他人合作的能力和自主学习的能力。这种学习方式,既可以提高学生的地理素养,又可以很好地立足于今后的生活和学业。

2. 分层活动推动思维拓展,提升核心素养

高中地理选择性必修一"塑造地表形态的力量"教学分层活动针对不同学生的学习特点和能力层次,提供不同的学习内容和难度等级,旨在促进学生在知识掌握和能力提升上的个性化发展。

在这个教学项目中,分层活动可以通过以下方式进行推动与实施。

(1)将学生分成不同的小组,根据学生的学习情况和能力水平进行分组,并为每个小组提供不同的学习材料和任务。

(2)针对不同能力水平的学生,设定不同的学习目标和评价标准,鼓励学生在这个过程中发挥自己的优势,提高自身的核心素养。

(3)为学生提供不同形式的学习资源,包括图书、网络资料、兴趣课程等,以满足学生个性化的学习需求和兴趣爱好。

(4)注重思维拓展和创新能力的培养,鼓励学生主动探究和思考,提高其解决问题的能力和创新思维能力。

(5)通过上述分层活动,为学生今后的学习、生活打下坚实的基础,帮助学生更好地理解和掌握地表形态的形成过程和力量,提高学生的地理核心素养。

3. 微能力助学生创新解决地理问题

(1)明确的教学目标:了解地表形态的基本概念之后,对地貌的形成过程和成因有进一步的认识,并将塑造地表形态的各种力量通过不同的形态表现出来。

(2)多样化的教学方式:在课堂上采用多种方式,如讲解、讨论、展示视频等形式,帮助学生更加深入地了解地表形态的形成。比如,可以通过展示不同地区的相似和不同之处,让学生体验地表形态的变化,从而提高他们的观察力和判断力。

(3)以案例为主的教学:在教学过程中,通过实际案例,如珠三角地貌的变化、三峡工程对长江地貌的影响等,让学生体验不同地貌因素在实际生活中的作用,并通过案例学习,帮助学生更好地理解相关知识。

(4)实践体验:通过野外探究、考察、野外调查等活动,能让学生深入了解不同地貌因素变化,联系课堂理论知识,以便今后在实际工作中更好地应用相关知识。

这些教学微能力可以帮助学生更好地学习和理解"塑造地表形态的力量"这一课程,从而帮助他们更好地理解各种地理问题。

参考文献

[1] 何云.让初中英语课堂"动"起来[J].教育界(基础教育),2019(8):86-87.

[2] 郭志莲.高中地理模拟实验教学研究[D].石家庄:河北师范大学,2019.

[3] 刘定红.浅谈在初中语文教学中培养学生的自主学习能力[J].新课程(中学),2016(10):57.

[4] 刘力齐.高中数学合作探究式教学的研究[D].呼和浩特:内蒙古师范大学,2013.

[5] 许丽芹,金飞.基于元认知策略的大学英语听力形成性评估研究[J].海外英语,2017(24):93-94.

(主要执笔人:马　莉　银川市第九中学)

"三新"背景下"塑造地表形态的力量"教学研究与案例应用

——以"塑造地表形态的力量"第二章第一节为例

学生学习了前一章地球的运动章节之后,掌握了地球运动规律,明确了大气和水是地球上最富有动力的两大因素,也明确了水和大气是地表形态形成的主要动力。在此基础上引入"塑造地表形态的力量"学习内容,向学生揭示内力和外力是营造地表形态的主要力量,其中内力是根本。通过本章节学习,使学生认识到内力、外力对地表形态的塑造是不同的,完成知识、能力、情感价值核心素养教学目标。首先,优化教学内容。为了方便学生学习,运用多媒体教学工具对抽象的教学内容进行转化,以图片、视频的方式呈现教学内容,并引入学生熟知的案例,提升学生对知识的感性认识,更好地理解概念、原理。另外引入问题、实践类学习内容,启发学生思考、探究,培养学生合作能力和动手能力,理解塑造地表形态的力量。其次,教学方法创新。重视自主学习,引入预习、情境教学、问题教学、多媒体教学、小组合作等教学方法,提升学生自主学习能力,提高学习效果。最后,基于核心素养培养目标,设置教学评价,不仅要重视知识评价,即地表形态内力、外力作用对地表形态的影响以及具体表现,地貌形成的原因及分布等,还应对学生学习态度、合作能力、地理思维等方面进行评价。总之,核心素养背景下,高考考核方向更加重视学生能力考核,因此地理教学也应做出相应的调整。

一、教学背景分析

1. 课改前课例教学中存在的问题

(1)对地壳运动中垂直运动和水平运动概念认知不清。学生对水平运动所形成的褶皱山脉和垂直运动引起的地势起伏变化认知不清晰,在遇到具体的地表形态时,容易产生混淆,无法正确地辨别是水平运动还是垂直运动产生的。需要教师通过具体的图片、案例让学生理解二者所形成地表形态的不同。

(2)学生对地壳物质循环了解缺乏系统化。学生理解物质的运动,掌握物质循环的规律,是在内力和外力共同作用下发生的,都是以岩浆岩、变质岩、沉积岩的相互转化为基础的,具有共同的发生条件和物质基础,是两个具有联系的自然地理过程,岩浆岩、变质岩、沉积岩之间是相互转化的,学生对此理解起来难度较大。

(3)学生对外力不同作用下所形成的地表形态掌握不清晰。风化、侵蚀、搬运、堆积外力作用下所形成的地表形态为风化地貌、侵蚀地貌等,这些地表形态是不同的,学生容易产生混淆。

2.解决课例存在地理问题采取的策略

(1)利用多媒体工具加深学生对抽象内容理解。运用多媒体图片,向学生讲述地壳运动中的内力,通过图片展示使学生了解水平运动所形成的地表形态,主要是褶皱山脉、断裂带;垂直运动所形成的是起伏的山脉、盆地、平原等地貌。通过视频展示水平运动、垂直运动的过程,使学生对地壳水平运动、垂直运动有深入的理解。

(2)构建知识网络图,引入哲学知识,通过跨学科知识,提升学生对地壳物质循环的认知。学生通过教材内容,根据自己的理解,绘制地壳物质循环图,然后引入矛盾、发展的哲学观点,引导学生正确认知地壳物质循环图。

(3)案例分析。引入教学案例,通过提问来启发学生思考,实现知识迁移,使学生能够运用所学"外力"知识解决问题,帮助学生形成地理思维。

(4)合作探究方法。外力不同作用下所形成的地表形态类型较多,通过小组合作的方式,了解不同外力形成的不同地表形态,并通过分析,总结出地表形态可能有多种特点,应根据具体的案例进行分析,深化学生认知。

3.课例新的教学设计指导思想

(1)以核心素养培养目标为引导。教学中重视学生多方面能力培养,不仅关注知识学习目标,还关注学生能力提升,如知识迁移能力、知识体系构建、思考和探究能力、树立人地关系观点等,这些都是地理教学中需要完成的教学目标。

(2)以学生为中心,培养学生地理学习意愿。"塑造地表形态的力量"是必修一的学习内容,是学生进入到高中阶段学习的内容,因此培养学生学习兴趣非常重要,在教学中通过引入趣味案例,融入图片、视频,丰富学生学习体验,激发学生探究欲望,使学生愿意学习地理课程。

(3)注重知识结构的建立,实现知识的综合运用。在"塑造地表形态的力量"中包含了大量的小的知识点,这些知识比较具体,比如地表形态形成中内力、外力两个知识点是分开讲解的,但是在运用的时候,需要构建知识体系,才能分析地理问题,运用所学知识解决问题,因此需要帮助学生厘清知识之间的脉络,形成系统的知识体系。

(4)培养学生读图能力。该部分内容考试中经常会依托景观图、剖面图、区域图等,结合石油开采、工程建设等热点,考查地质作用、地貌成因及地质构造与人类活动的关系;交通规划、城市区位选择等,也会以图的形式出现,培养了学生读图能力以及在图中获得地理信息的能力。

(5)思维能力培养。在解决地理问题中需要考虑多方面因素,培养学生创新思维、探究能力、哲学思维等,使学生能够从人为或自然方面综合考虑问题,创新解决问题。

4.课例新的教学设计理论依据

(1)新课标的要求。新课标要求学科教学需培养学生核心素养,既要完成知识教学目标,使学生掌握知识,还需培养学生学科兴趣、探究能力、创新能力、解决问题能力、保护环境以及热爱资源等情感价值观,因此,需要科学设计教学内容,优化教学方法。在"塑造地表形态的力量"教学中,应设置多元化培养目标,重视学生兴趣、读图能力、实践能力等的培养。

(2)学科整合的需求。在"塑造地表形态的力量"内容学习中,引导学生树立矛盾、联系的观点,即一分为二地看待问题,了解地表形态的形成是内力和外力共同作用的结果,其中内力对地表形态有绝对的影响;另外,还应树立事物相互联系的观点,在分析外力对地形影响时,要看到堆积、搬运、侵蚀、风化、固结成岩五种外力作用的影响,考虑位置、地形、气候等多方面因素所形成的外力,保证问题分析的全面性,最终掌握外力对地形影响的本质规律,减轻学生学习压力。

(3)学生的学习规律。学生学习是一个由浅入深、循序渐进的学习过程,从知识的理解到知识体系的构建,是一个认知不断提升的过程,教师需遵循学生学习规律,在知识学习阶段通过多媒体、问题引导等方法加深学生对知识的理解,使学生能够理解知识,在理解知识的基础上构建知识体系,深化知识学习。

(4)信息技术的运用。运用信息技术,可以丰富学生学习视野,提升学生学习体验。例如:视频教学法,教师对难以理解的概念,以视频的方式帮助学生理解,加深学生对知识的理解;电子白板,激发学生学习兴趣,保证学生学习质量。

5.课例新课程标准依据

(1)人地协调观。学生通过学习,掌握内力作用的来源和表现形式,理解内力的作用以及对地表形态的影响;学生掌握外力作用以及表现形式,理解沉积、风化、搬运、侵蚀作用的种类和概念,并了解不同外力作用所形成的地形;了解内力和外力互相作用的关系,理解地表形态演化影响因素,培养学生尊重和保护自然,绿色发展等的观念,滋养人文情怀,增强社会责任感。

(2)综合思维能力。培养学生综合认识地理环境及人地关系的思维方式和能力,学生应具备读图能力:能够分析图中的信息,判断地貌形成原因,明确地貌类型;能够通过图示,分析不同地貌形成的原因。具有自主学习能力,在学习中能够实现知识有机整合,独立完成知识学习;具有思考、探究能力,能够独立思考问题,通过思考,探究知识的本质。

(3)地理实践能力。培养学生在地理实验、社会调查、野外考察等地理实践活动中所具备的行动力和意志品质。地理实验、社会调查、野外考察是地理学常用的研究方法,也是地理课程重要的学习方式。通过优化学习方式激发学生地理学习意愿,培养学生务实求真的学习态度,帮助学生树立人地协调的地理观点,辩证分析地理问题。

(4)引导学生建立科学的学习方法。"塑造地表形态的力量"是学生进入高中后学习的第二章内容,为学生提供良好的学习方法,如预习、构建思维导图、小组合作、系统分析问题等方法,引导学生科学学习,提升学生学习成就感,帮助学生建立可持续的学习过程。

(5)学科知识整合。"塑造地表形态的力量"涉及物理、哲学等学科知识,在学习中应注重学科知识整合,提高学生综合应用能力。

6.课例新教材及教学内容分析

"塑造地表形态的力量"教材内容涉及了物理、化学、哲学等学科,教学内容主要包括以下几个方面。

(1)内力作用。了解地球内力作用的来源;掌握地球内力作用的三种表现方式;了解内力对地表形态的影响,会形成地表起伏、褶皱山脉等;理解内力两种运动形式、特点以及对地表形态的影响。

(2)外力作用。了解外力作用的来源、外力作用的表现形式、不同外力作用所呈现的地表形态、外力作用对地貌的影响。

(3)岩石圈物质循环。了解岩石的分类和岩石圈的循环过程。

(4)内力和外力二者的关系。内力和外力是普遍存在的,对地表形态变化有很大的影响,二者在一定地点、时间下,某一种力量占据优势,通常情况下内力作用起主导作用,是促进地表形态形成的主要力量。

(5)教材活动板块内容。能够根据活动案例分析造成地表形态的原因,运用内、外因素进行分析,实现知识迁移应用。

7.课例教学对象分析

学生在初中阶段对地理知识有了一定的积累,但初中地理重视基础知识的学习,重在"地",即初中地理要求学生更多地去了解区域地理的知识,而高中重在"理",即地理规律,学习地理原理,因此,学习内容难度更大。

(1)学生能力方面。学生对零散的知识点掌握较好,但是缺乏知识汇总能力,难以把握地理原理,科学分析地理问题。因此,在高一年级学习阶段,应培养学生归纳、总结、分析问题的能力,使学生能够整合知识,运用所学知识解决问题。

(2)学生学科思维方面。地理问题的解决,要从自然、人为的角度分析,在分析问题时,应坚持一分为二、发展、联系的唯物观,引导学生建立科学的发展观,能够保证分析问题的全面性。但是很多学生缺乏学科思维,分析地理问题角度狭隘,不具有大局观,不能综合考虑多方面因素,因此由于思维受限,导致所提出的观点比较狭隘,难以真正解决地理问题。

(3)学生解决问题能力方面。传统教学模式下,学生视野狭窄,解决地理问题时,更倾向照搬书本知识,运用书本中提供的原理解决问题,而不是基于问题本身,综合考虑各种情况解决问题,学生这种生搬硬套的解题方式限制了学生思维,也不利于培养学生解决问题能力。因此应引导学生构建知识结构,灵活掌握知识,能够把握地理学科规律,在此基础上引导学生自主独立解题,提升学生解题能力。

(4)学习精神、学习态度的培养。高中地理课程重视"规律"内容的学习,这些内容学习比较抽象,学生需要积极思考,具备探究精神,才能把握地理学科中蕴藏的规律,实现深入的学习。另外高中地理学习内容较多,是一个庞杂的学习体系,学生需要具备求真务实、积极进取的学习态度,才能把握知识的内涵,掌握知识之间的逻辑关系,因此,在高中地理学习初期,应引导学生端正学习态度。

二、教学设计的基本要素

1.教学目标

掌握本节知识点,比如内力和外力能源来源、表现形式;外力表现形式及对地貌的影响等。

2.教学内容

以核心素养培养目标规划课程学习内容,包括教材、图片、视频、案例、课堂实践活动等学习资源。

3.教学方法

教学方法有情境教学、问题引导、小组合作、多媒体教学、案例分析等,通过这些教学方法的应用,加深了学生对知识的理解,提升学生学习地理的意愿。

4.教学评价

基于核心素养培养目标构建教学评价,形成多元化的评价方式。例如:丰富评价内容,从学生学习态度、合作精神、探究精神等方面对学生进行评价;丰富评价方式,比如:希沃白板测试、案例分析测试、日常作业、日常学习表现等,可以丰富考核方式,保证评价的客观性。

5.教学资源

教学资源包括教材、根据教材内容所搜集的网络资源、信息教学软件、教学 PPT、多媒体教学工具等。

6.课堂管理

课堂管理包括制定课堂纪律、教师做好课堂秩序维护等。

三、教学设计的整体思路

1.确定教学目标和学生需求

明确本节内容教学目标;了解学生学习需求,学生在本节课程学习中存在哪些困难,对哪些知识点理解难度较大,比如:内力作用的理解,学生只能通过识记的方式了解地壳运动的内力和外力,至于是如何作用岩层,对地表形态造成什么样的影响并不清楚,学生的认知处于浅层认识。因此,需要基于学生需求,以及学生兴趣点设计课程。

2.教学内容设计

(1)视频、图片教学内容。运用多媒体教学工具,向学生展示图片、视频,帮助学生理解内力、外力的概念,以及对内力、外力对地表形态的影响。

（2）案例教学内容。案例学习内容包括教材中的"活动"部分的教学案例,还有教师搜集的教学案例,结合具体案例,使学生认识到内力、外力对地表形态变化的影响。

（3）示意图、思维导图教学内容。通过示意图,加深学生对岩石圈物质循环的理解。通过思维导图,帮助学生建立知识结构,比如:内力作用、外力作用的表现形式,通过思维导图一目了然。

（4）野外调查教学内容。组织野外调查实践活动,分析调查资料,运用所学的外力知识,分析外力作用对地表形态的影响。

3.教学方法选择

问题引导、小组合作、情境教学、多媒体教学方法。

4.教学评价设计

基于核心素养培养目标,构建多元化教学评价。

5.教学资源准备

教材、根据教材内容所搜集的网络资源、信息教学软件、教学 PPT、多媒体教学工具等。

6.课堂管理策略

制定课堂纪律,教师做好课堂秩序维护等。

四、课例呈现

1.课例简介

课题	**内力、外力作用,岩石圈的物质循环**
教学目标	1.掌握内力的能量来源,内力作用的表现形式。 2.掌握外力的能量来源,外力作用的表现形式。 3.了解外力和内力的关系。 4.明确岩石的分类以及物质循环。 5.具备读图能力,能够运用所学知识,分析内力、外力对地表形态变化的影响。 6.能够通过搜集相关资料,了解不同区域地表形态力量的差异。 7.结合内力和外力的作用分析岩石圈物质循环形成的过程。 8.野外观察,识别三大类岩石及主要地貌景观
教学内容	1.内力、外力概念的讲解,以及对所形成的地表形态的讲解。 2.地壳运动的方式以及对地表形态的影响。 3.岩石圈物质循环的概念,以及对循环过程的讲解
教学方法	1.启发式教学、归纳式教学。 2.课堂讨论、小组活动。 3.观察视频、野外调查
教学资源	教材、课件、调查资料;视频、模拟软件

课题	内力、外力作用,岩石圈的物质循环
教学过程	1.情境导入:运用多媒体教学工具引入丰富的大自然景观,向学生展示沧海桑田的变化,并引入毛泽东"一山飞峙大江边,跃上葱茏四百旋"的诗句,为学生展示庐山地形地势。 2.概念讲解:讲解内力作用,内力的三种表现形式,地壳运动中的垂直和水平运动等;讲解外力作用,外力作用对地表形态的影响;岩石圈物质循环。 3.构建知识体系:绘制岩石圈循环图。 4.野外调查:通过野外地形调查,了解外力对地形的影响。 5.小组讨论:探讨内力、外力对地形地貌的影响,探讨内力和外力之间的关系。 6.作业:复习,完成案例分析

2.教学目标

学科素养	学习目标
知识目标	理解内力和外力概念、作用、对地表形态的影响等知识
能力目标	读懂地貌示意图,会判断地貌类型,分析其形成的原因 能够运用多幅景观图和示意图说明不同陆地环境形成的地域差异及原因
思维目标	能够从内力、外力、人为三个方面说明地貌形成的原因,具有分析、归纳、总结分析问题的能力;形成辩证统一、人地协调的地理观念
科学态度与责任	对地理学科具有浓厚的兴趣,有求实、求真的科学态度;具有独立思考、敢于质疑和善于反思的创新精神

3.教学重点和难点

教学重点:地壳运动所形成的地表形态;沉积、搬运、侵蚀、风化外力作用所形成的不同地表形态;外力作用的表现形式,以及它们之间存在的关系;外力作用形成的地貌类型;地质构造与地貌的对应关系;岩石圈物质循环。

教学难点:外力作用下所形成的不同地表形态;内力和外力作用的关系;辩证统一、人地协调观点的形成。

4.主要教学策略

(1)情境导入,激发学生学习兴趣。引入教学案例、多媒体图片等吸引学生进入学习情境,激发学生自主学习意愿,主动探讨本节所学问题。

(2)思维导学、小组讨论。绘制思维导图,引导学生掌握知识结构,明确知识之间的关系。通过小组讨论,深化学习。

(3)评价引导。教学过程中,对学生学习态度、学习方法进行评价,通过评价引导学生科学学习。

(4)课外实践活动。通过课外实践活动,深化学生对知识的理解,培养学生知识迁移应用的能力。

5.教学设计思维导图

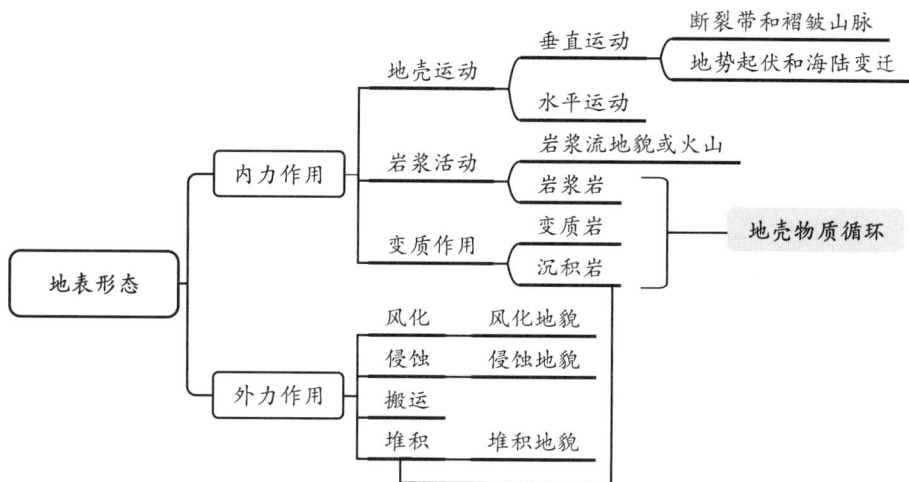

6.教学过程

	"塑造地表形态的力量"教学过程
情境导入	情境导入:运用多媒体教学工具引入丰富的大自然景观,向学生展示沧海桑田的变化。并引入毛泽东"一山飞峙大江边,跃上葱茏四百旋"的诗句,为学生展示庐山地形地势
问题导入	在学生完成预习的基础上,再次阅读教材,回答教师所提出的问题。 　　1.内力作用的能源来源是什么? 　　2.内力作用的表现形式是什么? 　　3.内力作用对地表形态的改变过程有哪些特点? 　　4.外力作用的能量来源是什么? 　　5.外力作用的方式有哪些? 　　6.有些内力作用进行得快,你能举例说明吗? 通过问题导入的方法,强化知识点,使学生明确学习内容
多媒体引入	引入具体的案例,讲解内力和外力。呈现喜马拉雅山脉形成的动态视频,向学生展示地壳运动;展示庐山、华山、泰山等图片,向学生解释地壳垂直运动;运用多媒体展示岩石图片,引导学生认识三大岩石,从外貌上了解三大岩石的特点
案例引入	引入教材中"活动"部分内容,引导学生运用所学知识分析案例,如内力学习内容下的"活动"案例,通过案例分析,回答案例中的问题
野外调查	游览当地自然景观,搜集地形地貌等信息,并运用所学知识,完成分析

"塑造地表形态的力量"教学过程	
思维导图引入	学生掌握了本节知识点之后,要求学生绘制思维导图,加深对知识的理解。掌握知识之间的逻辑关系
引入话题讨论	《砂子兄弟的奇妙旅程》,结合本节知识,探究以下问题 1.风化的作用;2.风化作用对地表影响因素;3.展示图片,欣赏风化壳;4.搬运作用;5.这种作用的受力物体是什么,这种作用的意义是什么;6.堆积作用;7.堆积作用对地表的影响;8.图片展示,向学生展示常见的堆积地貌
课堂检查 综合提升	1.下列各组地貌,分布地区符合江河上游、海滨、沙漠地区排列顺序的是(　　) 　　A."U"形谷、断崖或峰林、风蚀柱 　　B."V"形谷、海蚀穴、沙丘 　　C.冲积平原、三角洲、风蚀蘑菇 　　D.峡湾、角峰、风蚀洼地 2.关于地质作用的叙述,正确的是(　　) 　　A.地质作用进行得极其缓慢,不易被人觉察 　　B.地壳运动是内外力共同作用的表现形式 　　C.内力作用对地壳的发展变化起主导作用 　　D.地质作用可引起地形变化,而地壳的内部结构与地质作用无关 3.读下图,回答下列问题 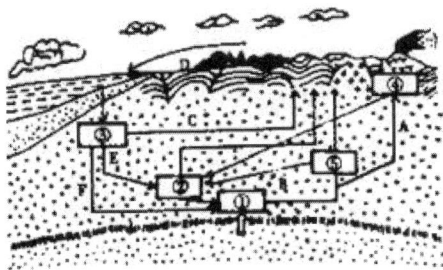 a.写出图中数码代表的地理意义:①、②、③、④、⑤、A、B、C、D、E b.图中属于内力作用的是图中字母(　　　),其能量来源是(　　　)。内力作用对地壳的发展变化起(　　　)作用。 c.图中属于外力作用的是(　　　),其能量来源是(　　　),外力作用对地壳的发展变化起(　　　)的作用。

7.教学评价

核心素养背景下的教学评价内容具有全面性,评价形式也应多样化。评价内容上,不仅包括知识掌握情况的评价,还包括分析能力、思维能力、自主学习能力、创新意识等内容的评价;评价形式方面,有课堂表现、课后作业、随堂测试评价方式。具体的评价如下。

教学内容	评价内容	评价方式
内力、外力、岩石圈物质循环	知识掌握情况	作业评价,随堂检查,学生课堂表现
野外调查	分析能力、资料搜集能力、观察能力等	调查结果检查
案例分析	学生思维、分析能力	提问
话题讨论	学生学习积极性、学习态度	通过观察对学生评价
思维导图	知识掌握情况,知识整合、分析能力	检查

五、具体课例的教学活动设计

教学环节	教师活动	学生活动	技术、资源	设计意图
任务1	情境导入:运用多媒体教学工具引入丰富的大自然景观,向学生展示沧海桑田的变化。并引入毛泽东"一山飞峙大江边,跃上葱茏四百旋"的诗句,为学生展示庐山地形地势	学生欣赏教师所提供的图片学习资源,了解本节课所学内容	宁教云平台展示数字教材内容、学生课前调查视频	设置情境导学模式,吸引学生进入学习情境,使学生愿意学习地理这门课程。然后通过问题导入的方式,提升学生学习主动性,并通过问题,引导学生学习,保证学习的高效性
任务2	问题导入:内力作用的能源来源是什么?内力作用的表现形式是什么?内力作用对地表形态的改变过程有哪些特点?外力作用的能量来源是什么?外力作用的方式有哪些	学生带着教师所提出的问题,阅读教材,回答教师所提出的问题	教材	

教学环节	教师活动	学生活动	技术、资源	设计意图
任务3	借助多媒体完成知识讲解。引入具体的案例，讲解内力和外力。呈现喜马拉雅山脉形成的动态视频，向学生展示地壳运动；展示庐山、华山、泰山等图片，向学生解释地壳垂直运动；运用多媒体展示岩石图片，引导学生认识三大岩石，从外貌上了解三大岩石的特点	学生通过教师讲解，掌握知识内容，对所学知识有了感性认识	1. 多媒体 2. 板书 3. 呈现学生设计的思路	学生自学的基础上，教师对本节知识进行讲解，帮助学生厘清知识逻辑关系，提升学生对知识的理解
任务4	野外调查活动。调查贺兰山自然地貌，拍摄照片，搜集岩石等	知识应用：学生利用所学知识，分析野外调查资料，了解当地地貌形成特点	教师将学生搜集的资料、分析的成果通过课件对其进行评价	增强实践能力，提高解决问题能力 通过绘制思维导图，可以强化学生对知识的理解，深化学生学习，使学生把握地理知识、本质规律；提高综合素质，培养能力素养。
任务5	思维导图绘制。引导学生掌握归纳知识、分析知识的学习习惯	学生通过本节所学内容，构建知识体系，绘制思维导图，理清知识脉络	思维导图展示，并进行交流	
任务6	教师引导学生对本节课所学知识的总结，反思自己的所获	总结与反思：学生总结所学知识，回顾任务的过程，反思完成任务的收获和不足之处	利用希沃白板进行总结	任务驱动模式注重培养学生的能力素养，能够全面提升学生的综合素质，包括沟通能力、合作能力、创新能力、批判思维能力等。通过任务驱动教学，学生能够全面提高自身的综合素质，为未来的学习和生活打下坚实的基础
任务7	教师开展教学评价。针对学生的实验报告、小组展示、讨论表现，以及个人表现进行评价，同时还可以通过考试或作业来测试学生掌握的知识和能力。通过对学生所学表现的评价，可以不断地改进和完善任务驱动的教学策略	学生通过小组互评展开对小组的评价，通过对学生的考试或作业来测试学生掌握的知识和能力	1. PPT展示创意设计。 2. 通过宁教云平台推送课后探究任务。 3. 通过问卷星进行学习评价	

六、课后评价与反思

1.教师评价

教学设计评价		
评价内容标准	赋分	教师得分
教学设计满足学生知识学习需求,能力培养缺乏	1分	
教学设计具有探究价值,能够激发学生深入学习	2分	
教学设计具有系统性,有助于培养学生地理思维,帮助学生建立人地协调、辩证分析的思维	3分	
教学设计具有系统性,能够帮助学生建立知识体系	4分	
教学方法评价		
评价内容标准	赋分	教师得分
讲解教学法,缺乏互动	1分	
教学方法有变化,但是学生学习兴趣较低	2分	
教学方法多样化,课堂氛围活跃,学生学习积极性较好	3分	
教学方法非常丰富多样,能够极大地激发学生学习兴趣,具有很高的趣味性和互动性	4分	
教学态度评价		
评价内容标准	赋分	教师得分
教师上课没有耐心,缺乏热情,也不积极	1分	
教师教学态度一般,对学生引导不足	2分	
认真对待教学,但是忽略学生的感受,对学生责任心有待于进一步提升	3分	
教师教学态度非常好,对学生耐心引导,对教学认真负责	4分	
教师课堂管理评价表		
评价内容标准	赋分	教师得分
不重视课堂管理,课堂秩序混乱,出现说话、聊天等行为	1分	
比较重视课堂管理,学生有较大自由空间,小组学习秩序混乱	2分	
课堂管理效果较好,课堂秩序良好,学生能够遵循课堂纪律	3分	
课堂管理非常好,学生能够自觉维护课堂纪律,课堂秩序非常稳定	4分	

2. 学生学习过程评价

得分	评价项目	评价内容	赋分
知识掌握情况评价	学生对内力、外力概念、原理、表现形式等是否熟练掌握	20	
能力评价	1. 读图能力：学生是否能够在图中获得信息，并运用所学知识回答问题。 2. 实践能力：野外调查中，能否搜集到有效信息，并完成资料的整合、汇总。 3. 科学的思维：学生在案例分析中，是否能够运用辩证的思维、人地协调的观点分析问题。 4. 学习能力：是否具有归纳知识、自己分析知识的能力等	20	
情感评价	学生对地理课程是否充满兴趣，愿意主动学习、探究	20	
学科精神	学生是否具有良好的学习态度：求真务实的精神、合作能力、钻研精神等	20	
课后作业评价	是否对本节所学知识掌握；对于本节知识学习是否有自己的见解	20	
最后得分			

基于核心素养培养目标对学生学习情况进行评价，有利于指导学生科学学习，提升学习效果，当然对学生的评价还可以进行额外的补充，保证评价的全面性。

七、信息技术应用

1. Excel 表格

运用 Excel 表格设计学生评价内容，并进行数据分析，获得评价结果。

2. 智能白板

在课堂教学中，可以使用智能白板，如希沃白板、教学助手等，进行互动教学、展示学习成果等，以促进学生的参与度和思维发展。

3. 数字化教材

可以使用数字化教材，如 PPT、微课等，展示内力和外力的基本概念以及所形成的地表形态，以便学生更好地理解和掌握相关知识。

4. 视频录制工具

可以使用视频录制工具，如 Camtasia、Loom 等，录制教学视频或学生展示视频，以便学生进行复习和回顾。

八、评价结果

1.知识层面

学生对内力、外力知识有了深入的理解,掌握了内力、外力二者之间的关系;明确了岩石圈物质循环。

2.能力层面

学生能力层面仍然有所欠缺。

(1)学生自主学习能力较差。问题引导学习中,一些学生不能通过自学的方式回答教师所提出的问题。

(2)缺乏探究精神。在外力影响下所形成的地貌的学习中,学生仅从本节知识点出发,分析外力对地貌的影响,不能从气候、区域位置等方面进行分析。

(3)学生缺乏科学的地理学习方法。学生不重视知识归纳、汇总,缺乏知识体系的建立,虽然教师设置了思维导图环节,但是学生仍然对知识结构了解较少。

3.学生缺乏浓厚的学习兴趣

本节课教学中,虽然设计了情境教学、野外调查,但是学生积极性不高。

九、教学反思

1.教学成果

通过本节课教学,学生对知识点掌握较好。学生能够根据图画分析地表形态形成的原因,对地理学科学习有了深入的认识,掌握了分析、思考、探究、归纳总结的学习方法。同时学生形成了人地协调的思维,在分析地理问题时,既能够考虑自然规律的影响,还能从人为的角度进行分析,并且通过哲学知识的引入,培养了学生运用哲学思想分析问题的能力。

2.教学反思

核心素养培养目标不是简单地通过一节课就能达成,需要在日常教学中,以核心素养为目标,做好课程设计,尤其是地理思维、学习兴趣、科学观念的培养,这是一个循序渐进的过程。本节课是学生刚进入到高中阶段所进行的课程学习,虽然将核心素养培养目标作为教学目标,但是在学生思维培养、兴趣引导等方面仍然有所欠缺,日后教学仍然需要不断提升。

参考文献

[1] 秦超."教、学、评"一体化与 PAE 翻转课堂融合背景下地理核心素养教学研究——以"青藏地区的自然特征与农业"为例[J].教学研究;2022,45(6);86-92.

[2] 张军.浅谈核心素养背景下地理课堂教学的有效策略[J].求知导刊;2022(32);77-79.

[3] 张学能.核心素养背景下高中地理教学方法创新策略研究[J].高考;2022(27);9-11.

[4] 步云程.新课改背景下高中地理实践教学策略研究[D].曲阜:曲阜师范大学;2022.

[5] 王威.纪录片视频资源在高中生地理核心素养培养中的作用研究[D].武汉:华中师范大学;2022.

(主要执笔人:妥 艳 银川市永宁县第五中学)

"三新"背景下"构造地貌的形成"教学研究与案例应用

——以"构造地貌的形成"第二章第二节为例

随着新课程的改革,在"三新"背景下素养导向课堂教学转型的探索中,如何构建一个高效的中学地理教学课堂,使得中学生能有一个对地理学科学习的基本意识,锻炼中学生在地理学习中的思维能力,从而使他们在未来更高阶的地理课程开展时,能够顺利地、高效地开展对地理的学习活动。

教学研究与案例应用可从以下几个方面进行:①教学内容的优化:教学紧密结合新课程标准和课程实施方案,围绕学科知识、学科能力、学科情感的融合发展,对教学内容进行优化。例如,注重培养学生的探究能力和实践能力,引导学生通过实验、观察等方式深入理解构造地貌形成的一般规律和特征。②教学方法创新:以多样化的教学手段和教学策略激发学生的学习兴趣和热情,在"三新"改革的背景下,构造地貌的形成教学注重创新教学方法。例如,采用多媒体教学、情境教学、课堂讨论、小组合作等形式,让学生在轻松愉悦的氛围中学习,提高学生的学习效果和满意度。③教学评价的变革:在"三新"改革的背景下,构造地貌的形成教学重视教学评价的变革,从单一的知识考核转向全面的素质评价。如注重对学生探究能力、动手能力、创新能力、团队合作等方面的考查,让学生在学习中得到全方位的发展和提升。④案例应用的实践:在"三新"改革的背景下,构造地貌的形成教学重视案例教学的应用,通过真实的案例、实际的问题引导学生进行探究和实践。比如,构造地貌对人类生产生活的影响非常大,其中对交通影响特别大的就是山地。教师采用图文并茂的"华山长空栈道""剑门关蜀道""马春海溜索载物"等材料,引导学生深入了解山体对交通布局的影响,让学生了解科学合理的交通布局,不仅可以减少工程造价,最大限度地保证交通路线的通行安全,同时也培养了学生的创新意识。以上是"三新"改革背景下构造地貌的形成教学研究与案例应用的一些思路和方向。对于具体的实践操作,需要根据地理学科的特质、不同的教学对象和不同的教学环境进行灵活的调整和应用。

一、教学背景分析

1.课程改革前案例存在的问题

(1)全球海陆格局和全球大尺度地貌是如何形成的,一般是通过褶皱和断层及其与地表形态的关系来解释的,主要集中在内力作用和外力作用上,忽视了解释地表高低不平的原因。

(2)向斜和背斜在地貌判断过程中容易出错,有些学生可能会将背斜误判为向斜,将向斜误判为背斜。这就需要学生根据地层的新旧关系来进行判断,因为在长期的外力作用下,地表形态的背斜与向斜也会发生倒置现象。对于褶皱的这两种组成,可以通过具体的实例或者模型来帮助学生理解和区分。

(3)教师在利用信息技术进行教学时,将讲知识作为课堂教学的主要内容,导致课堂教学过程过于枯燥,这主要是因为教师未能充分了解新课改的内容,缺乏培养学生学习兴趣的意识。在这种情况下,学生在学习过程中容易遇到注意力不集中、学习积极性不高等问题,这对教师提高课堂教学的效率是不利的。

(4)学生可能会对陆地上大面积的山系、高原以及海底延绵的山脉、狭长海沟的形成及其分布产生疑问,例如为什么有的山脉还在不断升高、东非大裂谷还在不断扩大等原因的形成,需要通过具体的实验或者模型来展示板块运动的原因,并解释其原理。

2.解决课例存在地理问题采取的策略

(1)对褶皱、断层形成的过程,让学生更直观地借助模型进行感受。例如,利用染色的海绵代表地层(可根据岩层的新老关系标上序号),让学生自己动手演示褶皱和断层的形成,进行动手实验观察,从而理解褶皱和断层的概念以及现象。

(2)利用多媒体工具辅助教学。利用希沃白板、Animate 动画等工具,让学生观看有关褶皱和断层的动画或视频,可以帮助学生更加形象地理解这些概念,同时激发学生的学习兴趣。

(3)利用教学案例进行讲解。通过讲述一些有关褶皱和断层的实例,如以中华五岳的中岳嵩山为例来讲解褶皱,以西岳华山为例来讲解断层,让学生更加容易理解褶皱和断层,并加深记忆。

(4)引导学生自主探究。在教学过程中,深入理解板块运动的过程,培养学生的探究精神和创新能力,可以引导学生自己动手实验,自己观察。

3.课例新的教学设计指导思想

《普通高中地理课程标准》(2017 年版)(以下简称"课程标准")对本节课的要求是:结合实例,解释内力和外力对地表形态变化的影响,并说明人类活动与地表形态的关系。

(1)根据《课程标准》要求 ,本节区域认知的核心内容是地质构造的概念、代表性地貌特点、形成原因及其对工程建设、交通线路布局的影响。

(2)要求学生在"区域认知"这个维度上达到的境界是:对地质构造概念的理解,对褶皱、断层的理解;弄清产生褶皱、断层的原因是什么;了解对地质结构对项目建设的影响,对交通路线的安排有什么影响。在"综合思维"维度上要求学生达到的境界：能在野外判断褶皱和断层，分析地质构造对工程建设的影响和交通线路的布置等。在"人地协调"这个维度上要达到的境界是：生态环境得到最大保护，自然灾害得到有效预防，山地景观遭到破坏、耕地林地被占用等情况得到最低程度的减少。

（3）以学生为本，以突出学生主体性为重点，从学生实际出发，通过多种教学手段，激发学生的学习兴趣，培养学生在学习过程中探究和创新的能力。

（4）突出问题意识，注重问题解决的能力。在教学过程中，注重从实际问题入手，引导学生从实际出发，注重培养学生的问题意识。如探索山地对交通的影响，思考、分析学生的解题能力等，使学生的解题能力有了新的提高。

（5）突出实践性，注重实践操作能力。在教学过程中，应该注重学生的实践操作能力，通过对本课的学习，让学生知道在野外，哪里可以找到石油、天然气，哪里可以找到地下水，哪里可以找到煤、铁等矿产资源，哪里适宜挖隧道，哪里是所有工程活动都应避开的地方，进而提高学生的地理实践能力。

4. 课例新的教学设计理论依据

（1）新课程改革要求。新课程改革从课程标准、教学模式、评价体系等方面进行，注重对学生创新精神和实践能力的培养。因此，教学设计要紧密结合新课程改革的要求，注重学生的主体性和实践性。

（2）学生的认知能力。学生在学习过程中需要根据自己的认知水平进行学习和思考，因此教学设计应注重学生的认知特点，采用多样化的教学手段，以满足学生的不同需求为宗旨。

（3）教育技术的应用。教育技术的发展为构造地貌的形成提供了更多的教学可能，如利用希沃白板、模拟实验、Animate 动画和图新地球等工具，使褶皱、断层、板块运动更加形象、直观地呈现出来，学生的学习兴趣和学习效果也得到了提高，同时也为本课的学习提供了更多的教学可能。

（4）教育评价的理念。教育评价要注重学生综合素质的发展，采取多种评价手段对学生的学习状况、能力发展状况等进行综合评价。

5. 课例新课程标准（以下简称"新课标"）依据

（1）新课标呈现。结合实例，解释内力和外力对地表形态变化的影响，并说明人类活动与地表形态的关系。

（2）新课标解读。①了解地壳运动形成的地质构造（褶皱、断层）的特点及其地表形态。②以某种常见地表形态为例,分析其变化的内外力因素,用动态的眼光看待地表形态的形成和演变。③举例说明地表形态对交通的影响,理解自然条件对人类活动有着深刻的影响。

（3）核心素养。区域认知:结合地质剖面图、示意图,分析判断地质构造类型及其对人类活动的影响。综合思维:掌握理解主要地质结构特点,综合分析其对一些典型地貌形态形成的影响。人地协调观:掌握地质构造图的判读,并能合理利用地质构造规律,树立科学的发展观。地理实践力:结合地质剖面图、地貌示意图分析判断其成因、表现;结合区域图,分析地貌对人类生产、生活活动的影响。

6.课例新教材及教学内容分析

（1）地质构造与地貌。介绍地质构造的含义、地质构造和构造地貌的区别,常见的类型:褶皱（向斜、背斜）与断层。

（2）板块运动与地貌。对板块、板块运动（相向运动、离位运动）、影响地貌等相关知识进行了介绍。

（3）山地对交通的影响。山地对交通运输方式、线路的分布、延伸方向及分布密度的影响以及线路的合理规划与正确选择。例如,交通运输方式（公路是山地地形的优先选择建设的交通运输方式,其成本较低、难度较小,其次是铁路）、路线选择（多为山麓、山间盆地和河谷地带地势相对较缓的地形）、路线设计（一般设计为盘山路线,蜿蜒曲折）。

7.课例教学对象分析

本节课的教学对象以高中学生为主,这部分学生对地理学科有较强的思维能力,对构造地貌形成知识有较强的兴趣和求知欲,而高中阶段学生对世界的认识和对科学的探索正处于关键时期。本课立足于学情,注重培养学生的科学理解能力、科学思维能力和地理实践能力。具体来说,可以通过以下方式实现。

（1）注重时空尺度教学。关注一座褶皱山或断层山的过去、现在和未来,分析解释历史时期地貌千差万别的原因,培育学生的科学探索精神和勇于挑战的创新意识。

（2）引导学生从多个角度、多个维度理解和掌握相关知识,注重知识的系统性和整体性,培养学生的综合思维能力。

（3）注重对学生科学思维能力的培养,引导学生运用分析、归纳、推理的方法解决问题,培养学生科学思维能力和探究精神。

（4）引导学生发现和解决实际问题,培养学生的实践能力和创新意识,例如修建隧道一般选择在背斜核心部位,而不是选择在断层和向斜处。

(5)注重培养学生的人地思维观念和科学素养,引导学生积极参与环保活动,关注地球的可持续发展。

二、教学设计的整体思路

"构造地貌的形成"教学设计根据课程标准的分析和高中学生的认知特点,主要采用启发引导法、小组合作探究法、表格归纳法、读图分析法、实验演示和 Animate 动画演示法。教学宗旨在于,课堂上以学生为本,以调动学生积极性为目的,充分发挥学生的自主创新能力。目的是培养学生合作探究、独立分析问题、解决问题的能力,突出学生的主体地位。

三、课例简介

(一)教学目标

对本节课的教学活动的结果所表现的具体状态、水平、程度的设定,是整堂课的行为目标。

(二)教学内容

根据学科标准和课程要求,选取适合的教材和教学资源,设计相关的课堂活动和实验,例如通过讲解、实验、观察、讨论等方式帮助学生掌握知识。

(三)教学方法

在注重学生思维和创新能力培养的同时,选择启发式教学、归纳式教学、探究式学习等能够激发学生兴趣、培养学生探究能力的教学方法和策略。

(四)教学资源

选择合适的教学资源,例如教材、课件、实验器材、教学视频和模拟软件等,来帮助学生更好地理解和掌握知识。

(五)教学过程

详细描述本节课的教学过程,包括导入环节、知识讲解、实验操作、小组讨论、课堂练习等环节,以及教师应该注意的事项。

(六)教学评价

设计科学、全面、多元化的评价方式,如考试、作业、实验、课堂表现等,评价学生对知识的掌握程度和认识程度,同时注意发掘学生的潜能,鼓励他们发挥特长和创造力。通过课例简介,教师可以对本节课的教学内容和过程进行有序、科学的安排和设计,从而提高教学效果和学生的学习兴趣。

1.构造地貌的形成课例简介

课题	构造地貌的形成
教学目标	1.了解地质构造的种类及其与地表形态之间的相互关系(department)。 2.了解地质构造的实践意义。 3.学会阅读地质构造图和地质剖面图(区域认知、综合思维)。 4.培养学生观察、归纳、总结能力,通过课堂和野外实践活动,学习野外地质地貌考察的一般方法(地理实践能力,综合思维能力)。 5.通过对地质作用的学习,使学生进一步认识地理环境的复杂性、多样性,并对学生进行科学的环境教育。 6.了解地质构造的规律,以培养学生的地理思维意识,利用自然,改造自然,必须遵循自然规律,是地质工程(野外找矿、找水)建设的重要意义。 7.举例说明地表形态对交通的影响,理解自然条件对人类活动有着深刻的影响
教学内容	1.地质构造的类型。 2.地质构造与地貌形态的关系。 3.地质构造的实践意义。 4.正确判断背斜和向斜。 5.受地质构造影响的项目建设和交通线路布置
教学方法	启发式教学、归纳式教学;课堂讨论、小组活动;观察视频、实验操作
教学资源	教材、希沃课件、实验器材、视频、Animate 动画模拟软件
教学过程	导入环节:某地理小组在宁夏贺兰山区发现了海洋生物化石——三叶虫化石,这说明贺兰山曾经地处海洋,是什么力量驱使贺兰山由曾经的海洋变为现在的高山。 讲授新课:讲解地质构造、褶皱、断层概念。 实验操作:利用涂了不同色彩的海绵,进行模拟褶皱、断层的形成,使学生在认识上有了更深层次的提高。 观察视频:通过观察视频,了解板块运动与地貌形成的变化。 小组活动:以小组为单位开展讨论,探讨地表形态对交通的影响。 作业:绘制本课的思维导图。 提交成果:通过提交本课思维导图作业,评价学生对构造地貌的形成这一课的掌握情况。 教学评价:评价学生的课堂参与度和表现等

小结:本节课以地理四大核心素养作为教学目标追求,也得到了有效落实,培育了学生的高阶思维。运用知识载体,创造性地整合教材,跳出教材大胆构思设计,引领学生超越单纯的知识掌握,达到领会学科精髓的独特思想方法,形成正确价值理念、必备品格和关键能力,进

一步达到观察思考、合作探究、实验演示、总结归纳、迁移应用、课后拓展的目的。

2.课例教学目标分析

本课程以自然环境的构成要素——地貌为主要关注对象,在新课标的要求下进行。其重点在于构造地貌的变化与成因。讲解分三个层面进行:一是通过板块构造的理论来解释全球海陆分布和变化、高大山系、大裂谷等;二是区域大地构造,通过褶皱、断层及其与地表形态的关系来说明地表高低不平的原因,着重说明由内力作用形成的地质构造和地表形态;三是着眼于由外力作用形成的地表形态,在区域大地构造的基础上对地表形态进行再塑造的说明。

3.课例教学重点和难点分析及解决措施

教学重点:结合地质剖面图和示意图,分析判断地质构造类型及其对人类活动的影响。

教学难点:结合地质剖面图和地貌示意图,对其成因和表现进行分析和判断;结合区域地图,对地貌影响人类生产生活活动进行分析。

解决措施:教师利用大量材料、图片、动画、模拟实验、实例等帮助学生学习。

4.课例主要教学策略和评价方法

(1)激发学生的兴趣:通过模拟实验和 Animate 动画,引导学生探究褶皱和断层形成的奥秘,激发学生的兴趣和好奇心。

(2)合作学习:通过小组合作学习和探究,让学生自主发现和探究地貌对人类生产、生活活动的影响,能结合地质剖面图和地貌示意图,分析判断其成因和表现。

(3)多媒体辅助教学:通过希沃白板课件和互动教学方式,使学生更加直观地理解本课内容,提高教学效果。

(4)课堂表现评价:评价学生在课堂上的积极性、参与度、合作精神等方面的表现。

(5)作业评价:通过布置本课思维导图,检测学生对构造地貌的形成这一课的理解程度和掌握情况。

技术支持下的教学策略	内　容
技术支持教学策略	利用希沃白板课件进行课堂教学工作,采用互动式教学
技术支持学情分析	利用问卷星进行课前调查问卷,来判断学生学习地理习惯是否良好,平时课前预习是否扎实有效,地理学科思维能力强弱,地理学习兴趣是否浓厚,进而把握学生学情
技术支持课堂导入	利用希沃白板课件播放宁夏贺兰山区发现了海洋生物化石——三叶虫化石,引发学生思考导入新课
技术支持课堂讲授	Animate 动画演示褶皱、断层的形成,希沃白板课件、图新地球软件等

技术支持下的教学策略	内　容
技术支持方法指导	利用希沃白板课件进行启发式教学
收集评价数据	利用极课大数据进行评价量表的收集,进而统计出学生对本节课学习的成果
可视化数据呈现与解读	利用极课大数据进行评价量表的收集与统计,最后进行数据分析

5.技术工具、平台、资源

希沃白板课件、Animate 动画、图新地球软件。

6.技术支持的教学设计思路(思维导图)

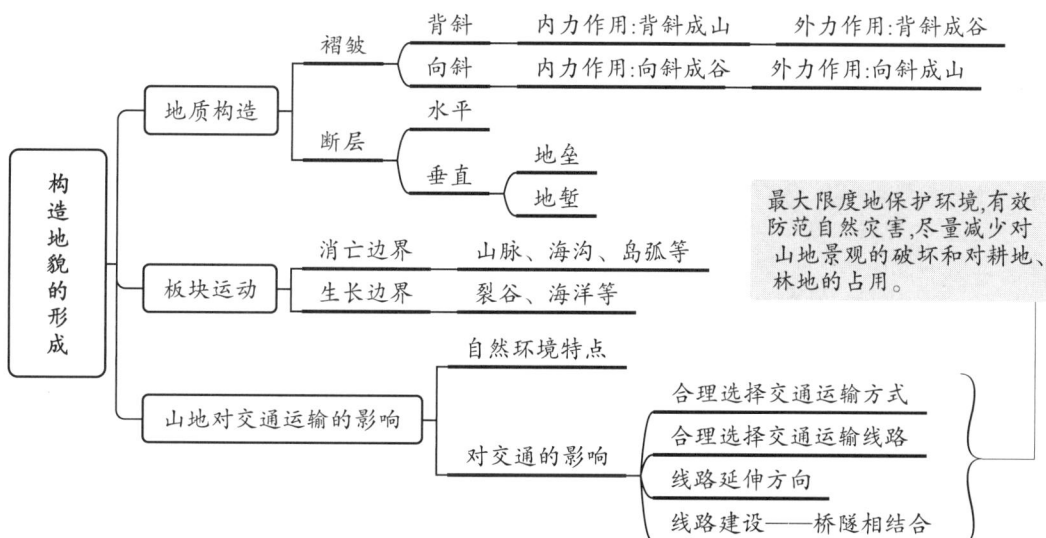

```
                          背斜 ── 内力作用:背斜成山  外力作用:背斜成谷
             褶皱 ┤
                          向斜 ── 内力作用:向斜成谷  外力作用:向斜成山
    地质构造 ┤
             断层 ── 水平
                          垂直 ── 地垒
构                              地堑
造
地                                              最大限度地保护环境,有效
貌                                              防范自然灾害,尽量减少对
的        板块运动 ── 消亡边界  山脉、海沟、岛弧等        山地景观的破坏和对耕地、
形                   生长边界  裂谷、海洋等           林地的占用。
成
                      自然环境特点
                                              合理选择交通运输方式
    山地对交通运输的影响 ┤              合理选择交通运输线路
                      对交通的影响       线路延伸方向
                                       线路建设——桥隧相结合
```

四、具体课例的教学活动设计

教学环节	教师活动	学生活动	技术、资源(含平台与工具)	设计意图
新课导入	情境导入:某地理小组在宁夏贺兰山区发现了海洋生物化石——三叶虫化石,这说明贺兰山曾经地处海洋,是什么力量驱使贺兰山由曾经的海洋变为现在的高山的呢?贺兰山岩层:含有化石是沉积岩的基本特征之一,贺兰山山体的岩层多为沉积岩,实际我们发现很多岩层呈现倾斜的态势	学生思考并回答问题		设置情境,用希沃白板播放三叶虫化石,引发学生思考,引出本节教学内容,激发学习兴趣

教学环节	教师活动	学生活动	技术、资源(含平台与工具)	设计意图
任务1 一、地质构造与地貌	(板书)一、地质构造与地貌 (任务一) 教师:地理小组在贺兰山考察拍摄时,拍摄到一处岩层形态弯曲,小组队员们看到如此景观,开始讨论起来:"岩层为何会产生弯曲?" 学生:在内力作用下,岩石发生了弯曲	学生思考并回答以下问题。 1. 什么是褶皱?它的构成是什么?它是如何形成的? 学生思考并回答:初成岩层时,大体为水平岩层。岩层受力弯曲,受构造运动作用的岩层,一弯叫褶曲,若发生一连串波状弯曲变形的岩层叫褶皱。 构成:背斜、向斜。 形成:岩层受挤压,弯曲变形。 2. 在内力作用下,背斜、向斜分别形成哪种地形? 学生答:背斜在内力作用下成岭,向斜成谷。 3. 如何判断背斜、向斜? (1)看岩层弯曲:向上凸→背斜;向下凹→向斜。 (2)看岩石新老:背斜,中间老两边新;向斜,中间新两边老。 4. 你会如何描述地形倒置的形成过程? 背斜顶长期受张力作用,岩性疏松,易受外力侵蚀,后剥落为谷地。向斜部分受挤压,岩性坚固,不易被侵蚀,多形成山地。 5. 隧道等工程施工选择背斜还是向斜?为什么? 背斜:①修隧道③勘探石油、天然气⑤采石 向斜:②修水库④打水井	通过模拟实验和Animate动画展示褶皱和断层	设置情景,引发学生思考。利用Animate动画展示褶皱和断层

教学环节	教师活动	学生活动	技术、资源 (含平台与工具)	设计意图
任务2	（任务二）教师出示华山及北侧的渭河平原图片，并让学生思考：华山断块山林立，渭河平原地势低平。这两个地方在地质构造上属于同一断层，但因运动方向的不同而形成截然不同的地貌	学生上网学生查询资料并思考问题。 1.什么是断层？断层是如何形成？它的位移方向有哪几种？ 断层：岩层在压力、张力的作用下，岩层就会发生断裂，并沿断层带明显位移而形成断层带（deposition）。 水平断层：错断原有地貌 垂直断层：产生地垒（上升）、地堑（下降） 2.华山属什么地貌？它是如何形成的？ 华山属地垒。 渭河平原属地堑。 3.什么是地质构造？ 在山区，常见到有的倾斜弯曲，有的断裂错落的裸露地表岩层。这些岩层的变形、错位，叫做地质构造（geological structure）	利用图新地球软件：展示渭河平原和华山地图	通过设置情境，使学生的解题思路与解题能力相互融合、相互促进，引发学生对解题方法的思考，培养学生发现问题、思考问题，进而提高解决问题的能力

教学环节	教师活动	学生活动	技术、资源(含平台与工具)	设计意图
任务3 二、板块运动与地貌	1．教师利用图新地球软件：展示喜马拉雅山地图。思考：全球范围内大范围的地貌是如何形成的？ 教师：陆域大范围的山系、高原是怎样形成的？海床上绵延的山脉、狭长的沟壑是怎样形成的？ 2．教师把"地球内部圈层结构"示意图用希沃课件展示出来，让学生把岩石圈找出来。 教师补充：板块构造理论认为，地球岩石圈是刚性的，破碎后变成若干不规则的块状，也就是板块（plate）。这些板块覆于熔融的软流层之上，总是在缓慢地行进中，绵延不绝。 3．教师用多媒体展示板块边界图和板块构造学说的材料，帮助学生形象感知板块间的相互运动。 4．教师把六大板块示意图用希沃课件展示出来，让学生想想：哪六大板块划分了地球岩石圈？观察板块的运动方向有几种形式。 5．教师用希沃课件展示板块的相向运动图。思考：当大陆板块和大陆板块碰撞在一起，会形成什么样的地貌。 6．教师用希沃课件展示"板块相向运动"图。思考：大陆板块和海洋板块碰撞在一起，会形成怎样的一种地貌？请举例说明	学生思考并回答：板块运动的结果学生读图并回答 4．学生指图并回答。板块间的相互运动主要有相向运动和相离运动这两种形式。 5．学生回答：会形成巨大的褶皱山系。例如：喜马拉雅山脉、阿尔卑斯山脉。 6．学生回答：会形成海沟、海岸山脉或岛弧例如：马里亚纳海沟、科迪勒拉山系、太平洋西部岛弧	使用图新地球软件：展示西太平洋岛弧、喜马拉雅山脉、阿尔卑斯山脉、马里亚纳海沟、科迪勒拉山系（Codillera System）。利用希沃白板展示。	设置情景，引发学生对地理问题的思考，进而对地理问题进行解决，从而对学生进行思维能力的训练

教学环节	教师活动	学生活动	技术、资源 (含平台与工具)	设计意图
任务4 三、山地影响交通运输布局	1.教师利用希沃课件展示了"华山长空栈道""剑门关蜀道""马春海溜索载物"等图片。思考:在图片中,山区自然环境的特点体现在哪些方面。 2.教师用多媒体展示了滑坡、泥石流、山洪等画面。思考:画面中体现了山区怎样的自然环境特征。 教师总结:因此,在降低工程造价的同时,科学合理的运输布局可以最大限度地保证运输线路的安全。 (板书)三、山地影响交通运输布局 案例探究 教师出示昆仑山盘山古道图片并出示问题。 1.昆仑山附近的公路为什么要建盘山公路? 2.昆仑山交通线路布局应遵循什么原则? 3.昆仑山库地达坂公路中有些地段为什么要架桥梁	学生思考问题并回答。 1.相对高度较高的山体和较大的坡度都不利于人员通行。 2.山区地质结构复杂,坡地稳定性差,洪水形成快,水流湍急,对交通设施和人员安全构成威胁。 学生分六个人一小组进行合作探究。 1.山地高度和坡度大,修路难度大成本高;山区地质条件复杂,坡地稳定性差,对道路和人员安全造成威胁。 2.①降低难度,选择山麓山间盆地和河谷选线修筑,地势相对较缓;②翻越山岭时尽量降低坡度,采取盘山曲折的设计;③注意保护山区生态环境,减少占用耕地、林地的面积;④有效防范自然灾害。 3.山区道路建设中,桥梁隧道的影响。有利:能够缩短里程,提高通行速度,减少通行时间;可有效规避天灾威胁,提高安全性等。不利:桥梁隧道比例增加将明显增加建设费用等	利用希沃白板展示	培养学生发现问题和思考问题,进而提高解决问题的能力

五、课后评价与反思

（一）教学评价

1.评价量规

"三新"改革明确要求地理教学要重视高中地理学习的过程性评价。也就是说,考核关注的重点不仅仅局限于学生的地理成绩,对学生在学习地理过程中的日常表现也纳入考核标准。整体而言,偏重考核学生自身的综合水平。因此,高中地理教师在日常教学中要积极开展如社会考察等多样性学习活动,让学生在不同的活动中了解地理的魅力。教师在教学过程中,应对学生的表现进行细致的观察,然后对学生进行客观的评价,使其学习兴趣得到进一步的激发,自主学习能力得到增强。

2.学习过程性评价

学生课后自我评价表			
课程名称		日期	
姓名			
区域认知	区域认知,已掌握请打√ 1.褶皱、断层的概念（　　） 2.能理解地形倒置（　　） 3.能够理解板块运动对地貌形成有一定的影响（　　）		
综合思维	在综合思维方面,做到的请打√ 1.我能自己完成构造地貌的形成这一课的思维导图（　　） 2.我能自己梳理清楚构造地貌的形成各地理要素之间的关系（　　）		
地理实践力	在地理实践力方面,做到的请打√ 1.我能自己利用 Animate 动画软件演示褶皱和断层的形成（　　） 2.我能自己利用现有的材料(毛巾、涂上色彩的海绵),来演示褶皱和断层的形成（　　） 3.我能用六大板块模型,来演示板块的运动（　　）		
人地协调观	人地协调观方面,做到的请打√ 　　我能通过分析山地地形图,选择合理的交通运输方式,进而合理地进行交通运输布局（　　）		
本节课,你的学习收获如何	A.很有收获　　　B.收获一般　　　C.收获较少　　　D.没有收获		

3.学生思维导图作品评析

评价项目	等级				改进建议
	优	良	合格	须努力	
关系呈现	知识之间的关系表示正确	绝大部分知识之间的关系表示正确	知识与知识之间的关系,只有很少一部分是对的。	只有1～2个知识之间的关系表示正确	
知识全面	反映了该课程中所有的核心知识	反映了该课程中绝大部分核心知识	只反映了该课程中一小部分核心知识	反映了该课程中1～2个核心知识	
结构清晰	知识层级结构清晰明了	知识层级结构较清晰	只有一少部分知识结构够清晰	知识层级结构混乱	
简洁美观	图示简洁,层次不同,颜色不同,在图中可以表示出来	图示较简洁,能用相同的颜色表示图中的不同层级	图示不够简洁,未进行美化	图示复杂,未进行美化	
综合评价					

(二)教学反思

本节课运用了大量的动画、图片、案例和素材,激发了学生的学习兴趣,充分调动了学生的学习地理课程的积极性,课堂气氛比较好,学生比较主动,比较活跃,对本节内容的掌握非常好,在学生学习的过程中师生的互动,充分体现了学生在课堂上的主体地位,教师在课堂上的主导地位,把课堂还给了学生,充分激发学生的潜能。

本节课存在的问题如下:

1.利用 Animate 动画软件演示褶皱和断层的形成,部分学生有困难,应小组分工协作。

2.对于重点内容的讲解应更加细致,感染学生引起足够的重视。

3.课堂容量过大,最好删减一部分内容。还需要日后继续努力,不断提高与完善。

参考文献

[1] 梅国红,刘冬招."山地的形成"高考一轮复习教学设计[J].地理教育,2016(6):18-20.

[2] 程路萍.初中地理情境式"课内翻转"教学的行动研究[D].开封:河南大学,2019.

[3] 中华人民共和国教育部.普通高中地理课程方案(2017年版2020年修订)[M].北

京：人民教育出版社，2020.

[4] 吴石红.基于数字化教学平台的信息技术与课程整合的研究与实践[D].长春：长春师范学院，2011.

[5] 李维亚.微课在高中地理重难点教学中的应用研究[D].贵阳：贵州师范大学，2019.

[6] 周霞，马骏.高中地理四种版本教材整合的尝试——以"地表形态对聚落及交通线路分布的影响"为例[J].地理教学，2009(1)：16-17.

[7] 孙娉，张红霞，曹瑞建，李蒙，崔桂兰."内外力作用与地表形态"专题[J].地理教育，2017(9)：30-33.

[8] 邓正莲."三新"改革背景下的高中历史教学[J].广西教育，2022(23)：110-112,126.

[9] 曾婷，江丰."山地对交通运输的影响"教学设计[J].中学地理教学参考，2019(19)：55-56.

[10] 郭志莲.高中地理模拟实验教学研究[D].石家庄：河北师范大学，2019.

[11] 黄渊，刘恭祥.基于主题式情境的"褶皱山"教学设计[J].地理教学，2018(22)：17-19＋49.

[12] 尤倩.基于高中学生地理问题解决能力培养的表现性评价研究[D].贵阳：贵州师范大学，2020.

[13] 邵爱枝.高中地理教学评价的实做研究[D].武汉：华中师范大学，2007.

[14] 马慧丽.矿山地质构造对煤层顶板事故的影响[J].黑龙江科技信息，2017(7)：96.

（主要执笔人：祁亚玲　银川市永宁县闽宁中学）

基于核心素养培育的"河流地貌的发育"教学研究与案例应用

——以"地表形态的塑造"第二章第三节为例

《普通高中地理课程标准》(2017年版)提出,信息技术的发展和应用是地理教学改革的助推器,对改变学生学习方式和教师教学方式,帮助学生享有公平且有质量的地理教育具有重要作用。借助大数据、人工智能、"互联网十"等信息技术手段的学习,是面向未来的学习方式之一,为学生提供自主学习、探究学习和合作学习的开放空间,促进地理学习的拓展和深入。而作为地理教育信息化发展的主要潮流——各种地理教学辅助软件、平台的应用为提高学生核心素养、深度探究学习提供更宽广的舞台;各种教学互动、教学评价软件使得人机之间、师生之间、生生之间的交流互动以及即时性评价成为现实,因而更要关注对学生学习的过程性评价。

因此,基于核心素养培育的"河流地貌的发育"教学研究与案例应用应从以下几个方面展开。

1. 整合课程内容:在"三新"改革的背景下,以《普通高中地理课程标准》(2017年版)(以下简称"新课标")为指导,紧密结合新课程标准和课程实施方案,优化课程结构,整合教材内容,丰富教学素材,创设教学情境,设计问题链条,重视地理考察,突出结构化、关联性的教学内容,在新课程标准、新课程实施方案的指导下,结合知识技能合一、过程方法合一、情感态度价值观合一,通盘考虑。如在教学中,结合不同版本教材的教学内容,以贴近学生知识水平、贴近生活实际、贴近社会实际的教学情境,以学生熟悉的宁夏平原为重要教学内容,设计出层次分明、环环相扣、互为补充的问题链,使学生的思维由低层次向高层次发展,并在教学情境的基础上,提升学生的思维层次。

2. 变革教学方式:传统的教学方式以教师教授、传递知识为主,"三新"改革的背景下,改变课堂教学方式。始终坚持学生为主体,教师为主导的宗旨,把知识讲授、自主学习、合作学习和探究式学习有机结合起来,在教师的主导下,以任务为导向,进行问题驱动下的学习;以社会实践活动为纲领,开展研究性学习。

3. 创新教学评价:传统课堂教学中,对学生的评价注重对知识的掌握,而在新课标及"三新"改革背景下,教师需要在继承传统课堂教学评价优点的基础上,尝试从学生思维结构和课堂表现等多个维度评价学生。不仅要关注学生在完成某项任务时表现出来的语言表达能力、文字组织能力、创造能力、社会实践能力等方面的评价,还要关注学生在学习过程中的积极态度、小组活动参与度、合作能力、社交能力,以及解决问题的能力等方面的情况。

4. 重视地理实践：教学中借助学校现有条件，设计河流冲积实验，演示河流地貌的形成；黄河穿银川而过，贺兰山屹立于银川西部，均发育了非常典型的河流地貌，哺育滋养了银川人民。因此，设计"河流地貌的发育"课堂教学，将地理考察实践活动作为教学内容设计进来，将地理理论知识的学习和实践考察有效结合，在实践活动中建立知识之间的相互关联，培养学生地理核心素养。

5. 深化技术应用：技术能够助推地理教学改革，也能促进师生转变教与学的方式。在"三新"改革背景下，有条件的教师应更积极地使用教学、互动、评价软件和平台进行教学，或利用网络资源，用技术模拟真实的教学环境，并详细记录学生学习过程，赋能学生成长，培养学生地理核心素养。

一、教学背景分析

（一）课改前案例教学中存在的问题

1. 教师存在的问题

（1）教学方式陈旧：传统的课堂教师主要以讲授为主，学生以被动接受知识为主。

（2）互动方式简单：过去的课堂基本上是教师提问，学生回答为主。

（3）教学资源单调：主要以 PPT、图片、视频等传统资源为主。

（4）评价方式单一：以往课堂评价主体基本是教师，评价的内容基本以知识掌握为主，评价方法以纸笔考试为主。

2. 学生存在的问题

（1）河流地貌的类型、发育位置及成因。学生在学习过程中可能混淆不同河流地貌发育的河段以及成因，需要通过具体的教学材料如卫星图片、景观图片和视频材料直观展示，让学生加深理解。

（2）河谷发育过程中不同时期受外力作用的差异及河谷的变化特征。河流侵蚀专业性比较强，溯源侵蚀、下蚀、侧蚀时空差异明显，学生不容易区分，需要在教学中用模拟图、地理软件等进行演示，促使学生吸收。

（3）冲积平原的形成。学习过程中，学生可能对冲积平原形成的位置、类型以及条件容易混淆，在教学中要利用多种资源加深学生的理解和建构。

（4）河流地貌对聚落分布的影响。学习过程中，学生可能对聚落的分布、规模、形态、密度以及形成原因等有疑惑，教学中，要通过地理专业软件来展示河流对聚落分布的影响，并解释其原因。

（二）解决课例存在问题采取的策略

针对以往在"河流地貌的发展"教学案例中出现的问题，教师应积极转变观念，转变教学方式和互动模式，深化信息技术利用，丰富教学内容，探索更多元的评价方式。在教学过程中，教师结合实际，从不同的角度进行评价。具体如下。

1. 精选教学案例

本课例主要以学生熟悉的黄河与贺兰山为例,展开河流地貌的发育的教学。选择青铜峡峡谷、宁夏平原、贺兰山山前平原、黄河三角洲、银川城市布局和兰州城市布局等典型实例进行演示,让学生直观感受不同河流地貌。有条件进行实地考察的学校,还需要精心挑选学生研学案例。

2. 设计模拟实验

利用学校现有材料设计流水作用对地表形态变化影响的实验。也可利用书本、沙土演示山前冲积扇形成的过程。这不仅能让学生通过动手实践激发学习兴趣,而且对地貌特征、形成原理等方面的知识也有很好的帮助。实验设计最好是师生共同参与,让学生体验学习地理的快乐和兴趣。

3. 借助信息支撑

利用网络资源和地理专业软件,搜集景观图片、卫星照片、视频材料、剖面图等教学资料,整合课程内容,使教学素材更加丰富;利用动画演示河谷的变化,帮助学生理解河谷在不同发育阶段的地表形态特点;利用宁夏教育资源公共服务平台上的应用智能作业及时掌握学生学情;对于学生的课堂表现,可以利用宁教云学生点评功能或班级优化大师 APP 进行详细记录和评价。

4. 引导学生探究

在学习过程中,可以引导学生观察、设计、动手实践、分析,帮助学生掌握河流地貌的特征,分析说明河流地貌对聚落形态的影响。

(三)课例新的教学设计指导思想

1. 生本思想

在教学过程中,应该遵循全面性原则,教学设计要面向全体学生,凸显学生的学习主体地位。以学生的实际情况为依据,创设以学生为本,进行差异化教学的学习环境。

2. 注重关联

在教学过程中要加强课程的综合性,注重内外力量的关联,使整个地面形态有所改变。"河流地貌的发育"一节主要是外力作用对地表形态变化的影响,但不能与内力作用割裂开来,在地表形态的形成和变化过程中,内外力量是相互作用的。因此,教学中不仅要关联"地表形态的塑造"这一章内容,还要关联必修一第四章"地貌"的内容。

3. 问题驱动

在教学过程中,要注重培养学生的问题意识,以"发现问题"和"解决问题"为要旨。建立与"问题"相关的知识结构,设计出层次分明的问题链条,使学生在发现问题、分析问题、解决问题的过程中掌握知识、促进思维、增强能力、全面发展。

4.突出实践

地理实践是地理教育中一贯关注的重要内容,也是学习地理的重要途径,让学生在动手实验和野外考察中,获得对真实生活的"真"认识、"真"感觉。"河流地貌的发育"一课是进行实践教学的合适课例,在教学过程中,应涉及实验、野外考察的相关活动,让学生通过实验、观察等方式,对河流地貌的发育过程、成因、特征以及河流地貌对聚落分布、聚落形态的影响等进行深入了解,从而使学生掌握相关知识。

5.深度学习

在教学过程中,引导学生自主、合作、探究式地学习,培养学生的探究能力、创新能力,培养学生综合思维。

(四)课例新的教学设计理论依据

1.新课改要求

新课革从课程标准、课程内容、教学方式、评价方式等方面全面系统地提出了改革的要求。"河流地貌的发育"教学设计应紧扣新课标,深化信息技术的应用,聚焦学生的综合发展,培养学生创新能力和实践能力,提高学生的学科核心素养。

2.建构主义理论

建构主义理论认为,学习是一个意义建构的过程,学生在旧知识、旧经验的基础上,学习新的知识,建构新的知识和经验。"河流地貌的发育"课例在设计中应根据学生已有经验和知识储备,关注学生个体的差异,实行差异化教学,以让每位同学都有所得,满足不同学生发展的多元需求。

3.教学新技术的应用

技术的发展为教学提供了更多的便利,"河流地貌的发展"一课可应用地理软件、视频、卫星地图等工具,为学生直观地感受河流地貌形成的原因、增强学生学习积极性、增强学习效果奠定了基础。

4.评价理念

新课标提倡探索更多元的评价方式,注重学生发展的全面性。"河流地貌的发展"应注重评价体系的建设,注重评价学生的学习过程,设计有针对性地评价项目,对学生的思维结构进行评价,在教学过程中应注重评价学生的全面性。

(五)课例新课程标准依据

"河流地貌的发育"以《普通高中地理课程标准》(2017年版)中的"结合实例,解释内力和外力对地表形态变化的影响,并说明人类活动与地表形态的关系。"为依据进行编写。从新课标要求看,本课例要求关注的对象是地貌,考察的主要内容是"地表形态变化"和"人类活动与地表形态的关系"。行为动词是"解释、说明",从思维水平上看属于较低层次,但在教学过程中,教师应组织学生进行深度学习,提升学生思维水平。具体解读如下:

1.知识与技能

学生通过观看卫星地图(图新地球或谷歌地球)、景观图片,或者实地考察(有条件的学校),认识不同区域河流的地貌类型和特征,理解不同河流地貌类型中聚落的形态特征。注重学生读图能力、区域认知能力和地理实践力的培养。(区域认知,地理实践力)

2.过程与方法

通过观察、模拟实验和信息技术剖面、动态演示,学生能够辨别河谷发育过程中不同时期所受外力作用的差异以及河谷形态的变化特征,概括河谷的形成过程,以及曲流变化规律。要重在分析地表变化的原因,突出变化的观点和综合的观点。(地理实践力、综合思维)

3.情感态度与价值观

运用卫星地图和文本材料,学生能举例说明河流地貌对聚落分布的影响。重视人地关系,树立正确的人地协调观。(综合思维、人地协调观)

(六)课例新教材及教学内容分析

"河流地貌的发育"是2019年人教版高二地理选择性必修一第二章"地表形态的塑造"第三节内容,属于自然地理。主要有三个方面的教学内容:河谷的演变、冲积平原的形成以及河流地貌对聚落分布的影响。此外,还有"崇明岛的未来是什么样子"的探究学习任务。前面的知识是学生探究崇明岛变化的基础。本课也与必修一第四章"地貌"和选择性必修一"自然地理基础"第二章"地表形态的塑造"第一节"塑造地表形态的力量"相互关联,前面的内容注重地貌的展示,而本节课则反映了外力作用中河流侵蚀对地表形态的塑造。"河流地貌"包括了不同区域、不同时期河流地貌的发育,在教学中要突出变化性,例如河流三角洲的演变过程;河流地貌对聚落分布的影响,则体现了不同地貌的形态对人类聚落以及人类生产生活的影响。

与以往教学相比,新课标和新教材更加体现了知识的时代性、情境性、生活性和结构化特点。在教学中,教师应当利用技术手段模拟、展示河流地貌的发育过程,引导学生进行知识建构,关注地理事物变化过程,分析河流地貌对聚落分布的影响。

(七)课例教学对象分析

"河流地貌的发育"是选择性必修一自然地理基础的内容,教学对象主要是高中学生,包括高一和高二学生。学生在高一时已经学习了必修一"地貌"内容,对河流地貌有一定的了解,在选择性必修一又学习了"塑造地表形态的力量"一节,掌握了内力作用和外力作用的相关知识,对河流地貌的发育有一定的了解,也具备了一定的逻辑推理能力。但"河流地貌的发育"一课部分概念的学科专业性很强,如河谷、溯源侵蚀、冲积扇、河流地貌对聚落分布的影响等,对学生来说,理解难度较大,要求学生具备较强的想象和分析能力,对此,教师可以借助信息技术手段为地理课堂构建学习情境,方便学生理解、记忆。学习本节课知识,有助于学生运用实例分析内力作用、外力作用对河流地貌塑造的影响,培养学生必备的地理学科核心素养。

二、教学设计的基本要素

1.教学目标

明确本课例学生需要掌握的知识点、技能与学习方法以及培养学生怎样的情感。例如通过读图文资料、观看视频、卫星图片等认识河流不同时期不同区域地貌发育的特点及成因,分析河流地貌对人类聚落的影响,培养正确的人地协调观等。

2.教学内容

根据《普通高中地理学科标准》和课程要求,选取适合学情的教材和教学辅助内容,设计有针对性的课堂活动和教学模拟实验。"河流地貌的发育"是人教版教材,在教学中要设计流水侵蚀实验以及利用图新地球等教学软件帮助学生理解相关知识。

3.教学方法

教学中采用自主学习、合作学习、探究式学习、解决问题、案例分析等方法,有针对性地在教学中选择适合学生的本课例题教学方法和策略,引导学生主动学习,培养学生的学习能力、动手能力和解决问题能力。

4.教学评价

探索更加多元的评价方式,聚焦学生学习过程,关注学生学习效果。通过语言、信息技术手段评价学生学习过程,利用智能作业评价学生学习效果等。

5.教学资源

教学中精选合适的教学资源和资料,如实验场地、实验资料、教学视频、模拟软件、动画等,帮助学生更好地掌握河流的地貌特征及成因。

6.课堂管理

制定合理的课堂管理策略,例如课堂纪律、学生参与度等,以保证教学秩序和课堂效果。

三、课例简介

1."河流地貌的发育"课例简介

课题名称	河流地貌的发育
教学目标	1.学生通过观看卫星地图(图新地球或谷歌地球)、景观图片,或者实地考察(有条件的学校),认识不同区域河流的地貌类型和特征。了解不同河流地貌类型中的聚落形态和特点。注重对地理学科读图、区域认知、实践力等能力的培养 2. 通过观察、模拟实验,信息技术剖面、动态演示,学生能够辨别河谷发育过程中不同时期所受外力作用的差异以及河谷形态的变化特征,概括河谷的形成过程,以及曲流变化规律。要重在分析地表变化的原因,突出变化的观点和综合的观点。 3. 利用卫星地图和文字资料,学生可以举例说明受河流地貌影响的聚落分布。重视人地关系,建立人地协调的正确理念

课题名称	河流地貌的发育
教学内容	1.河谷的演变。 2.冲积平原的形成。 3.河流地貌对聚落的影响
教学方法	自主、合作、探究式学习、问题引导法。 观察视频、模拟实验
教学资源	教材、课件、实验材料,教学视频、图新地球软件、谷歌地球软件等
教学过程	问题导入:有人说,崇明岛未来不会再是个岛屿,这是为什么呢? 自主学习:河谷的演变、冲积平原的形成。 实验操作:利用沙土、塑料箱子等实验材料,演示河谷、冲积平原以及河谷三角洲的形成过程,加深学生的理解。 概念讲解:向源侵蚀和下切侵蚀、河谷不同发育时期的形态、凹岸和凸岸,冲积平原、河口三角洲。 卫星图展示:河谷的不同形态、凹岸和凸岸,冲积平原(宁夏平原与河套平原)、黄河河口三角洲。 教学视频:观看河流冲积实验视频,直观感知凹岸和凸岸的形成过程。 卫星图展示:黄河两岸不同聚落形态。 合作学习:分组讨论,河流地貌对聚落分布的影响。 探究学习:崇明岛的未来。 学生自评本课掌握情况,完成评价量表。 教学评价: 　作业:布置相关的作业,巩固学生的学习成果。 　实验成果:通过实验表现和实验报告等方式,评价学生对河流地貌的发育掌握情况。 　课堂表现:评价学生的课堂参与度和表现等

2."河流地貌的发育"教学目标分析

学科素养	学习目标
科学观念与应用	认识不同区域河流的地貌类型和特征,理解不同河流地貌类型中聚落的形态特征
科学思维与创新	能够辨别河谷发育过程中不同时期所受外力作用的差异以及河谷形态的变化特征,概括河谷的形成过程,以及曲流变化规律
科学探究与交流	学生可以举例说明聚落分布受河流地貌影响
科学态度与责任	重视人地关系,建立人地协调发展的正确理念

3.教学重点和难点及教学策略

(1)教学重点和难点

教学重点:对河流侵蚀地貌和堆积地貌类型的形成过程及其特征,从时空两个角度进行认识;通过观看卫星地图,说明河流地貌对聚落的影响。

教学难点:从时间的角度说明河谷的发育过程。

(2)主要教学策略

①问题教学策略:采用问题驱动式教学策略,在上课前先提出一个大问题,即崇明岛的未来会是什么样子,给学生留下悬念,进而通过学习本课知识,最后解决这一大问题。

②情景教学策略:本课例利用问题、视频、图片、地理软件等,为学生的学习创造真实的教学情境,解决真实的地理问题。

③实验教学策略:教师通过让学生设计、动手操作河流地貌的形成模拟实验,培养学生的地理实践能力,并在做中学的过程中完成对知识的自主建构。

④合作学习策略:教学过程中,不管是实验的设计还是河流地貌中的探究问题,都需要学生合作完成,并需要学生具备一定的合作技能,比如倾听、相互交流、小组合作的组织等,培养学生的合作能力,体现学生的主体地位。

⑤技术辅助策略:采用图新地球、谷歌地球等专业地理软件,充分发挥技术优势,给予学生身临其境的教学情景。利用评价 APP,对学生的学习过程进行科学评价,记录学生在学习过程中的真实反应。

4.技术支持下的课堂评价

(1)课堂表现评价:利用宁教云上的应用"学生点评",设置"回答问题""积极合作""态度端正"等评价指标,对每一位同学进行相应评价。

(2)作业评价:利用宁教云上的应用"智能作业""智能组卷",让学生在平板上作答,及时掌握学生对"河流地貌发育"一节内容的学习情况。

(3)实验评价:通过设计一些实验,检验学生对河流地貌的相关知识和技能的掌握情况,提高学生的实验操作和观察能力。

5.技术工具、平台、资源

(1)教学环境:平板环境下的智慧教室,UMU 教学互动平台等。

(2)教学软件:图新地球、谷歌地球等。

(3)视频材料:《航拍中国——宁夏》、河流冲积模拟实验等视频材料。

(4)图片资料:河谷发育的不同阶段图片,冲积平原以及河口三角洲的模拟图片和景观图片。

(5)实验材料:长方形塑料箱、沙土、矿泉水、小旗帜、小汽车等。

(6)评价工具:信息工具为宁教云中的应用"学生点评""智能作业",评价量表等。

6.技术支持的教学设计思路(思维导图)

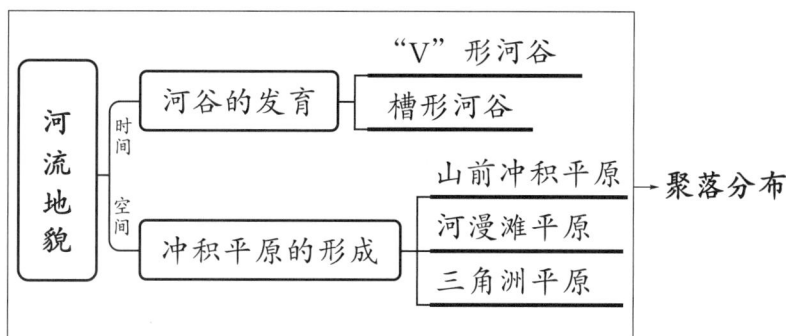

```
                                  "V"形河谷
                    河谷的发育
                                  槽形河谷
            时
河  间
流
地  空
貌  间                            山前冲积平原 ——→ 聚落分布
                    冲积平原的形成  河漫滩平原
                                  三角洲平原
```

四、教学活动设计

教学环节	教师活动	学生活动	技术、资源(含平台与工具)	设计意图
提出问题	崇明岛在哪里?它是如何形成的?有人说,崇明岛未来不再会是个岛屿,你觉得是这样的吗? 小结:崇明岛的形成是河流作用的结果,今天我们一起沿着黄河进行考察,学习河流地貌的发育	学生思考,带着问题进入课堂	图新地球展示崇明岛	问题驱动,让学生带着任务进行学习,能激发学生的学习兴趣
导入新课	情境导入: 【播放视频】《航拍中国——宁夏》视频剪辑片段:展示南长滩村、贺兰山山前平原、宁夏平原等地貌景观。 　　使用图新地球软件显示黄河上游、中游、下游不同河段的河流地貌,学生观察并思考:河流不同地段地表形态一样吗?为什么会出现这样的自然现象?	让学生观看软件展示的河流地貌并引出不同河流地貌的形成	视频资源图新地球	使用三维立体软件显示地貌,充分利用信息技术导出河流地貌的发育
过渡	同学们,通过观察,我们发现不同的河段有不同的景色,那么河流地貌是怎么形成的呢?今天这节课我们来学习河流地貌的发育			

教学环节	教师活动	学生活动	技术、资源 (含平台与工具)	设计意图
自主学习和实验探究	一、初识河流地貌 任务一:自学教材河谷的演变和冲积平原的形成,并完成导学案。 {表格:发育阶段/外力作用特点/河流地貌特点;初期;中期;后期} {表格:空间位置/类型/形成;山前;河流中下游;河流入海口} 过渡:学生通过自学初步认识了河流发育的地貌类型,那么这些河流地貌是如何形成的呢?我们通过模拟实验来进一步学习。 任务二:河流地貌模拟实验 实验要求:在塑料盒中装入沙子,需要有一定的坡度,并规划好流水路线,将小旗帜插在坡面最高处,将小汽车放在流水经过的地方边缘。从小旗帜下方匀速倒水 实验过程中思考: ①实验过程中,流水对地表物质——沙子产生什么影响? ②实验过程中,小旗子和小汽车所处的位置分别产生了什么变化? ③实验过程中分别产生了哪些地貌?	学生自学课本,完成表格填写。并扫二维码上传至UMU教学平台上展示,学生相互评价、指导 学生以小组为单位,进行模拟实验,并从实验过程中得出河流地貌形成的原因,发现河流是塑造地表形态的重要外力作用。 思考并回答问题	UMU教学互动平台。 宁教云投屏学生实验过程	让学生整体认识河流地貌,能看图识别不同河流地貌类型,培养学生自主学习、概括、归纳的能力。 实验教学是学习地理的重要途径和手段,学生通过设计、动手操作和观察实验过程,能有效提升学生地理实践能力和培养综合思维

教学环节	教师活动	学生活动	技术、资源 (含平台与工具)	设计意图
河谷的演变及冲积平原的形成	二、探秘河流地貌 　　任务一：黄河探秘 　　地点 1：黑山峡 　　谷歌地球显示黑山峡卫星图，调整软件视角，让其显示出"V"形河谷的形态，并在软件上做出剖面图。同时定位到青铜峡以及长江上游虎跳峡，直观显示不同河流"V"形河谷特征。 　　探究问题： 　　①观察地球软件卫星影像图，说出黑山峡峡谷的地貌特征 　　②结合实验和教材图片解释"V"形河谷的形成原因及流水主要侵蚀过程 　　小结： 　　侵蚀类型：向下侵蚀和溯源侵蚀为主。 　　地貌特点：河谷深、窄，横截面呈"V"形。 　　地点 2：卫宁平原 　　谷歌地球显示卫宁平原卫星图，调整软件视角，让其显示出槽型河谷的形态，并在软件上做出剖面图。 　　小结： 　　侵蚀类型：向下侵蚀减弱，向河谷两岸侵蚀（侧蚀）作用加强。 　　地貌特点：河流变得弯曲，河谷展宽，横截面呈宽而浅的槽形。 　　地点 3：郑州附近 　　按照教材 P35 页图 2.31 黄河与其他河流形成的山前冲积平原，使用谷歌地球定位到郑州，补充北京、贺兰山山前冲积扇地貌。 　　探究问题： 　　①冲积扇的分布有何特点； 　　②结合实验，解释冲积扇形成过程及影响因素。 　　山前平原：一般在山口位置，洪水或河水携带大量泥沙，进入平坦地形，地势逐渐变平，河道逐渐变宽，流水速度变慢，所携带的泥沙等逐渐沉积而形成扇形平原地貌	学生观察卫星图片，并结合实验内容概括归纳"V"形河谷的发育过程以及侵蚀类型。 学生观察卫星图片，概括归纳槽型河谷的发育过程以及侵蚀类型。 学生通过卫星软件观察冲积平原与贺兰山冲积扇卫星图，概括冲积平原类型、形成位置、地貌特征，结合实验，分析其形成原因	谷歌地球	通过信息技术，有效突破教学中的重点和难点，将抽象宏观的地形地势通过软件实时演示出来，充分提升学生探究的兴趣，给学生创设真实的情景，从而提高学生思维的深度，促使学生展开真正的深度学习

教学环节	教师活动	学生活动	技术、资源(含平台与工具)	设计意图
河谷的演变及冲积平原的形成	地点4:黄河三门峡附近河段 　　利用谷歌地球时间轴动态显示该河段曲流变化,也可制成视频,动态展示河段变化情况。补充观察宁夏中卫市南北长滩村。 　　探究问题: 　　①描述图中河道形状发生的变化; 　　②如何区分凹岸和凸岸; 　　③结合实验说出流水对凹岸和凸岸的作用是否相同?分别发生了什么作用? 　　小结 　　南北长滩村都在凸岸,对岸即为凹岸。 　　凸岸发生堆积作用,凹岸发生侵蚀作用,由此使得河道越来越弯曲。 地点5:黄河三角洲 　　利用谷歌地球时间轴动态显示黄河三角洲变化情况,也可制成视频,动态展示黄河三角洲变化情况。补充尼罗河三角洲卫星图片。 　　探究问题: 　　①三角洲地貌有什么特征; 　　②三角洲与冲积扇的位置、成因是否相同。 小结 　　三角洲位于河流入海口(并不是所有河流都会形成三角洲),而冲积扇位于山谷出口的位置。 　　三角洲与冲积扇的相同之处:都是河流堆积作用形成。 　　三角洲与冲积扇的不同之处:三角洲是河水与海水共同作用的结果	学生观察卫星图片,并结合实验,探究河道变化的原因,区分凹岸和凸岸及其成因。 　　在凸岸形成河漫滩平原。 学生观察卫星图片,总结河流三角洲的位置、形态特征以及形成原因,并与冲积扇对比分析。	谷歌地球	
河流地貌对聚落分布的影响	三、河流地貌对聚落分布的影响 　　任务一:自主学习教材P31第二段内容,概括河流对人类生产生活的作用 　　任务二:谷歌地球显示黄河中下游城市分布,概括地貌对聚落密集程度的影响。此时需要在地图上显示聚落名称	学生总结河流的作用: 1.为聚落提供充足的生产、生活用水。		

教学环节	教师活动	学生活动	技术、资源 (含平台与工具)	设计意图
河流地貌 对聚落 分布的 影响	补充四大文明古国卫星地图。 　　探究问题： 　　河流地貌对聚落密度的影响。 　　任务三：谷歌地球演示南长滩村淹没 分析，归纳聚落分布的特点 　　探究问题： 　　河流地貌对聚落选址的影响。 　　任务四：探秘四大文明古国的分布 　　探究问题：四大文明古国的分布有何 共同特点？影响因素是什么	2. 交通运输通道，可方便聚落对外联系和运输。 3. 冲积平原地势平坦，土壤肥沃，利于耕作，可为聚落提供丰富的农副产品。 学生概括河流地貌对聚落分布的影响： 1. 河流中下游，城市密集； 2. 聚落选址要选择在洪水淹不到的地方。 学生思考：四大文明古国均分布在大河流域，属于大河文明，主要受河流、交通、土壤等因素的影响	UMU互动平台 谷歌地球	培养学生自主学习能力和概括归纳能力。 拓展延伸：让学生进行深入思考，促使学生将理论知识与实际问题联系起来，培养学生解决实际问题的能力。培养学生正确的人地协调观念
过渡	学习了河流地貌的发育这些知识后，我们来回答上课前提出的问题，有人说，崇明岛未来不会再是个岛屿，你觉得是这样的吗？			

教学环节	教师活动	学生活动	技术、资源 (含平台与工具)	设计意图
崇明岛的未来	任务一:利用谷歌地球显示崇明岛不同年份卫星图片(比例尺、视角相同)。 　探究问题:分析崇明岛未来是否与北侧陆地连在一起?	学生思考并作答,该问题是开放的,学生言之有理即可	谷歌地球	引导学生联系所学内容,预测崇明岛发展变化趋势。培养学生深入探究问题的能力
课堂小结	一、河谷的演变 　1.主要作用:侵蚀作用、堆积作用。 　2.河谷的发育过程及特点: 　(1)初期阶段; 　(2)中期阶段; 　(3)后期阶段。 二、冲积平原的形成 　1.形成。 　2.冲积平原的类型: 　①上游出山口——冲积扇:形成原理。 　②中游——河漫滩平原(冲积平原的主体):形成原理。 　③河口附近——三角洲平原:形成原理。 三、河流地貌对聚落分布的影响			总结梳理本节课主要内容
板书				

五、评价与反思

（一）教学评价

1.教学目标评价

评价目标	A	B	C	D
河谷的演变				
冲积平原的形成				
河流地貌对聚落分布的影响				

2.实验过程评价

实验过程	A	B	C	D
设计合理				
结果清晰				
参与度高				

3.学生学习过程评价

评价指标	A	B	C	D
学习态度				
目标达成度				
动手能力				
合作能力				

（二）评价使用的技术工具

1.学生学习过程评价使用宁教云学生点评应用。

2.学生目标达成度评价使用宁教云智能作业。

3.实验过程评价使用评价量表。

（三）教学反思

"河流地貌的发育"对应的新课标是结合实例,解释内力和外力对地表形态变化的影响,并说明人类活动与地表形态的关系。本人选择了以黄河作为教学案例来说明河流地貌的发育过程。设计过程有自主学习、探究学习,教学思路按照教材体系设计,在地貌选择上以学生熟悉的贺兰山、宁夏平原等作为案例,可能不具有典型性。

本节课的亮点是利用谷歌地球动态演示地貌的形成和变化过程,从时间和空间上突出展示了"变化"的特点,很好地培养学生的综合思维。

本节课不足之处:选择案例过多,占用了学生思考的时间。

参考文献

[1] 中华人民共和国教育部.普通高中地理课程标准(2017 年版)[S].北京:人民教育出版社,2018.

[2] 韦志榕,朱翔.普通高中地理课程标准解读[M].北京:高等教育出版社,2018.

[3] 彭梦晓,李品仪,黄少芬,等.图新地球在高中地理教学中的应用——以《河流地貌的发育》教学为例[J].广西教育,2022,1235(11):134-137.

[4] 张巧,罗士琴."河流地貌的发育"教学设计[J].地理教育,2020(S1):122-123.

(主要执笔人:马学东　银川市西夏区兴泾中学)

"三新"背景下"地貌的观察"教学研究与案例应用

——以"地貌的观察"第四章第二节为例

一、教学背景分析

1. 课例教学中存在的问题

按照《普通高中地理课程标准》(2017年版)(以下简称"课程标准")要求,"地貌的观察"内容主要安排了"地貌的观察顺序""地貌观察的内容"两部分实践性强的内容。"识别"和"描述"地貌特点需要以野外实践或者视频和图像为媒介,即重在学生的动手实践和真实体验,所以在教学过程中,一般需要组织学生进行野外实习等实践性活动。但受教学手段和教学时空等因素限制,教师通常会采用观察图像、观看视频等方式来替代野外考察。虽然运用图像和视频能够营造直观生动的地理课堂教学环境,也可达到课程标准要求,但无法取代在真实环境下的野外观察学习收获。

2. 解决课例存在地理问题采取的策略

(1)开发乡土教学资源。"地貌的观察"课例设计可以选取学生身边的地貌景观"贺兰山山地地貌和河流地貌",设计实践活动,让学生从乡土地理问题研究中内化地貌观察的学科知识、总结地貌观察的研究方法。

(2)利用GIS技术辅助教学。GIS是学生探究地理问题的重要工具,具有直观性、互动性、沉浸性的特点。在教学中通过技术操作可以模拟野外地质地貌考察活动,帮助教师实现"体验式教学",帮助学生更加形象地理解教材内容,并激发学生的学习兴趣。

(3)采用项目式学习的方法。项目式学习是指以真实情境为依托,聚焦实际问题设计持续性的探究活动,学生在教师指导下通过活动解决实际问题,交流展示活动成果并反思评价的学习方式。学生通过项目式学习内化学科知识、培养关键能力和科学思维。

3. 课例教学设计指导思想

(1)以学生为本,注重学生的主体性和参与度。通过多种教学手段,激发学生的学习兴趣,提高学习积极性,从实际出发培养学生的探究创新能力。

(2)突出问题意识,注重问题解决能力的培养。注重培养学生的问题意识,引导学生通过合作,确定探究活动的主题,让学生更好地参与其中,有利于学生思考并解决真实情境下复杂的地理问题,促进学生动手能力的提高。

(3)强化综合性,注重知识的整合与应用。注重知识的整合与应用,将地貌观察的学科知识与生活知识相结合,培养学生对知识的综合应用能力。

（4）突出实践性,注重实践操作能力的培养。通过 GIS 软件操作,体会 GIS 分析处理地理数据的功能,掌握地理信息软件的操作方法,激发学生的探究兴趣,培养学生的实践能力。

（5）引导创新思维,重视培养创新意识和能力。引导学生自主操作、合作探究,充分发挥学生的探究精神和创造力,提高学生的综合素质。

4.课例教学设计理论依据

（1）新课改要求。新课改提出了从课程标准、教学方式、评价体系等方面改革传统教育模式的要求,注重培养学生的创新精神和实践能力,"地貌的观察"教学设计要与新课改要求紧密结合,重视学生的主体性和实践性,培养学生的探究精神和创新能力。

（2）教育技术的应用。教育技术的发展为观察地貌提供了更多的可能性,通过地理信息技术的应用,实现了"体验式教学",提高了学生的学习兴趣,增强了学习效果。

（3）教育评价的理念。教育评价关注学生的综合素质发展,让学生通过多维度的评价对项目式学习的全过程有了方向性的总结,在地理学习中用评价引导学生学会认知、学会行动、学会思考。

5.课例新课程标准依据

"地貌的观察"课程标准要求通过野外观察或运用视频、图像,识别 3～4 种地貌,描述其景观的主要特点。"识别"和"描述"地貌特点需要以野外实践或者视频和图像为媒介,就是重视学生的动手实践和真实体验,所以在教学过程中一般需要组织学生进行野外实习等实践性活动。而在常规教学中利用 GIS 技术开展项目式学习可以帮助教师营造新的育人环境。通过学生上机操作实现"体验式教学",激发学生学习热情,将地理知识运用于真实情境,帮助培养学生科学思维和实践能力。

6.课例新教材及教学内容分析

根据课程标准要求,本节课教材主要安排了"地貌的观察顺序"和"地貌观察的内容"两部分实践性很强的内容,可以借助地理信息技术进行观察。例如:利用 GIS 软件显示贺兰山山地和河流地貌实景,便于学生识别具体地貌景观;学生使用 GIS 软件绘制贺兰山等高线地形图、河谷地形剖面图、计算相对高度,观察地形高度、坡度、地势起伏状况,进而描述地貌特征;教师引导学生讨论分析贺兰山土地利用状况和地貌的关系等。通过动手操作内化学科知识,渗透对学生观察能力、综合思维能力、地理实践能力的培养,强调人地之间的相互作用,引导学生树立正确的人地协调观念。

7.课例教学对象分析

本节课地貌观察的方式选择借助 GIS 软件平台,学生对此比较陌生,需要课前自主学习。因此在地貌观察内容的选择上笔者选取本土案例"贺兰山",学生对此的熟悉程度较高,从而避免学生陷入对观察方式和观察内容都陌生的双重困境。同时,本节课笔者以贺兰山山地地貌和河流地貌观察为例,为学生构建观察地貌的基础,引导学生自主探究,注重学生迁移应用能力的培养。避免学生学会了教师传递的知识,但是不会解决迁移应用的问题。

8.学生的关键能力和核心素养

(1)明确地貌观察的顺序,能从宏观到微观、从面到点的顺序观察"贺兰山"全景图中的地貌。

(2)掌握地貌观察的内容,能运用地理语言从地貌类型、位置、范围、海拔、绝对高度、相对高度、地形坡度、地形与人类活动的关系等方面描述地貌特征。

(3)学生合作确定探究主题,主动思考并解决真实情境下复杂的地理问题,具备发现问题并提出问题的能力。

(4)掌握 GIS 软件操作方法,如利用图新地球软件绘制剖面线、等高线地形图等,从多角度观察和描述地貌特征。

二、教学设计的基本要素

1.教学目标

(1)运用百度全景地图识别和观察贺兰山山地地貌及河流地貌,明确地貌观察的顺序。

(2)借助 GIS 的图示和数据分析功能,自主操作图新地球软件,熟练使用定位、绘制等高线图和剖面图等工具,描述贺兰山山地地貌和河流地貌特征,完成地貌观察记录表,培养地理实践能力。

(3)利用 GIS 技术从宏观到微观、从面到点等多角度观察和描述两种地貌的特征,培养区域认知和综合思维素养。

2.教学内容

根据学科标准和课程要求,选取教材中"地貌观察的顺序"和"地貌观察的内容"两部分作为本节课的教学内容,设计项目式探究活动。

3.教学方法

通过小组合作探究完成项目式学习,激发学生的学习兴趣,培养其探究能力。

4.教学评价

对项目式学习的过程和结果,采用学生自评、小组互评和教师评价相结合的办法进行评价。

5.教学资源

选择合适的教学资源,例如 GIS 软件图新地球等,帮助学生动手操作、模拟地貌观察的全过程。

三、教学设计的整体思路

依据制定的学习目标,选取学生身边的地貌景观"贺兰山山地地貌和河流地貌",利用与 GIS 软件图新地球、百度全景地图相结合的方式设计项目式学习活动方案,整体思路如下:

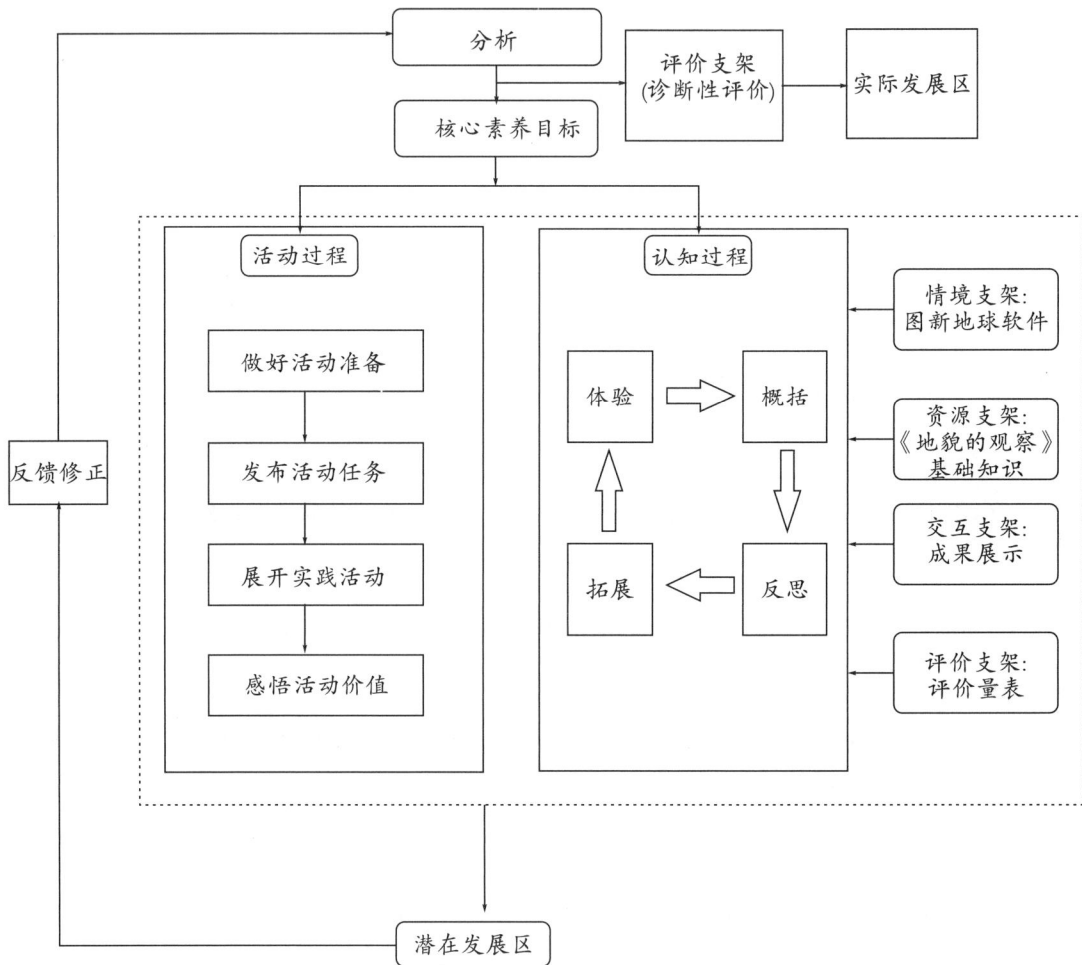

四、课例呈现

高中地理"地貌的观察"课例可以通过搭建学习支架的方式呈现。本活动方案以地貌观察的基础知识和地貌观察记录表为资源支架,利用百度全景地图和图新地球软件建构情境支架和交互支架,以评价量表作为评价支架,辅助学生完成探究活动的全过程。

五、课例简介

1. 高中地理必修一"地貌的观察"课例简介

课题	地貌的观察
教学目标	设置准确的课例教学目标需要对课程标准进行准确把握,本节课课程标准分析如下。 1. 内容要求解读 　　课程标准的内容要求是通过野外观察或运用视频、图像,识别3～4种地貌,描述其景观的主要特点。涵盖对第一节"常见地貌类型"和第二节"地貌的观察"两个部分的要求,由此,本节落脚点在于"通过野外观察或运用视频、图像"来识别和观察地貌,突出对"地理实践力素养"的培养,强调对地貌观察方法的教学。 2. 教学提示解读 　　根据教学提示充分利用景观图像、模型、地图、地理信息技术和周边自然与社会资源等支持教学。指导学生开展地理实践活动,活动中采用体验、观察、观测、实地考察等多种方式进行。帮助学生理解和辩证地看待自然环境与人类活动的关系。由此,应充分开发校内外的地貌相关实体与数字化资源,配置地貌观察的相关工具和模型并开发课外、校外的地貌观察基地。为形成正确的人地观,培养尊重自然、保护自然以及因地制宜的观念,需要在传授地貌观察知识和技能手段的基础上,引导学生思考地貌与人类活动之间的相互影响。 　　由此可知,本节内容的实践性较强,课堂内容教学与课下野外实践活动紧密联系、难以分割,故安排课堂教学(1课时)＋野外观察(2～3课时),本教学设计主要就课堂教学部分展开。 3. 学业水平要求 　　必修阶段教材对于核心素养的培养主要对应水平1和水平2。由此,在完成本节教学后,学生要达到以下几个层次的学业质量水平:①在给定的、熟悉的、较为简单的情境中,为认识到人类活动与地貌要素的相互影响,从而明确人地协调发展的重要性,需要学生能够从形态要素、起伏状况和破碎程度等多角度综合分析地貌,形成因地制宜观念(综合思维、人地协调观);②对于给定区域的地貌特征(区域认知),能对地貌观察的顺序和内容进行归纳,并在此基础上加以辨识;③与人合作,能在地理实践中运用地理信息技术手段,如遥感和GIS软件等地理工具对地貌要素进行深入观察,展示灵活运用知识的能力(地理实践力)、独立思考的意识、求实的科学态度。 　　基于此,"地貌的观察"一节内容教学目标设置如下。 　　(1)运用百度全景地图识别和观察贺兰山山地地貌及河流地貌,明确地貌观察的顺序。 　　(2)借助GIS的图示和数据分析功能,自主操作图新地球软件,熟练使用定位、绘制等高线图和剖面图等工具,描述贺兰山山地及河流地貌特征,完成地貌观察记录表,培养地理实践能力。 　　(3)利用GIS技术从多角度观察和描述两种地貌的地貌特征,培养区域认知和综合思维素养。 　　(4)通过对贺兰山山地及河流地貌的认识,分析其与人类生活的关系,探究人地协调发展的内在规律,树立人地协调的思想观念

课题	地貌的观察
教学内容	本节的知识内容从整体和具体两个视角展开分析。从整体角度,本节属于必修一第四章地貌的一部分,在认识地球包括地球所处的宇宙环境、大气和水等要素后,自上到下、由内而外地展开,起到承上启下的作用,为以后植被与土壤的学习奠定基础;而从具体来看,本节设置在第四章的第二节,第一节是常见的地貌类型,主要解决"看什么"这一问题,本节主要是对学生学习完第一节后进行地貌观察方法上的指导,解决"怎么看"的问题。教材主要包含地貌观察的顺序和内容两大部分:见下图,第一部分介绍了地貌观察的一般顺序,第二部分阐释了地貌观察内容,主要包括高度、坡度、坡向等方面,最终落脚到地貌形态、起伏状况、破碎程度等对人类活动的影响上,以及人类活动对地貌景观的影响。此外,还有情境导入"詹天佑设计'人'字形铁路",思考"某区域相对高度"和活动"观察家乡的地貌"
教学方法	教法:讲授法和演示法(主要)、纲要信号法。 学法:观察法和小组合作法(为主)、综合分析法
教学资源	1.地理必修一教材:高中地理必修一的教材包含了对此主题的详细介绍和相关内容,对于学习本主题具有重要的参考价值。 2.互联网资源:如文献、图像、视频等,可以帮助学生进行更为深入的学习和研究,也可以使学习体验更为丰富和多样化。 3.图新地球和百度全景地图等操作相对简单的"轻型"GIS软件
教学过程	

2.高中地理必修一"地貌的观察"教学目标分析

学科素养	学习目标
地理实践力素养	地理实践力素养的培养落实到本节教材,主要表现为对于地貌的观察能力、识别能力和描述能力,以及基础计算能力、运用工具能力、小组合作能力和语言表达能力等的培养,此外,还包含以地理视角观察身边地貌的意识和习惯(如在课后设计"观察家乡的地貌"的活动)
地貌观察能力和描述能力	教材基于综合观点阐述地貌观察的顺序和内容,在这一部分对学生的地貌观察能力和描述能力提出要求,主要表现为从整体到局部、宏观到微观的地貌观察顺序,以及从形态要素、起伏状况、破碎程度等的地貌观察内容
区域认知素养	区域认知素养体现在"活动"环节,地貌观察这一节的教材内容最终落脚到家乡,以家乡为代表从空间到区域视角认识当地的地貌景观,对学生的地貌观察能力、识别能力和描述能力等提出要求。教材讲述了坡度对人类活动的影响,以"詹天佑设计人字形铁路"为例阐述了坡度对铁路线路的影响,由此表明地貌对人类活动会产生影响,因地制宜地渗透到人类活动中的观念

3.高中地理必修一"地貌的观察"教学重点和难点及教学策略

本节课教学重点为地貌观察的方法,教学难点为观察坡度、坡向等地貌要素对自然环境及人类活动的影响。根据教学重点和难点,可以采取以下策略。

技术支持下的教学策略	内　　容
开发乡土教学资源	在教学技术支持下,开发乡土教学资源设计"地貌的观察"课例可以选取学生身边的地貌景观"贺兰山山地地貌和河流地貌",设计实践活动,让学生从乡土地理问题研究中内化地貌观察的学科知识、总结地貌观察的研究方法
利用 GIS 技术辅助教学	GIS 作为学生探究地理问题的重要工具,它的特点是直观性、交互性、沉浸性。在教学中通过技术操作可以模拟野外地质地貌考察活动,帮助教师实现"体验式教学",帮助学生更加形象地理解教材内容,并激发学生的学习兴趣
采用项目式学习的方法	项目式学习是指依托真实情境,设计持续性的探究活动,学生在教师引导下通过活动实践解决实际问题,交流展示活动成果、对活动全过程进行评价反思的学习方式。这种方式帮助学生内化学科知识,培养核心素养和科学思维

4.教学设计的知识思维导图

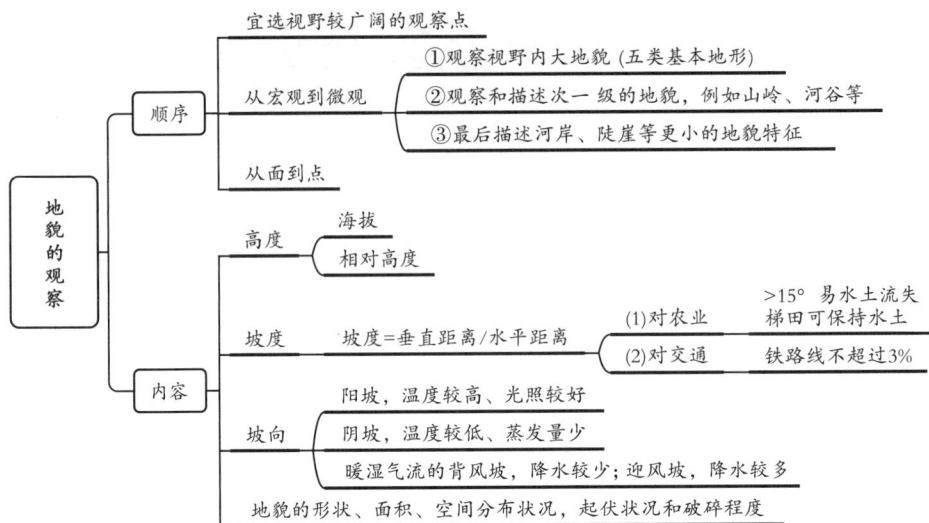

六、基于项目式学习的课例教学设计

1.活动准备——地貌类型与特征

师生互动导入:通过前一节的学习,学生对常见地貌类型已经有所了解,要进一步识别并描述其特征,可以利用 GIS 软件辅助探究。教师选取学生身边的案例"贺兰山山地地貌和河流地貌",引导学生利用"百度全景地图"识别地貌类型、描述地貌特征。

学生活动:

①实践操作。学生打开百度地图网页,搜索"贺兰山自然保护区",在网页右下角选择"全景模式",地图显示贺兰山各景点景观,通过观察景观图识别地貌类型并描述其特点。

②反思观察。小组合作完成地貌观察记录表并向大家展示汇报小组探究成果。

③归纳总结。归纳地貌观察尺度与观测点位置的选择。

学习支架:情境支架——百度全景地图;资源支架——课本内容地貌观察的顺序。

设计意图:借助百度全景地图创设虚拟的野外考察情境,激发学生探究兴趣,学生通过观察初步了解地貌尺度及观测位置的选择。

2.活动准备——如何利用图新地球软件观察地貌

教师活动:使用图新地球软件示范对贺兰山洪积扇地貌的观察,运用地理语言从多个角度描述地貌特征,指导学生学习相关操作。

学生活动:

①反思观察。要观察并描述地貌景观应该按照什么顺序、观察哪些内容?

②归纳总结。地貌观察需要从宏观到微观、从整体到细节;地貌观察的内容包括位置、范围、形状、面积、高度、坡度等。

师生活动:利用经纬度坐标或者地名搜索对考察对象进行定位;点击"编辑"菜单下的"面"绘制地貌形状;点击"测量/分析"菜单下的"等高线"提取等高线地形图;点击"测量分析""提取剖面线",生成剖面示意图等。

学习支架:情境支架——图新地球软件;资源支架——课本内容;交互支架——合作探究。

设计意图:学生对图新地球软件的操作比较陌生,在动手实践前教师需要引导学生熟悉软件操作,而基础知识的学习可以为学生动手实践提供思路、指明方向。

3.任务发布——小组讨论,确定子项目

本次项目式学习的主题是"如何进行地貌的观察,探究地貌特征同人类活动的关系"。根据教学主题,学生查阅相关资料,综合考虑贺兰山所在区域的地貌景观,最终确定了2个子项目(见表1)。学生自由组合,分6组讨论探究任务。

表 1 "地貌的观察"子项目

主题	如何进行地貌的观察,探究地貌特征同人类活动的关系	
	组别	任务
贺兰山东麓洪积扇地貌观察	1	洪积扇形状是怎样的? 贺兰山东麓洪积扇的成因?
	2	农耕区和聚落主要分布在洪积扇的什么位置?
	3	贺兰山东麓北部洪积扇和中部洪积扇农耕区面积有什么差异?思考人类活动与自然环境的关系
贺兰山山地地貌观察	4	贺兰山有多高,相对高度有多大?
	5	贺兰山坡度陡缓?该地公路为什么修建成"之"字形?
	6	贺兰山东、西坡植被类型有什么不同,原因是什么? 贺兰山对银川平原而言起什么作用

学习支架:交互支架——合作探究;资源支架——网络资源。

设计意图:探究教师确定好的主题,学生合作讨论并确定探究任务可以提高活动参与度,有利于思考并解决真实情境下复杂的地理问题,提升地理实践能力。

4.活动实施

学生以小组为单位开展活动,制作并完成地貌观察记录表,解决预设问题。教师设计量表评价学生活动中的表现,并提供帮助。本次活动确定了2个子项目,以贺兰山东麓洪积扇地貌观察为例,详细说明项目式学习的实施过程。

学生活动:

①打开图新地球软件,利用经纬度坐标或地名搜索对贺兰山进行定位。

②点击"编辑"下拉菜单"面"绘制大武口洪积扇形状,观察洪积扇地貌的总体特征,辨别扇顶、扇中、扇缘。

③从位置、地貌形态、不同位置物质颗粒的大小等方面详细描述洪积扇特征。

④点击菜单中"测量分析""提取剖面线"选择"绘制线",绘制出连接扇顶和扇缘的路径,生成剖面线及剖面图,用鼠标引导移动剖面图上光标点,观察沿线的海拔变化趋势,根据剖面图描述洪积扇的地势特征,估算坡度角。

⑤观察农耕区和聚落分布的位置,根据洪积扇的成因及洪水期可能发生的自然灾害特点,讨论这样分布的利弊。

⑥绘制贺兰山东麓北部和中部洪积扇形状,对比两地农耕区面积的差异,讨论人类活动与自然环境的关系。

归纳总结:通过小组合作完成探究任务,完成地貌观察记录表(见表2)。

表 2　地貌观察记录表

日期: 考察点位置:	
地貌类型	
观察角度	
地貌特征	
补充	

学习支架:情境支架——图新地球软件;交互支架——合作探究;资源支架——地貌观察记录表。

设计意图:

①通过实践操作,掌握软件的操作方法,理解 GIS 对地理数据的分析和处理功能,激发学生探究兴趣,培养学生地理实践能力。

②利用软件从多角度观察地貌,促进学生综合思维及区域认知能力的培养。

③通过对洪积扇地貌特征及和人类活动关系的讨论,探究人地协调发展的内在规律,树立人地协调的思想观念。

④小组合作总结实践内容,以地貌观察记录表的形式构建内容体系。

5.成果分享

学生活动:根据小组合作完成的地貌观察记录表汇报学习成果,汇报方式可以是多样的,例如论文、答辩会、活动报告等。

学习支架:资源支架——报告、论文、答辩会;交互支架——展示与交流。

设计意图:通过汇报,锻炼学生表达能力,同时对学习成果进行总结和再提升。

七、课后评价与反思

针对课例设计的合理性、科学性和可实践性,教师设计评价量表,对课例设计、教学方法、教学态度、课堂管理等方面进行评价。针对课例的实施过程,采取学生自评、小组互评与教师评价相结合的方式,由教师设计评价量表,对项目式学习的过程和结果进行评价。评价量表如下。

1.评价量规

(1)教学设计评价量表

评价内容标准	赋分	教师得分
教学设计基本上能够满足教学需求,但缺乏深入挖掘和探究	2分	
教学设计较为全面和系统,能够满足学生的学习需求,有一定的创意和新颖性	3分	
教学设计非常全面和系统,能够满足学生的学习需求,有很高的创意和新颖性	4分	

（2）教学方法评价量表

评价内容标准	赋分	教师得分
教学方法单一、生硬,缺乏互动和趣味性	1分	
教学方法略有变化,但在趣味性和互动性上有所欠缺	2分	
教学方法较为丰富和多样化,能够激发学生学习兴趣,具有一定的趣味性和互动性	3分	
教学方式丰富多样,可以使学生的学习兴趣得到极大的激发,趣味性和互动性都很高	4分	

（3）教学态度评价量表

评价内容标准	赋分	教师得分
教师教学态度不够认真负责,缺乏热情和耐心	1分	
教师教学态度一般,有时缺乏热情和耐心	2分	
教师授课态度较好,认真负责,有一定的积极性和耐心	3分	
教师教学态度非常好,极其认真负责,充满热情和耐心	4分	

（4）课堂管理评价量表

评价内容标准	赋分	教师得分
教师在学生纪律、课堂秩序等方面的管理还不够严格	1分	
教师课堂管理稍有不足,学生纪律稍有松散,课堂秩序稍有混乱	2分	
教师课堂管理较好,能够维持学生纪律,课堂秩序基本稳定	3分	
教师课堂管理非常好,课堂秩序井然	4分	

2.学习过程及结果评价

评价阶段	评价内容	水平分级 水平1:一般。水平2:适中。水平3:较好						
		自我评价	教师评价、同学互评 （只针对成果展示阶段）					
			1组	2组	3组	4组	5组	6组
活动准备阶段	通过实践操作能够总结地貌观察的顺序和内容,准确完成地貌观察记录表的相关内容							

评价阶段	评价内容	水平分级 水平1:一般。水平2:适中。水平3:较好						
		自我评价	教师评价、同学互评 （只针对成果展示阶段）					
			1组	2组	3组	4组	5组	6组
活动实施阶段	积极参与子项目确定的小组讨论							
	能够根据教师指导,准确完成利用图新地球软件定位、绘制剖面线、生成剖面图、估算坡度角等实践操作步骤							
	能够从地貌类型、所处的绝对位置、相对位置、范围、海拔、绝对高度、相对高度、地形坡度、地形与人类活动的关系等方面详细描述地貌特征							
	对人类活动与自然环境之间的关系能够进行概括							
成果展示阶段	清晰流畅表达、阐述小组活动成果							
	展示小组运用图新地球软件绘制的图表,并能以论文、答辩会、活动报告等形式展示活动成果							
	对于教师和同学提出的问题能够给出合理答复							

八、信息技术应用

项目式学习是在真实情境中聚焦实际问题,学习过程中注重探索创新、实践体验。图新地球和百度全景地图是操作相对简单的"轻型"GIS 软件,能够为项目式学习的研究区域提供需要的地理数据并辅助分析,学生通过实际的操作,观察和描述地理景观,以地理图表形式展示活动成果,培养信息处理能力和动手实践能力。

九、章节测试命题方向和立意

1.命题方向

(1)描述并分析不同地貌景观的特点及成因,以某一区域存在的地貌为背景,判读形成原因。

(2)以考生未知的区域微观地貌为背景,考查地貌成因及与其他地理环境要素的联系。

该类题型有较为详细或简练的地貌景观文字及图形介绍,考生须要通过阅读来理解,并尽可能地迁移应用已有的基础知识,逐渐发现"万变不离其宗"的道理。

(3)选择常见地貌类型、地质景观作为材料,考察同一区域内地貌成因的区别。

(4)选择某区域环境下的地质地貌现象,延伸到人类活动与环境的关系上,考生须要判读某种地貌景观特征对人类活动的影响。

2.命题立意

在"地貌观察的顺序"的考察中,提供复杂程度不同的地貌景观图片,学生观察、识别、描述不同地貌特征,培养学生在地貌观察顺序方面的实际能力。

在"地貌观察的内容"的考察中,侧重培养学生实地操作应用和分析推理能力,培养学生思维的灵活性、广泛性。

十、教学反思

课例尝试利用 GIS 技术模拟真实情境进而开展项目式学习,将课堂作为培养学生实践能力的主要渠道,帮助教师实现"体验式教学"。基于 GIS 技术的项目式学习课例设计需要把握以下几点。

1.引导学生学习地理信息技术

课程标准在课程内容中明确要求,通过探究自然或人文地理问题,将地理信息技术作为学生探究问题的工具。借助 GIS 软件探究真实情境下的地理问题,帮助学生掌握利用 GIS 技术研究地理问题的方法,培养学生地理实践能力。

2.建构学习支架,辅助学生完成探究活动

学习支架是帮助学生探究地理问题的脚手架,实践活动的设计需要建构情境支架,从而模拟真实的问题情境。活动过程的实施需要建构资源支架,提供地理数据并辅助分析。活动成果的总结需要建构评价支架,帮助学生有方向地总结项目式学习的全过程,引导学生在活动中学会认知、学会行动、学会思考。

3.紧扣学生认知规律与核心素养目标设计项目式学习方案

项目式学习需要构建"活动体验—知识和经验总结—活动过程和结果反思评价—活动内容及意义拓展延伸"的逻辑主线。总体上要由浅及深、符合学生认知规律。同时通过实施活动方案,内化学科知识,培养核心素养和科学思维。

参考文献

中华人民共和国教育部.普通高中地理课程标准(2017 年版)[S].北京:人民教育出版社,2018.

(主要执笔人:蔺耐春　银川市第九中学)

❖ 第三部分 大气的运动 ❖

"三新"背景下"常见天气系统"教学研究与案例应用

——以"常见天气系统"第三章第一节为例

随着新课程、新教材、新高考的"三新"教育改革的逐步深入,地理学科构建以学科核心素养为主导的地理课程体系,坚持基础性、多样性、选择性并重,满足不同学生自身发展的需要;在课程内容上力求科学性、实践性、时代性的统一,满足学生现在和未来学习、工作、生活的需要。在学习方式上通过自主、合作、探究等学习方式,在自然、社会等真实情境中开展丰富多样的地理实践活动,利用地理信息技术营造直观、实时、生动的地理教学环境或教学情境。

一、教学背景分析

高中地理选择性必修一"自然地理基础"是以自然地理环境系统与要素及其发展演变过程对人类活动的影响为主,教材关注自然地理要素的特征与演变,以及自然地理环境的整体性和差异性。内容知识的选择从培养学生地理学科核心素养和时代发展需要的角度考虑。以"自然环境中的物质运动与能量交换过程"为主线,目的是让学生学会分析对地理环境有着深刻影响的基本的自然地理过程,并从整体上把握自然环境。教学注重培养学生地理学科核心素养,提升学生运用地理图表、结合实例进行地理学习的能力,突出培养学生地理实践力;在内容上突出自然环境各要素之间的相互影响、自然环境对人类活动的影响,充分体现人地关系的学科主线,以及尊重自然规律的重要性,体现出人地协调观念;运用自然地理环境各要素及其整体性与差异性,解释区域的自然环境特点,体现了区域认知素养。

从内容要求的结构来看,地球运动是地理环境的形成以及地理环境各要素运动变化的基础,因而也是地理选择性必修课程学习的基础知识。自然地理环境中的物质运动与能量交换是通过自然地理现象和地理过程来呈现的,这些现象和过程具有全球性的特点,它们对地理环境的形成和演变具有重要影响,从而对人类生产活动产生深远影响。这些自然地理现象与过程和自然地理环境的气候、水文、岩石、土壤、地形地貌等要素紧密联系。地理环境各要素的相互作用形成了自然环境的整体性,而各要素的空间分布差异又形成了自然地理环境的差异性。所以可以从自然环境各要素的角度加以分析,研究地理环境各要素的自然规律和一般特点,以及对人类活动产生的影响。

普通高中地理课程标准对"常见天气系统"的内容要求是"运用示意图,分析锋、低压(气旋)、高压(反气旋)等天气系统,并运用简易天气图,解释常见天气现象的成因"。提倡使用"任务驱动""案例分析""专题研讨"等教学方法,设计特定的学习情境,引导学生关注自然环境各要素的特征、演变过程及自然环境的整体性和差异性。注重运用现代地理信息技术、模拟实验、野外考察等方法,提高学生解释地理事物和现象与认识自然环境的能力。引导学生从生态文明建设的角度理解人与自然的关系,把握自然规律,尊重自然规律。

1.课程改革前课例教学中存在的问题

(1)大气运动与天气系统的关系。大气的热力环流原理和大气的垂直运动与水平运动是学生学习理解常见天气系统的前提条件和基础知识,在以往教学过程中,学生对大气运动原理与天气系统原理的内在关联理解不清晰。需要通过创设真实的等压线图(气压场图),并结合真实具体的天气系统进行分析,帮助学生建立大气运动与天气系统之间的内在关系。

(2)锋面的移动方向。锋面系统是一个比较复杂的系统,涉及气团、气团的物理性质、锋面、锋线等概念的界定和理解,是比较抽象的地理概念,学生理解概念必须借助示意图或者动画演示。天气系统是运动的自然地理现象,对于锋面的移动,锋前、锋后的判读,锋面过境前后天气特征的对比都是教学的重点和难点,也是以往学生理解冷、暖锋的困难所在。

(3)冷、暖锋雨区位置的判断。锋面雨区位置的判断关键在于冷气团与暖气团势力的大小和锋前进的方向(冷锋降水在锋后,暖锋降水在锋前),以往教学中学生很难理解锋前与锋后。

(4)气旋与反气旋在水平方向上气流运动状况。低气压与高气压描述的是气压分布状况,而气旋与反气旋描述的是气流运动状况,学生对气压分布状况(大气垂直运动原理)理解比较容易,对气旋在近地面水平气流呈逆时针辐合(北半球)、反气旋在近地面水平气流呈顺时针辐散(北半球)的气流流动状况理解起来比较困难。

(5)锋面气旋的判读。锋面气旋是在气压场图中由低压中心延伸出低压槽,在低压槽中出现锋面系统的一种复杂天气系统,需要学生充分理解低压(气旋)在水平方向上的气流旋转与冷、暖锋的形成过程,在低压槽中准确判断冷、暖锋的位置和天气特征。学生理解起来比较困难,属于两种天气系统的复合系统,需要学生具备较强的空间想象能力和逻辑思维能力。

2.解决课例存在地理问题采取的策略

(1)概念的界定与理解。对于气团、锋面、锋线、锋、准静止锋、高压脊、低压槽等可以借助教材中的示意图和等压线图让学生直观地理解其含义,也可以让学生绘制示意图表达其含义。

(2)运用多媒体工具辅助教学。利用 Flash 动画演示、视频等多媒体资源演示锋的形成过程和锋面天气系统的移动过程,呈现锋前、锋后的位置以及锋面过境前后的天气特征变化,把抽象的天气系统原理直观地演示出来,便于学生理解。

(3)运用天气实例(或天气预报)动态分析天气变化。天气系统的学习不仅是抽象的地理过程学习,而且是自然环境中物质运动与能量交换的过程。通过应用真实的天气实例(例如寒潮、暴雨、沙尘天气、台风等)天气案例进行教学活动,可以让学生在真实情境中探究某种天气系统的形成过程,不仅有助于培养学生合作探究精神,而且可以达到学以致用的效果,也可以运用天气预报中的相关内容展开教学活动,丰富教学资源,激发学生学习自然地理原理的兴趣。

(4)结合本地区常见天气现象,理论联系实际。在自然地理原理和地理过程的教学活动中,充分挖掘适用于学生的乡土地理资源或者本地区典型案例(包括采集地理标本)。在常见天气系统的教学中可以运用本地区典型的天气现象(例如北方地区冬春季节的扬沙天气和寒潮,夏季暴雨等),让学生探究自己亲身经历的地理现象能达到事半功倍的效果,有助于激发探究兴趣,也有利于学生对地理原理的理解和迁移应用。

3.课例新的教学设计指导思想

(1)理论联系实际,创设真实情境开展教学活动。学生通过实例应用,从学生的日常生活体验出发,创设情境案例,培养学生关注生活中的地理现象,激发学生探索兴趣、探究精神和创新潜力。教学实例紧密联系教材知识内容,学生在探究实例的过程中理解地理原理和过程,把抽象的地理原理知识变为实例中的系列问题,培养学生解决地理问题的能力和知识迁移应用的能力。

(2)凸显地图功能,强化学生读图能力。地图是地理学科的第二语言,地理示意图可以将比较抽象的地理原理直观化,便于理解。学生在读图、绘图的过程中,可以内化知识概念和原理。利用简易天气图可以让学生分析天气现象的成因,利用天气系统示意图让学生直观理解冷暖气团的位置和雨区的位置,判断锋面的移动方向。

(3)强化学生合作探究精神,培养学生解决问题能力。重视培养学生合作探究的能力和意识,通过地理实例以及具体的小组任务,让学生小组合作探究地理现象的成因和形成过程。学生在锋的概念理解基础上,通过教师引导理解冷锋天气系统形成的过程和产生的天气特征,进而可以小组合作探究暖锋、准静止锋的形成过程及天气特征。对于气旋与反气旋的学习可以建立在海平面等压线分布图中,以气压场中的低压、高压为探究背景,探究气流在垂直方向和水平方向上的流动状况,以及在气旋、反气旋天气系统控制下的天气特征。

(4)突出问题意识,提升学生地理实践力。在教学过程中应该注重培养学生的问题意识和课堂质疑的生成,积极引导学生从真实的天气实例中产生思考与质疑,侧重培养学生对知识的迁移应用和地理问题的解决能力。通过案例探究、知识应用、提出问题、解决问题的教学过程切实提升了学生的地理实践能力。

4. 课例新课程标准(以下简称"新课标")依据

(1)新课标要求。普通高中新地理课程标准对"常见天气系统"的内容要求是运用示意图,分析锋、低压(气旋)、高压(反气旋)等天气系统,并运用简易天气图,解释常见天气现象的成因。

(2)知识目标。理解锋面系统、低压系统、高压系统的特点;理解气旋与反气旋的形成过程、气流运动特点,掌握气旋、反气旋气流运动的规律。使学生掌握冷锋、暖锋、气旋与反气旋控制下的天气状况。

(3)能力目标。掌握各天气系统活动规律和处在不同天气系统及其不同部位的天气特点,利用天气图进行天气形势分析预报;能够说明这些天气系统是如何对所到达地区的天气产生影响的,能够结合当地情况分析学校所在地曾经发生的灾害性天气及其影响下的天气系统;通过研究气旋和反气旋的形成过程,使学生初步具备研究问题的方法与步骤;通过对冷锋与暖锋天气系统的对比分析来实现学生地理综合分析能力的提高。通过对锋面气旋的分析来建立地理空间思维的习惯。

(4)情感目标。通过本节课的学习,让学生懂得学习科学、热爱科学,尊重自然规律,热爱气象事业;通过学习有关天气系统的知识和进行天气预报的预报分析来强化学生理论联系实际的能力,提高学生辩证唯物主义认知水平,培养学生地理实践能力。

5. 课例新教材及教学内容分析

"常见天气系统"的教学内容主要包括"锋与天气""低气压(气旋)与高气压(反气旋)"两部分内容。

(1)新教材台风"莫兰蒂"卫星云图和其从热带低压演变为超强台风的实例入手,呈现其完整的演变时间与过程,并提出"莫兰蒂"生成的地点为何会是西北太平洋洋面,为何登陆后逐渐减弱的设问。通过实例的引入,激发了学生探究台风形成原因的兴趣。

(2)锋与天气:教材介绍了气团、锋面、锋线、锋等基本概念和特征,以及锋面两侧大气物理性质的差别。通过示意图对基本概念进行了呈现和说明,根据锋面两侧冷、暖气团的移动方向,把锋进行了分类。描述了冷锋和暖锋形成的过程,以及过境时常出现的天气状况,通过冷、暖锋天气示意图直观呈现了锋面的特点、气团移动方向、降水区域等特征。准静止锋以举例说明的形式,对江淮准静止锋、昆明准静止锋进行了举例。

(3)气旋与反气旋:教材从海平面等压线分布图入手,引导学生认识低气压与高气压,低压槽与高压脊。通过北半球气旋与反气旋的形成示意图呈现气流在垂直方向上和水平方向上的运动状况或旋转方向,并结合天气示意图呈现在气旋、反气旋控制下的天气状况。教材还对台风的形成过程、长江流域的"伏旱"进行了举例说明。

(4)锋面气旋:新教材以学生活动的形式呈现出了锋面气旋,给出了某时刻亚洲部分地区海平面等压线分布图,让学生在真实气压场图中判断低气压、低压槽、冷锋、暖锋的准确位置,进而对气旋东西部水平气流运动方向、不同部位的风力大小、低压槽中锋面系统类型、锋面过境前后的天气状况等进行描述。锻炼学生对地理知识的迁移应用能力。

6.课例教学对象分析

(1)注重学生生活观察和生活体验。常见天气现象与学生生活体验密切联系,从学生对常见天气现象的观察入手,探索影响天气状况的地理原理,激发学生学习地理知识的兴趣。

(2)注重培养学生运用地理示意图的能力。抽象的地理原理可以通过示意图直观地表达,引导学生正确认识示意图、绘制示意图,有助于学生理解地理原理和过程。

(3)注重培养学生知识的迁移应用能力。学习地理原理就是为了理解自然现象进而解释地理现象,用地理知识解决现实生活中的实际问题。例如通过学习常见天气系统的形成过程,可以根据实时气象卫星云图预测未来某地的天气特征。

7.学生的关键能力和核心素养

(1)理解天气系统中锋、气旋、反气旋等基本概念,学生能运用大气运动的基本原理解释常见天气系统的形成过程,知道各种天气系统的特点以及在它们控制下形成的天气状况,如降水、气温、风、气压等方面进行描述。

(2)能够运用示意图或绘制示意图解释常见天气系统的形成原因,将抽象的地理原理和过程用示意图进行表达,更加直观。运用天气示意图,可以分析天气状况,并且可以进行天气预报。

(3)能从运动的角度对地理事物进行解释,天气系统是变化和运动的地理现象,通过运动的视角解释锋面系统过境前、过境时、过境后其影响区域的天气变化情况。

(4)能够理论联系实际生活,不仅可以运用天气系统的原理解释生活中遇到的天气现象,还可以从日常生活实际出发,关注常见的天气现象,以天气实例来说明对锋、气旋、反气旋的认识。

(5)熟悉并了解与天气系统相关的网站和技术应用,如卫星云图、遥感影像和地理信息系统等,能从天气预报、气象网站获取相关的天气信息和资料,对某地或某区域的天气进行预报或预测。对灾害性天气可以进行解释和预判。

(6)"常见天气系统"的学习在区域的尺度(空间)让学生认识自然地理环境,认识常见天气系统对地理环境和人类生产活动产生的影响。在区域的尺度上认识锋面系统、气旋、反气旋对区域地理环境产生的影响。培养学生认识自然规律、尊重自然规律,学会正确看待大气运动产生的自然现象及对人类活动的影响,规避灾害性天气。培养学生区域认知和人地协调观念。认识到地理环境的整体性和要素的综合性,学生可以全面、系统、动态地认识和分析地理环境(包括天气系统和天气现象),可以运用天气系统原理解释常见天气现象,并运用卫星云图和气象数据进行简单的天气预报等,培养学生的综合地理思维和地理实践能力。

二、教学设计的整体思路

"常见天气系统"内容关注的对象是自然环境的重要组成要素——"大气",重点内容是研究天气系统的形成、结构和运动变化及其影响。

学生能够运用地理示意图分析问题。提倡学生在绘制示意图、读图的过程中将比较抽象的天气系统知识直观化。对于锋、低压(气旋)、高压(反气旋)三个重要的天气系统,锋需要引入一组概念,如气团、锋面、冷锋、暖锋等;低压(气旋)是对一种天气系统的不同表达,低压是从气压场来描述,气旋是从气流运动来描述的,高压(反气旋)也是这样。各种天气系统的特点以及它们控制下的天气状况,可以从气温、气压、湿度(降水)、风等方面来分析。在对各种天气系统进行静态分析的基础之上,还要分析天气系统移动前后的天气变化,这是运用天气图分析天气状况,并进行天气预报的关键。

原理图中的锋、低压(气旋)、高压(反气旋)与真实的天气图中的锋、低压(气旋)、高压(反气旋)是有差异的,学生要能够运用简易天气图,解释常见天气现象的形成原因,是一项将理论与实际相结合的实践活动。新课标要求中的"简易天气图"就是学生经常接触到的、出现在电视节目中的简易天气图,天气图为海平面的天气图,高空天气图在此不做要求。"常见天气现象"主要指在常见的锋面(包括冷锋、暖锋、准静止锋)、低压(包括低压槽)、高压(包括高压脊)等天气系统控制下的天气现象。

从学生的日常生活需要出发,从真实的天气情境出发,重点对影响我国的主要天气系统予以重视和分析,联系相关的天气实例进行拓展分析,例如锋面系统。在不同的区域,重视影响本地区的主要天气系统,例如北方地区的冷锋、长江中下游地区的江淮准静止锋。

三、教学设计的知识思维导图

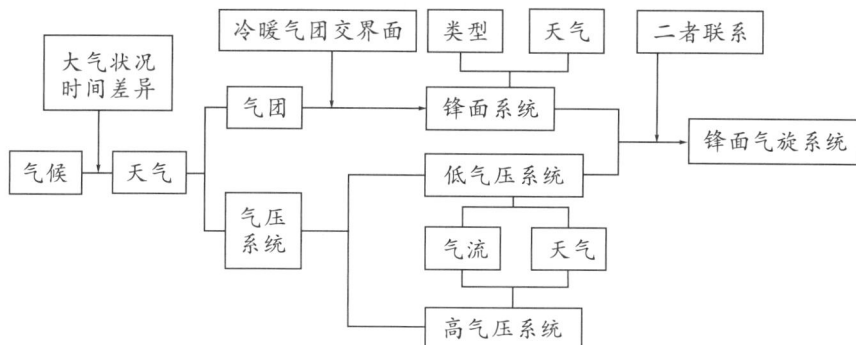

```
              冷暖气团交界面    类型    天气           二者联系
   大气状况
   时间差异              气团 ──────→ 锋面系统 ──────→ 锋面气旋系统
                    ┌─┤
   气候 ── 天气 ──┤          低气压系统
                    └─┤              ┌──────┐
                      气压           气流    天气
                      系统
                                     高气压系统
```

四、课例呈现

课题名称	第1课时 常见天气系统——锋与天气
教学目标	1.运用示意图,理解冷气团、暖气团、锋面、锋线、锋的概念和锋的分类 2.运用示意图,解释冷锋、暖锋、准静止锋天气系统的形成过程和天气特征,并分析各天气系统移动前后的天气变化
教学内容	教学重点: 1.学生能够理解气团、锋的概念和分类,冷锋和暖锋的特点以及在它们控制下的天气状况; 2.学生能够运用简易天气图,解释常见天气现象(冷锋、暖锋、准静止锋)的成因。 教学难点: 1.学生对各天气系统进行静态分析的基础上,要分析天气系统移动前后的天气变化; 2.学生能够运用简易天气图,解释常见天气现象的成因
教学方法	问题式教学、合作探究学习

教学过程

教学环节	教师活动	学生活动	技术与资源	设计意图
一、情境导入(运用天气预报视频或实时全国降水量预报图、气压场图、气温分布图等资料)	情境导入: 提供2021年9月18日20:00—19日20:00的全国降水量预报图	1.学生观看天气预报视频资料和全国降水量预报图等天气资料。 2.观察此时段全国降水的分布特点,并推测此次降水形成的原因。引入冷暖空气的概念	多媒体设备、视频资源、中央气象台网络资源	选用贴近学生生活的天气预报和真实的天气现象,激发学生学习探究的兴趣。将自然地理原理与生活实际相结合,选用生活化的地理知识引入课题,体现地理知识的实用性价值

教学环节	教师活动	学生活动	技术与资源	设计意图
二、气团的概念与分类	运用示意图,解释气团的概念和冷气团与暖气团的差异;分析冷暖气团的物理属性差别	学生思考: 1. 单一气团控制下的广大地区,天气状况如何; 2. 冷、暖气团相遇,天气状况会发生怎样的变化	运用"锋的形成"示意图,多媒体呈现示意图	通过示意图演示让学生理解气团的概念,以及气团在空间上的范围。冷、暖气团在温度、湿度等物理性质上的差异
三、锋面系统概念	通过锋面的示意图或者动画演示,让学生认识锋面、锋线、锋的概念和在示意图中的位置。以及锋面两侧温度、湿度、气压的差别	学生通过锋面示意图或者动画演示,理解锋面、锋线、锋的概念,并理解锋面两侧冷、暖气团的位置和大气物理性质的差别	示意图呈现或动画演示	能借助地理示意图或者多媒体动画演示,将抽象的地理概念直观地呈现出来,形成可视的图示信息,便于学生理解地理抽象概念
四、锋面的特点与锋的分类 学习任务一	根据锋的形成过程,锋面一般为一个狭窄而倾斜的过渡地带。暖湿空气在锋面上常有大规模的上升运动。呈现锋面示意图,学生根据示意图合作探究锋面的一般特点。根据锋面两侧冷、暖气团的移动方向,可把锋分为冷锋、暖锋、准静止锋	根据示意图,小组合作讨论锋面的一般特点: 1. 狭窄倾斜的冷暖气团的过渡地带; 2. 两侧温度、湿度、气压差别大; 3. 附近伴有云雨、大风等天气; 4. 冷、暖锋的锋面符号区别	多媒体呈现锋面示意图;在锋面上演示冷锋与暖锋的锋面符号	引导学生通过观察示意图或者动画演示,理解冷、暖气团相遇产生锋面的过程,以及锋面两侧大气物理性质的差异,冷、暖气团的位置特点和移动方向,进而总结锋面的一般特点。锻炼学生观察示意图,利用示意图归纳地理特点的能力

教学环节	教师活动	学生活动	技术与资源	设计意图
学习任务二	通过冷、暖锋的动画演示,让学生观察冷暖气团的移动方向并合作探究以下问题。 1.锋面一般分为冷锋与暖锋,其划分依据是什么? 2.冷锋与暖锋的锋面坡度是否一样?为什么? 3.冷锋与暖锋都易产生云、雨等天气,观察它们雨区分布位置的异同及降水特点的差异	根据示意图及动画演示,合作探究锋面的共性及冷锋与暖锋雨区位置的异同及降水特点(降水强度和历时长短)	多媒体动画演示冷锋、暖锋天气系统的形成过程,演示冷、暖气团的移动方向	采用多媒体动画演示,将抽象的锋面系统以视频方式直观地演示出来,便于学生理解地理现象的形成过程。对比冷锋与暖锋在气团移动、锋面坡度、降水区域、天气特征的异同点
五、冷锋与天气 学习任务三	通过动画演示冷锋过境前、过境时、过境后某地天气特征发生的变化,让学生判断气温、气压的前后变化。展示某地冷锋天气的真实案例 气温 气压 前 时间 后	合作探究: 1.学生观察冷锋过境前、过境时、过境后某地天气特征发生怎样的变化? 2.冷锋过境时会产生怎样的天气现象? 3.小组合作探究某地冷锋过境前后气温、气压的变化	演示冷锋过境前、过境时、过境后的天气变化	学生通过冷锋天气过境前后天气特征的变化,可以体会到天气系统是移动的,用运动的视角认识地理现象、分析地理过程。结合真实的天气实例,有助于学生学以致用,增强地理实践力
暖锋与天气 学习任务四	演示暖锋过境前、过境时、过境后某地天气特征的变化。让学生分析暖锋过境时气温、气压的变化。类比冷锋的学习方法 气压 气温 前 时间 后	合作探究: 观察暖锋天气的演示,根据示意图和演示,类比冷锋的学习方法,分析暖锋过境时气温、气压的变化以及出现怎样的天气特征	演示暖锋过境前、过境时、过境后的天气变化	学生类比冷锋的学习方法和思路,以小组合作探究的方式自主学习暖锋天气系统,总结归纳气压、气温、天气特征等,增强合作精神和对比分析归纳的能力

教学环节	教师活动	学生活动	技术与资源	设计意图
冷、暖锋气温、气压对比				
六、准静止锋与天气	准静止锋是冷暖气团势力相当,使锋面来回摆动的锋。例如我国长江中下游地区初夏有持续一个月左右的阴雨天气,俗称"梅雨",它就是由准静止锋造成的	学生思考:准静止锋是冷、暖气团势均力敌或遇到地形阻挡形成的。在我国哪些地区会形成准静止锋。举例说明	呈现初夏时期我国长江中下游地区的江淮准静止锋("梅雨"天气);呈现冬半年,南下冷空气遇云贵高原山脉阻挡形成的昆明准静止锋	通过江淮准静止锋、昆明准静止锋的天气实例让学生理解"梅雨"天气形成的原因和地形对冷空气的阻挡作用
锋面雨带在我国的推移规律 学习任务五	演示锋面雨带在我国东部地区的推移规律,让学生观察锋面雨带在我国推移的时间特点	合作探究:归纳锋面雨带在我国东部地区推移的规律(时间及其天气特征)	多媒体演示锋面雨带的移动	通过学生探究锋面雨带的移动规律,了解我国东部季风气候区年内降水的时空分布特点。学以致用,体现地理知识的实用性,培养学生的地理实践力

课题名称	第2课时 常见天气系统——低气压(气旋)与高气压(反气旋)
教学目标	1.运用示意图,理解低压(气旋)系统、高压(反气旋)系统的特点; 2.理解气旋与反气旋的形成过程、气流运动特点,掌握气旋、反气旋气流运动的规律;学生掌握气旋和反气旋控制下的天气状况
教学内容	教学重点: 1.运用示意图和海平面等压线图,使学生理解低气压(气旋)、高气压(反气旋)的气压特点,学生能正确判读海平面等压线图; 2.运用示意图使学生理解气旋与反气旋的形成过程和天气状况。 教学难点: 学生理解气旋与反气旋的形成过程和气流流动状况,掌握气旋、反气旋气流运动的规律
教学方法	问题式教学、合作探究式学习

教学过程

教学环节	教师活动	学生活动	技术与资源	设计意图
情境导入（以西北太平洋洋面上的热带风暴"莫兰蒂"为例，后加强为超强台风）	教师播放"莫兰蒂"超强台风的视频资料，展示其卫星云图。提出问题："莫兰蒂"超强台风生成的地点为何是西北太平洋洋面？超强台风为什么登陆后逐渐减弱	学生观看"莫兰蒂"超强台风的视频资料和卫星云图，思考台风生成的条件和台风登陆造成的危害	多媒体播放视频资源和图片资源	通过真实的台风天气资料，让学生感受台风登陆带来的危害。思考台风形成的条件和过程。把气旋与反气旋的地理原理与实际天气现象结合
一、海平面等压线图中认识低气压与高气压	展示某时刻海平面等压线分布图，引导学生正确判读等压线图中的气压值、低压中心、低压槽、高压中心、高压脊等	通过海平面等压线图，学会判读低压中心、低压槽、高压中心、高压脊等位置信息	海平面等压线分布图的展示	引导学生能在真实的气压场图中准确判断气压数值、低压、高压、低压槽、高压脊的位置，有助于学生理解气流的运动状况（垂直运动与水平运动）
二、低气压（气旋）学习任务一（绘制北半球低压系统水平气流流动示意图）	1.给出低压系统示意图，引导学生绘制北半球低压系统四个方向上水平气流的流动状况（在水平气压梯度力和地转偏向力作用下） 2.让学生探究低压系统中气流辐合上升带来的天气状况	合作探究： 在低压系统中，考虑水平气压梯度力和地转偏向力的共同作用，绘制北半球低压系统水平方向气流的流动状况。（逆时针辐合旋转）；探究气流旋转辐合上升形成的天气状况；思考南半球低压系统水平气流的旋转方向	多媒体展示低压系统示意图，学生绘制低压水平方向上的气流流动示意图	学生通过绘制低压系统（北半球）水平气流的流动方向，理解水平气压梯度力与地转偏向力对大气运动产生的作用。理解低压系统中气流旋转辐合上升的原理，以及上升气流所产生的阴雨天气的状况

教学环节	教师活动	学生活动	技术与资源	设计意图
三、高气压（反气旋） 学习任务二（绘制北半球高压系统水平气流流动示意图）	1. 给出高压系统示意图，引导学生绘制北半球高压系统水平方向气流的流动状况。（在水平气压梯度力与地转偏向力作用下） 2. 让学生探究高压系统下沉气流带来的天气状况	合作探究： 1. 在高压系统中，绘制北半球水平方向气流的流动状况。（顺时针旋转流出） 2. 探究下沉气流形成的天气状况。 3. 思考南半球高压系统水平气流的旋转方向	多媒体展示高压系统示意图，学生绘制高压水平方向上气流的流动示意图	学生通过绘制高压系统（北半球）水平方向上气流的流动示意图，理解气流下沉到近地面顺时针旋转辐散的大气运动原理，理解下沉气流温度升高，水汽不易凝结，天气晴朗的天气状况原理。锻炼学生动手绘制示意图的能力，运用示意图解释大气运动原理的基本方法
四、低压（气旋）、高压（反气旋）天气举例	1. 应用生成于西北太平洋洋面上的热带气旋逐渐加强为台风的实际案例。 2. 夏季影响我国长江中下游地区的"伏旱"天气（副热带高气压控制）与冬季蒙古高压控制下的天气举例	学生思考： 1. 热带气旋逐渐演变为台风的一般原理，台风登陆产生的危害及如何预防台风灾害。 2. "伏旱"天气形成的地理原理以及如何应对"伏旱"产生的影响	播放台风的视频资料和我国长江中下游地区"伏旱"产生影响的视频	通过台风、"伏旱"、冷高压等真实的天气举例，让学生理解低压、高压系统产生的天气状况，将理论知识与天气实例相结合，贴近学生的生活体验，提高学生学以致用的能力和地理实践能力
锋面气旋（探究活动）	 提供某时刻亚洲部分地区海平面等压线分布图。让学生认识低压系统与锋面系统的结合，在低压槽中绘制冷锋、暖锋天气示意图，并判断天气图中不同部位的天气状况	合作探究： 1. 指出气压场图中气旋东、西部水平气流运动的方向。 2. 根据气压分布状况，比较不同地区风力的强弱。 3. 判断低压槽中锋面的类型并说明理由。 4. 以低压系统中某地为例，描述锋面过境前后的天气变化。 5. 尝试预测某地未来几天的天气状况	多媒体展示某时刻亚洲部分地区海平面等压线分布图	在海平面等压线分布图中让学生找出低压中心、低压槽等位置，并绘制气旋水平方向气流的运动方向以及在低压槽中绘制锋面示意图，锻炼学生理解复杂天气系统的能力。在复杂天气系统中学会判断并预测天气状况

五、教学评价

1. 教师教学过程评价

（1）教学设计评价量表

评价内容标准	赋分	教师得分
教学设计不够全面和系统，缺乏创意和新颖性	1分	
教学设计基本上能够满足教学需求，但缺乏深入挖掘和探究	2分	
教学设计较为全面和系统，能够满足学生的学习需求，有一定的创意和新颖性	3分	
教学设计非常全面和系统，能够满足学生的学习需求，有很高的创意和新颖性	4分	

（2）教学方法评价量表

评价内容标准	赋分	教师得分
教学方法单一、呆板，缺乏趣味性和互动性	1分	
教学方法稍有变化，但缺乏趣味性和互动性	2分	
教学方法较为丰富和多样化，能够激发学生学习兴趣，具有一定的趣味性和互动性	3分	
教学方法非常丰富和多样化，能够极大地激发学生学习兴趣，具有很高的趣味性和互动性	4分	

（3）教学态度评价量表

评价内容标准	赋分	教师得分
教师教学态度不够认真负责，缺乏热情和耐心	1分	
教师教学态度一般，有时缺乏热情和耐心	2分	
教师教学态度较好，认真负责，有一定的热情和耐心	3分	
教师教学态度非常好，极其认真负责，充满热情和耐心	4分	

（4）课堂管理评价量表

评价内容标准	赋分	教师得分
教师课堂管理不够严格，学生纪律松散，课堂秩序混乱	1分	
教师课堂管理稍有不足，学生纪律稍有松散，课堂秩序稍有混乱	2分	
教师课堂管理较好，能够维持学生纪律，课堂秩序基本稳定	3分	
教师课堂管理非常好，学生纪律严明，课堂秩序井然	4分	

2.学习过程评价

	评价项目	评价内容	赋分	得分
A	学生参与度评价	通过观察课堂气氛和学生参与度,评价学生对常见天气系统知识的兴趣和理解程度,以便调整教学策略和提高学生合作探究的参与度	20	
B	课堂练习评价	通过对学生的课堂练习成绩进行评价,了解学生对锋面系统、气旋与反气旋知识的掌握程度,以便及时纠正学生掌握的不足之处,提高学生的学习效果	20	
C	实验和观察评价	通过观察学生绘制示意图和合作探究成果,评价学生对常见天气系统知识的理解和应用能力,以便更好地指导学生掌握天气系统知识	20	
D	课堂讨论评价	通过课堂讨论、合作探究,了解学生对锋、锋面系统、气旋与反气旋知识的理解程度,以及学生对相关问题的思考和实例应用,以便促进学生的思维发展和提高学生的分析能力	20	
E	课后作业评价	通过对学生课后作业的评价,了解学生对天气系统知识的掌握情况,以及学生对相关问题的思考和见解,以便更好地指导学生掌握相关知识	20	
	最后得分			

综上所述,在高中地理选择性必修一"常见天气系统"的教学过程中,可以进行多种形式的过程性评价和课堂观察,以便更好地指导学生掌握相关知识,提高学习效率

六、教学反思

1.创设特定学习情境,帮助学生理解地理过程

在自然环境各要素基本原理和形成过程的学习中,将地理知识情境化,情境问题化,引导学生在真实情境(实例)中探究地理问题,不仅可以激发学生探究的兴趣,而且可以将地理知识与生活实际相结合,体现地理知识的实用性,有助于培养提升学生地理实践能力。在锋面天气系统的学习中,引入了寒潮、沙尘暴、夏季暴雨、江淮地区的"梅雨"等真实天气实例,引导学生在情境中探究冷锋、暖锋天气形成的地理过程以及锋面移动带来的天气变化(过境前、过境时、过境后)。在气旋与反气旋的学习中,引入了热带台风、冷高压(蒙古高压)的天气实例,有助于学生理解气旋与反气旋控制下天气特征的差异。创设真实天气情境,使学生对常见天气系统的学习更加具体化、生活化。

2.运用地理示意图,解释地理原理和过程

新课标和新教材注重地理示意图、地图在教学中的使用价值,地理示意图是抽象地理原理和过程的一种载体。示意图可以是教材中给出的,也可以是教师或学生绘制的,在常见天气系统的学习中,提倡学生在绘图、读图的过程中,把比较抽象的天气系统知识直观化,便于学生理解。天气系统学习中通过示意图的运用可以直观显示出冷暖气团的位置、锋面位置、降水范围、锋面移动方向等抽象信息。在气旋与反气旋学习中,运用示意图可以直观显示出

气压高低、气流的垂直运动方向、气流水平旋转状况等抽象地理过程。因此,用好地理示意图,对于理解抽象的地理原理和过程非常重要,可以起到事半功倍的效果。

3.运用海平面气压场图,帮助学生理解地理空间尺度

在自然地理基础的学习中,帮助学生建立地理空间尺度非常重要,有全球的空间尺度,也有区域(局部)的空间尺度。在锋面天气系统的学习中,教材中解释"气团"概念提出气团是"大范围空气","气团的水平范围在几百千米到数千千米,厚度在几千米到十几千米",这就要求学生要具备一定的空间尺度观念。因此,在教学中利用局部海平面气压场图就可以很好地解决空间尺度问题,例如运用"亚洲某时刻海平面等压线分布图"让学生探究图中气压状况以及不同部位的天气状况。

4.学会从运动的视角看待地理现象

自然地理环境各要素相互联系、相互制约,大气运动是各要素联系的重要纽带和物质能量迁移的重要途径,在学习大气运动章节的时候,培养学生具备全球和区域的视角,也要侧重于地理事物动态演变的过程,例如冷、暖气团的移动、锋面系统的移动路径、热带低压—热带风暴—台风—强台风的形成过程始终是处于运动之中。学生通过天气系统的运动发展趋势,也可以预测某地未来的天气状况。

参考文献

[1] 中华人民共和国教育部.普通高中地理课程标准(2017年版)[M]北京:人民教育出版社,2018.

[2] 韦志榕,朱翔.普通高中地理课程标准(2017年版)解读[M].高等教育出版社,2018(6):89-90.

[3] 郑鹰."常见天气系统——锋与天气"教学设计[J].教育科研.2020(20):231-232.

[4] 刘尚延.核心素养视域下高中地理教学目标设计及案例研究——以地理选择性必修1《常见的天气系统》为例[J].理论论坛.2020(21):152-153.

[5] 杨益芳,黄雷,陈志刚.基于"学材"视角的高中地理新教材使用探索——以常见天气系统为例[J].地理教育(课堂教学).2023(5):26-28.

[6] 郑艳苗.课堂观察量表在高中地理教学实践中的应用——以"常见天气系统"复习课为例[J].教师学科综合.2021(35):44-46.

[7] 朱为斌,薛翠翠.信息技术与高中地理教学深度融合实践——以"常见的天气系统"教学设计为例[J].教学案例.2023(1):92-94.

[8] 赵玮,洪成旗.在案例教学中培养学生的综合思维——以《常见的天气系统》为例[J].安徽教育科研.2021(30):61-62.

(主要执笔人:何志飞　银川市实验中学)

"三新"背景下"气压带和风带"教学研究与案例应用

——以"气压带和风带"第三章第二节为例

在"三新"改革的时代背景下,随着教育改革的不断深化,气压带和风带教学研究的不断深入,在教学设计中应遵循以下要求。

1. 教师具有一体化技术(即 TPACK)的地理教学知识,是指教师为了达到特定的教学目标,在与学生共同经历学习过程时,为了达到良好的教学效果,将技术与特定的教学内容、教学方法融合在一起。在 TPACK 视域下设计并实施的教学,对针对地理学科核心素养培养,落实教学目标都有益处。

2. 深度教学与深度学习统一,深度教学包括"三维"深度,即知识的建构、思维品质的提升、价值观的培养,也是学生在地理问题情境中发现问题、探索问题、解决问题,进入深度学习状态,发展学生认知思维的过程,学生的深度学习需要教师的深度教学,深度教学与深度学习是统一的,深度学习包括使学生了解地理学科知识结构、掌握地理学科能力、掌握地理思想方法、形成地理价值观念,逐步提高地理学科的核心素养。

3. 重视学生多元评价,《普通高中地理课程标准》(2017 年版)提出,过程性评价与终结性评价相结合,开展思维结构评价,重视表现性评价,注重学生多元评价。把多元评价贯穿于学习的全过程,做到以评价促深学、以评价促精学。

一、教学背景分析

1. 课程改革前课例教学中存在的问题

(1)认识三圈环流的形成有难度。三圈环流的形成,学生之所以成为难点,主要有两个原因:一是学生的空间立体感差,无法将平面图的地面与高空球面图的地面进行思维转换。二是大气在高空的运动不明确,也就是不明白为什么大气在 30°N 处会"聚积下沉",进而无法理解气压带和风带形成的机制。

(2)"副热带高气压带"与"极地高气压带"成因易混淆。副热带高气压带是由地球自转而形成,属于动力原因;但由于极地地区获得太阳辐射较少,温度较赤道低,是气流冷却收缩下沉而形成的"极地高气压带",属于热力原因,因此,"极地高气压带"和"副热带高气压带"形成原因不同。

(3)东亚和南亚季风成因易混淆。东亚季风是因为东亚背靠世界最大的大陆——亚欧大陆,面向世界最大的大洋——太平洋,海陆差异十分显著形成的,而南亚季风的形成是动力原因,即夏季南半球东南信风北移越过赤道右偏形成的。

2.解决课例存在地理问题采取的策略

(1)用板图、模型演示教学。制作"三圈环流模型图"的教具,师生制作和运用地理教具学习地理课程,通过使用实物增强学生的空间感知,帮助学生更直观、更形象理解抽象地理知识和地理事物运动和变化规律,化难为易,化繁为简。

(2)问题链教学。问题链教学是用问题把相关的学习内容和题目整合在一起的一种教学方法。教学中注重引导学生在教学过程中建立知识结构,用地理学科的思维方式进行思考。问题的设计针对性强、有梯度,形成问题链条,引导学生探究思维的逐步深入。比如在引导学生理解副热带高气压带形成时,可以设计以下三个问题:①赤道上空的气流能否到达极点? ②为什么南北纬 30°附近聚集了大量赤道附近上升的气流? ③近地面气压在南北纬 30°附近会有怎样的变化?引导学生通过问题链条一步一步解决问题。最后,再让学生尝试描述副热带高压的形成过程。这样利于学生理解副热带高气压带的形成,并能够很好地记忆。

(3)信息技术辅助教学。教学中利用多媒体展示各种示意图和等压线分布图等来分析和解决问题。将气压带和风带的移动、形成三圈环流过程等可以用多媒体演示,这样对学生的认识更有好处。

(4)思维导图总结。本节内容知识点层层递进,逻辑性强,用思维导图概括本节课,能清晰地再现大气环流的大概念中知识点的因果联系,加强了学生对所学知识内在逻辑关系的理解和掌握,并根据所掌握的知识体系,形成了完整的知识链。对这类地理现象的规律进行合理的推理归纳,解决具体的地理问题,真正做到逻辑思维能力的增强,反过来思考和解释生活中常见的地理现象。

3.新课例教学设计指导思路

(1)以突出学生主体性和实用性为重点。在教学过程中,从学生的实际出发,通过多种教学手段,激发学生的学习兴趣,提高学习热情,培养探究能力和创新能力。

(2)突出问题意识,注重问题解决的能力。在教学过程中,注重培养学生的问题意识,引导学生从实际问题出发,探究气压带和风带对世界气候成因和差异的影响,分析气压带和风带对自然景观和人类生产、生活的影响,提高学生的问题解决能力。

(3)强化综合性,注重知识的整合和应用。在教学过程中,注重知识的整合和应用,将气压场和风场的形成与海陆位置、地球自转和公转等因素相结合,培养学生的综合应用能力。

(4)突出实践性,注重实践操作能力。在教学过程中,注重学生的实践操作能力的培养,通过示意图绘制、模型制作深入了解全球气压带和风带形成过程,提高学生的实践能力。

（5）引导创新思维,重视创新意识和能力。在教学过程中,注重学生创新意识和创新能力的培养,引导学生自主学习,发挥探究精神和创造能力,使学生的综合素质不断提高。

4. 课例教学设计的理论依据

（1）最近发展区理论。最近发展区理论研究表明,学生的发展知识层次分为两种,一种是已经达到的知识管理层次,另一种是可能达不到的知识教育层次和可能达不到的知识管理层次,这两种是学生发展知识所面临的问题。该理论认为,学生无法独立完成某项工作,需要在借助他人帮助的情况下,独立完成某项工作。在已有和待达到的发展层次之间存在着一定的发展范围,称为"最近发展区",而最近发展区的确定可以帮助学生更快地发展。

确定了最近发展区的发展,可以促进学生前进,而停留在最近发展区的位置,就会阻碍学生前进的步伐。正如奥苏泊尔所说,教师要让学生在其基础上进入最近发展的区域,了解学生现有的知识水平、潜力认知结构,才能有的放矢地教学。

（2）知识迁移理论。迁移的实质是在教学过程中,教师有意识地引导学习者学会从知识中寻找相应的联结关系,从而促进学生对所学知识的理解和内化,提高知识获取的效果,进而对自己的学习产生积极的影响。要达到这一目的,前提条件就是弄清楚知识的基本结构,弄清事物之间的联系和区别。一方面便于新学知识的理解与内化,另一方面又可以巩固原有基础知识,并且促进思维能力的发展。

（3）支架式教学理论。支架式教学是一种以学生为中心的教学方法,把培养学生解决问题的能力和自主学习的能力作为目标。从整体上看,支架式教学是一种改变教师传统教学的课堂教学模式。教师在这种教学模式中,通过大量的铺垫和演示,为学生搭建支架,逐步向学生转移探索任务。随着教师在探究过程中的淡化,从而使学生在探究中达到主导地位,并最终达到学习目的。

5. 课例新课程标准依据

（1）知识与技能。知道大气环流的含义和基本性质;理解三圈环流形成机制,说出气压带和风带的位置及名称,以及气压带和风带的移动规律;分析海陆分布对气压带、风带的影响,说出陆地、海洋在冬季和夏季的气压中心变化与分布特征,以及季风环流的分布与特征。

（2）过程与方法。小组合作探究,演示三圈环流的发生过程,并对三圈环流的形成过程图进行绘制,培养学生空间思维能力;分别在1月和7月世界海平面气压分布图上利用水平气压梯度力和地转偏向力原理绘制大气运动方向图。

（3）情感态度价值观。学会用联系的观点、运动的观点分析地理事物;知道大气环流的整体性,用整体的思维分析地理问题。

6.课例新教材及教学内容分析

(1)大气环流。突出认识大气环流全局性、规律性和长期平均状态三个特点,以及大气环流的基本概念。

(2)气压带与风带的形成。包括假设地球表面均匀和不考虑地球运动引起的赤道与极地之间大气的热力环流,假设地球表面均匀,但考虑地球自转运动形成大气"三圈环流",并绘制气压带与风带的模式图,掌握气压带与风带的 7 个气压带与 6 个风带的名称、分布位置和季节运动规律等。

(3)海陆分布对气压带和风带的影响。主要包括认识 1、7 月份世界海平面气压分布的形成原理,描述北半球冬季和夏季气压中心的变化规律,分析形成季风环流的原因。

(4)应用实践。解释生活中的现象,如"二战飞象"计划中氢气球为什么会飘到美国西部,探究"马纬度"的形成原因,解释气压带、风带对各地区气候的影响等。从整体上感受全球大气的运动规律,培养学生解决实际问题的能力,增强学生的地理实践能力。

7.课例教学对象分析

本节课高二年级的学生已经学习了必修内容,具备了一定的知识储备和分析问题的能力,为本节大气环流的学习做好了知识铺垫,通过对旧知识的复习,实现新知识的迁移,然而有的同学对"热力环流、风力"认识不到位,对"单圈环流"的开展产生了直接的影响。这节课的难点在于三圈环流,无法建立起空间立体思维,再加上学生的绘图技巧和逻辑思维能力还比较弱,所以对于高二学生来说,这节课的理解难度尤其大,尤其是空间立体思维的学习难度非常大。

8.学生的关键能力和核心素养

(1)学生的关键能力

①了解大气环流的意义和基本性质。

②了解三圈环流与气压带、风带形成的关系,画出气压带、风带示意图,说出 7 个气压带、6 个风带的名称和位置,了解气压带、风带位置的移动规律,并对其进行相应的分析。

③了解海陆分布对气压带和风带的影响,季风环流的分布和特征,以及冬季、夏季海洋和陆地的气压中心变化和特点。

④ 用气压带和风带相关知识分析对世界气候成因和差异的影响,并对不同世界气候下地理景观的影响进行分析。

（2）核心素养的培养

①综合思维：由简到繁叠加运动条件演示气压带和风带的形成机制，各要素对地理问题不断进行综合思考，逐渐接近现实大气运动的复杂过程，再由繁入简，由实践回归理论的学习思想，培养学生综合思维能力和科学探究的方法，综合地球公转和气压带风带的分布情况，了解气压带和风带的季节移动规律，培养学生的综合思维能力。

②区域认知：从局部赤道到两极的单圈环流到全球范围的"三圈环流"形成，从局部副热带高气压带和副极地低气压带形成差异分析，从全球冬夏气压中心的变化到局部东亚季风的形成分析，在不同视角的转换中，培养学生对全球范围内和局部空间尺度不同的区域认知能力；培养学生在全球范围内和局部分析气压带、风带季节移动规律，分析冬夏海上、陆地气压中心变化等方面；培养学生在不同的区域认知能力。

③人地协调的观点：以东亚季风为例，在教学中，对我国的生产、生活分别产生了怎样的影响？不同地域都存在气候差异，影响人类行为的地区差异，初步建立起人地协调的观点。

④ 地理实践能力：通过绘制"三圈环流"图示活动或课下制作"三圈环流"模型的方式，培养学生地理实践能力。

二、教学设计的基本要素

1. 教学目标

明确授课的目的以及学生需要掌握的知识点。

2. 教学内容

根据学科标准和课程要求，选取合适的教材和教学资源，设计相关的课堂活动和实验。

3. 教学方法

选择合适的教学方法和策略，例如小组讨论、问题解决、案例分析、探究式学习等，来激发学生的兴趣和培养其探究能力。

4. 教学评价

设计科学、全面、多元的评价方式，例如考试、作业、实验、课堂表现等，来评价学生对气压带和风带的掌握情况和理解程度。

5. 教学资源

选择合适的教学资源，例如 PPT、实验器材、教学视频和模拟软件等，来帮助学生更好地理解和掌握气压带和风带。

6. 课堂管理

制定合理的课堂管理策略，如课堂纪律、学生参与等，以保证教学秩序和课堂效果。

三、教学设计的整体思路

本节内容在教学上总体可以遵循"科学假设—探究思考—形成结论"的思路。以科学假设为逻辑起点进行教学,有利于引导学生进行探究学习,培养学生的综合思维能力。重点落实以"示意图的运用"为主要方法的"说明气压带和风带的分布情况,分析气压带和风带对气候形成的作用"这一内容要求。以下三点应在具体教学过程中要多加关注。

(1)本节教材知识全面,内容抽象,时空跨度大,远离学生实际生活,对学生的思维和空间思维有较高的要求,以基本原理理解为基础,引导学生在教学中构建空间模型。从"制作三圈环流模型"到"了解海陆差异对气压带的影响",教材的活动设计旨在培养学生动手实践能力和综合思维能力。通过"制作三圈环流模型"活动教学,加深学生对气压带、风带的形成和分布的理解,有利于学生在头脑中形成空间模型。通过"理解海陆差异对气压带的影响"的活动教学,可以帮助学生深入理解海陆气压中心形成的综合性和复杂性,为后续气候形成的学习奠定基础。为培养学科核心素养,在教学中要引导学生动手实践,合作探究,深入思考。

(2)"气压带与风带的形成"起到了承上启下的效果。本部分内容既是对对流运动、热力环流知识的迁移运用,又为下一步气候形成的学习打下基础,综合性强,涉及已学过的知识,如空气密度、气压变化、直射点回归运动、海陆热力性质差异等。因此,在指导学生分析问题时,既要知其然,又要知其所以然,弄清地理各要素之间的因果关系和逻辑次序,这样才能做到心中有数。

(3)在研究气压带、风带时,不同环流系统要注意把握空间尺度。例如,三圈环流强调的是全球尺度,季风环流强调的是大洲尺度,而城市风、山谷风等热力环流则是地方尺度。

四、课例呈现

1. 气压带和风带课例简介

课题	气压带和风带
教学目标	1. 明确大气环流的概念及其特点。 2. 能说出全球大气环流形成的主要原因是高纬度和低纬度之间冷热差异,能画出"三圈环流"示意图,说明三圈环流形成的过程、气压带和风带的名称和分布位置,形成读图和分析图形的能力,这就理解了"三圈环流"。 3. 了解气压带和风带的运动过程,并能用语言简洁地总结表达。 4. 理解冬夏海陆气压中心的变化,能说出其分布变化特征,并在世界气压分布图上绘制冬夏季风以及能说出冬夏季风的分布范围和特征
教学内容	大气环流概念及特点: 单圈环流机制,气压带和风带的名称,三圈环流机制,气压带和风带的运动规律;海陆分布影响气压带和风带;东亚季风与南亚季风的差异及其影响

课题	气压带和风带
教学方法	问题链式教学、讲授法、互动式教学、思维导图总结、观看视频、演示法
教学资源	教材、课件、视频、模拟软件、教具
教学过程	导入环节:复习热力环流知识,讲解单圈环流的形成 概念解释:说明大气环流的概念,讲解三圈环流的形成机制,知道气压带、风带的位置和名称,地球公转导致的气压带和风带的移动规律,海陆分布对气压带、风带的影响。 模型演示:用"三圈环流模型图"教具演示形成三圈环流运动过程,建立学生空间思维能力。 观看视频:观看视频,了解气压带季节性运动以及形成三圈环流的过程。 小组活动:分小组讨论,案例探究单圈环流的形成、三圈环流的形成、气压低和风带的移动规律、非洲动物的迁徙原因。 教学评价: 作业:布置有关作业,巩固学生学习成果 实验结果:通过实验表现和实验报告评价学生对气压带、风带的掌握程度 课堂表现:评价学生的课堂参与度和表现等

2.气压带和风带学习目标分析

课标	核心概念	学习目标		核心素养分类
		目标达成程度	目标表述	
绘制全球气压带和风带分布示意图,说出气压带的分布情况,风带的运动规律,以及它对气候的作用	形成机制(三圈环流)	简要说出合作演示	能简要描述三圈环流的形成过程,并能在同学的协助下借助必要的工具进行演示	地理实践力
	气压带与风带分布示意图	准确绘制	绘制气压带与风带的分布简图,并可做一定的变形	地理实践力
	气压带与风带的移动	正确理解概括说出	了解气压带和风带的运动过程,并能概括地表达出来,语言简明扼要,言简意赅	综合思维
	冬夏海陆气压中心与季风	正确理解概括说出准确绘制	理解冬夏海陆气压中心的变化,能说出其分布变化特征,并在世界气压分布图上绘制冬夏季风以及能说出冬夏季风的分布范围和特征	区域认知
	气压带和风带以及季风对气候的作用	深刻理解简练说出灵活运用	了解气压带和风带,了解季风对气候的影响,并能总结各种气候类型的分布、成因、特点等,最终达到用相关知识解释世界各国气候的差异、成因和影响人类生活和生产的目的,从而使各种气候类型在不同的气候类型中都能发挥出不同的作用	综合思维区域认知人地协调观

3.教学重点和难点

　　教学重点:受海陆分布影响的气压带和风带。

　　教学难点:气压带、风带的形成问题,气压带、风带随季节的运动规律问题。

4.主要教学策略和评价方法

　　教学方法:问题链式教学、讲授法、互动式教学、思维导图归纳、观摩录像、演示法。

　　评价方法:课堂表现过程性评价、模型制作作品评价、课堂测试诊断。

5.教学设计的知识思维导图

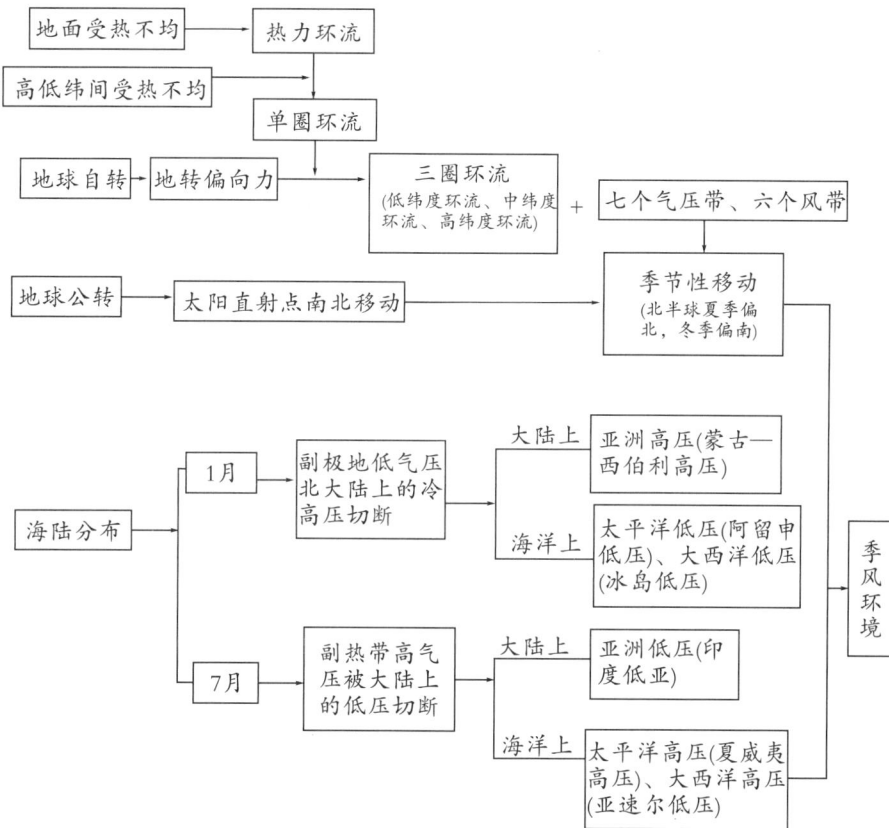

6.教学过程

教学内容	教师活动	学生活动	设计意图
新课导入(回顾原理)	热　　　　冷 展示热流环流图,回顾热流环流过程,绘制热力环流过程图,写出近地面和高空气压高低类型	(1)绘制热力环流过程。 (2)标注近地面与高空高低气压类型	回顾学过的原理,把近期的发展区激活;试着用原理和方法去迁移,把新的问题解决掉

教学内容	教师活动	学生活动	设计意图
分析"单圈环流"的形成	假设地球表面均一,太阳直射点是直射赤道,地球不自转,会不会在赤道和极点之间形成一个热力环流呢? 请学生阐述自己的观点,教师们在帮助学生形成正确认知的同时,适当地给予指导和评价 北极点 极地高气压带 赤道低气压带 赤道	1.探究单圈环流的成因与条件,在赤道与北极点之间确定气压带与风带在近地面形成的位置与名称,并绘制热力环流图。 2.思考单圈环流在现实生活是否存在	1.运用原理,实现由局地到全球,区域视角的转换(树立空间尺度观念)。 2.动手画图,把新课标落实到每节教学活动中;初步了解"气压带和风带"的概念和种类(3个气压带、2个全球风带)。 3.探寻产生运动的根本原因:高低纬度间受热不均(把握运动本质)。 4.初步了解科学探究的一般方法
分析"三圈环流"形成	其他假设条件不变,考虑到地球自转,为什么地表大气环流会从"单圈环流"变为"三圈环流"呢?请介绍一下它的形成过程是怎样的? 90°N ①极地高气压带 极地东风 ②副极地低气压带 60° 盛行西风 副热带高气压带 30° ③东北信风 赤道低气压带 0° 请学生阐述一下自己的观点,教师适当地进行指导和评价,教师归纳。	1.探究在地转偏向力影响下大气环流的形式,绘制"三圈环流"图示,尝试阐述其形成过程,并确定近地面气压带和风带名称,归纳分布规律。 2.说明形成赤道低气压带、极地低气压带、副热带低气压带的形成原因,能说出它们成因的差异。 3.对比感知"三圈环流"与"单圈环流"的区别和联系	1.叠加运动条件,由简入繁,综合考虑两个因素影响下,大气运动的过程(综合思维能力)。 2.培养学生绘图、归纳、总结及表述能力。 3.认识不同区域差异,明确主导因素、影响因素关系,培养学生从空间视角分析事物的能力(区域认知)

教学内容	教师活动	学生活动	设计意图
分析气压带和风带的季节移动	假设地球表面的性质是均匀的,考虑地球自转,再考虑地球公转,也就是考虑太阳直射点的运动,气压带和风带又是如何运动的呢? 动画演示气压带、风带移动过程。 图 夏至日 春分日/秋分日 冬至日 66°34′ 23°26′ 0° 23°26′ 66°34′ 低气压带 高气压带	观看动画,观察气压带和风带季节移动示意图,提取图示信息,探寻原因,归纳总结规律	1.培养学生区域对比分析(局部与整体),提取信息,归纳总结的能力(区域认知、综合思维)。 2.学会从时间视角分析气压带和风带位置的季节变化,明确地球公转运动对气压带风带的影响(空间+时间)
海陆分布对气压带和风带的影响	实际中,大气环流要复杂得多,还要综合地球自转和公转因素,考虑海陆分布、地形变化等因素,并结合教材示意图4,分析北半球亚欧大陆和太平洋之间的气压中心季节变化对本地区气候的影响。 a 冬季　　　　b 夏季 图4　不同季节大陆空气压情况 过渡:全球海陆分布差异最显著的地区在哪里? 探究东亚季风气候和南亚季风气候形成的原因,对比一下,到底有哪些不同之处呢? 以东亚季风为例,它对中国的生产和生活造成的影响到底有多大呢?	1.观察图示对比总结其与"气压带和风带"的关系。 2.对北半球海陆冬和夏季高、低气压中心的类型及成因,运用活动原理进行分析图示。 3.总结分布规律并对东亚地区冬、夏气压系统与环流形式进行简图标注总结。 4.与活动相结合,明确季风环流对人类生产生活的影响。 5.迁移运用,分析南亚地区季风环流的成因	1.进一步培养学生图示对比分析、总结归纳的能力(区域认知和综合思维)。 2.明确海陆热力性质差异对气压带和风带的影响,初步明确了季风环流和气压带对天气和气候形成的影响。 3.探究气候对人类活动的影响,明确人地相互联系,建立人地协调观。 4.区域对比,明确成因的差异(区域认知)

教学内容	教师活动	学生活动	设计意图
分析"气压带、风带"对大气运动的影响	过渡:从全球尺度来看,气压带和风带对气候类型和分布规律的影响和气候特点。 案例:动物大迁徙的壮观景象每年都会发生在肯尼亚的塞伦盖蒂和马萨伊马拉之间。从5月中下旬开始,塞伦盖蒂的食草动物向北迁徙,在七八月份来到马萨伊马拉,一直到10月份,它们离开马萨伊马拉向塞伦盖蒂迁徙。思考并积极回答:为什么动物每年离开塞伦盖蒂的时间都在5月中下旬,到了10月它们又要回迁来呢? 探讨:非洲热带草原气候区为何形成干湿季呢? 归纳气压带、风带对世界气候类型成因和分布规律的影响,绘制完成气候类型模式图。 	1.围绕案例,结合图文信息展开分析,完成对热带草原气候类型分布特点、成因等内容的归纳。 2.完成拓展案例(热带沙漠气候、极地气候、地中海等),感悟分析方法的迁移运用。 3.(以气候类型模式图为依托)对世界气候类型分布进行归纳认知	1.培养学生图示分析和文字归纳能力,体现探究气压带和风带的目的,明确影响,了解意义。 2.实现从个体案例分析上升到同类事例的归纳,掌握问题分析的思想方法,把世界气候形成的气压带和风带的影响因素搞清楚,把各个地理要素联系起来,建立一个整体的概念。 3.初步感知影响气候分布的其他因素(综合思维)
总结	影响气候的自然因素中,气压带和风带是必不可少的,"一个地区"气候类型的形成是受多种因素的共同影响,包括太阳辐射、大气环流、洋流、地形地貌、海陆分布等		学生思维能力提升,从全局观念把握对世界气候的形成和分布规律

7.作业设计

制作了"三圈环流"示意图,加深了对"三圈环流"形成机理的理解,使"三圈环流"形成机理的理解更加深刻。

五、评价与反思

1. 评价量规

(1)教学设计评价量表

评价内容标准	赋分	教师得分
教学设计不够全面和系统,不能满足教学需要	1分	
教学目标不够明确,教学环节基本流畅,信息技术融合无效,教学资源不够完整,基本上能够满足教学需求,但缺乏深入挖掘和探究	2分	
教学目标科学合理,教学环节基本流畅紧凑,信息技术融合有效,教学资源完整,能够满足学生的学习需求,有一定的创意和新颖性	3分	
教学目标科学合理,教学环节流畅紧凑,信息技术融合有效,教学资源完整,能够满足学生的学习需求,有很高的创意和新颖性	4分	

(2)教学方法评价量表

评价内容标准	赋分	教师得分
授课方法单一,生硬,不够有趣,缺少互动	1分	
授课方式略有变化,但在趣味性和互动性上有所欠缺	2分	
体现以学生为本的课程理念,注重学生的亲身体验,情境感知,教学方式更加丰富多样,能激发学生的学习兴趣,有一定的趣味性、互动性	3分	
体现了以学生为中心,注重学生的亲身体验、情境感悟,能够极大地激发学生学习兴趣的课程理念,教学方式十分丰富多样,趣味性强,互动性强,是一门以学生为中心的课程	4分	

(3)教学态度评价量表

评价内容标准	赋分	教师得分
教师在教学态度上不够认真、不够负责、不够积极主动、不够耐心地开展教学工作	1分	
教师教学态度一般,有时缺乏热情和耐心	2分	
教师授课态度较好,兢兢业业,有一定的积极性和耐心	3分	
教师教学态度非常好,极其认真负责,富有激情和耐心	4分	

(4)课堂管理评价量表

评价内容标准	赋分	教师得分
教师在管理班级、学生纪律、班级秩序等方面还不够严格	1分	

评价内容标准	赋分	教师得分
教师课堂管理稍有不足,学生纪律稍有松散,课堂秩序稍有混乱	2分	
教师队伍管理较好,能保持学生纪律,使班级秩序基本稳定	3分	
教师上课管得好,学生管教有板有眼,上课秩序井然	4分	

　　以上量表可以根据实际情况进行调整和修改,以便更好地评价教师的教学情况和提高教学效果。

　　2.学习过程评价

	评价项目	评价内容	赋分	得分
A	学生参与度评价	通过观察课堂气氛和学生参与度,评价学生对自转和公转知识的兴趣和理解程度,以便调整教学策略和提高学生的参与度	20	
B	课堂练习评价	通过对学生的课堂练习成绩进行评价,了解学生对自转和公转知识的掌握程度,以便及时纠正学生掌握的不足之处,提高学生的学习效果	20	
C	实验和观察评价	通过观察学生实验和观察成果,评价学生对自转和公转知识的实际应用能力,以便更好地指导学生掌握相关知识	20	
D	课堂讨论评价	通过课堂讨论,了解学生对自转和公转知识的理解程度,以及学生对相关问题的思考和见解,以便促进学生的思维发展和提高学生的分析能力	20	
E	课后作业评价	通过对学生课后作业的评价,了解学生对自转和公转知识的掌握情况,以及学生对相关问题的思考和见解,以便更好地指导学生掌握相关知识	20	
最后得分				

　　3.学生呈现作品评价

　　活动一:"三圈环流"模型制作学生评价表

水平	表现	赋分	得分
水平1	能够做出基本的"三圈环流"模型,并且环流方向正确	1分	
水平2	能制作出基本的"三圈环流"模型,环流方向正确,并能正确标注出强大的气压带和风带	2分	

水平	表现	赋分	得分
水平3	能正确地做出"三圈环流"模型来标定气压带和风带,并能描述"三圈环流"形成的过程	3分	
水平4	能正确地制作"三圈环流"模型,标出气压带和风带,并对"三圈环流"的形成过程进行描述,对气压带和风带的形成过程进行说明	4分	

活动二:了解气压带受海陆差异影响学生估量表

水平	表现	赋分	得分
水平1	对气压中心是高气压还是低气压了如指掌,会画闭合之类的压线	1分	
水平2	气压中心的性质,如闭合等压线,可以从海陆热性质差异的角度来分析	2分	
水平3	能够画出闭合等压线,多角度分析气压中心的性质,描述该地区的气压分布状况	3分	
水平4	能画出闭合等压线,对气压带和风带的影响,如气压带在海陆分布的季节运动等,能从多个角度说明海陆分布情况	4分	

六、章节测试命题方向和立意

教与学是否有达到预设目标,是否吻合质量标准,都需要进行质量检测。质量检测的形式可以多样,但都必须在以落实地理核心素养为基础。设置以地理核心素养为导向的质量检测,能够更好地沿着正确、高效的方向推进地理课堂教学。

在设计针对课堂教学学习内容的质量检测时,注重形式的多样性、思维的开放性,更要注重问题或活动要紧紧地围绕地理学科的核心素养,以培养学生的思维品质为目标。

1.命题立意

试题的选取和命制应体现在三个主要维度的核心素养:地理学科价值、时代需求和学生发展。注重体现教育价值独特的地理学科;围绕国家发展战略、区域发展战略、人与自然生命共同体、人类命运共同体等与地理有关的时代主题,有针对性地提出问题;发挥试题对学生发展的促进作用,尤其要重视学生核心素养的发展。

2.命题方向

针对"气压带和风带"的教学,以学业质量标准为依据,以考查学生思维能力、探究方法与技能运用水平为目的,具体可以从以下几方面设计质量检测习题。

(1)气压带与风带的分布与移动:"三圈环流"的成因、气压带与风带的分布位置与名称、气压带与风带的移动规律与判断所示节气或日期、各地天气气候特征与气压带与风带的关系等。

(2)海陆分布对气压带和风带的影响:包括对冬季和夏季气压带中心在北半球形成、变化等。

（3）季风环流的成因和分布：包括东亚季候风和南亚季候风形成的原因、风向的变化以及各地的天气、气候特点等。

（4）气压带和风带对气候的影响：运用气压带和风带的相关知识分析气候形成及特点，并用气候的相关知识分析其对人类活动的影响，分析特殊天气、气候的形成原因。

七、教学反思

本节课运用热力环流的基本原理以"运动、条件、成因、形式、影响"为主线，基于学科逻辑思维，将分散的知识和图示有机整合，使课程内容结构化，体现思维探究的过程。引领学生思维的纵向发展。如"地球不动，地球表面均匀"条件，高低纬度间受热不均，绘制"3 个气压带和 2 个风带"示意图，形成赤道与极地"单圈环流"形态；地球自转，地球表面均匀的条件下，形成赤道与极地间的"三圈环流"的模式，并绘制"7 个气压带和 6 个风带"的示意图。还在教学中注重运动成因，明确要素的综合性。高纬度、低纬度受热不均是主导因素，地转偏向力、太阳直射点移动、地表海陆热力性质差异等为影响因素。通过归纳二者的相互关系，透过繁杂现象明晰事物本质的学科意识和能力。并能注重运动成因分析中时空视角的综合，形成地理时空观，太阳辐射高低纬分布不均从空间视角探究大气环流分布，气压带、风带的季节移动从时间视角探究大气环流位置的季节变化，二者结合使得学生能够从空间和时间综合的角度分析地理事象的发生和发展，探究地理事物的发展规律。

教材只是培养学生核心素养的载体，不管教材如何变化，地理教师要一直以具体的学科知识为主体，探寻知识之间的逻辑关系进行教学，就能有效地将学科核心素养融会贯通，发挥学科育人价值，贯彻立德树人的奋斗目标。

参考文献

[1] 中华人民共和国教育部.普通高中地理课程标准（2017 年版）[M]北京：人民教育出版社,2018:12.

[2] 褚军.构建学科逻辑教学,培育学科核心素养——以人教版"气压带和风带"为例[J].中学地理教学思考,2020(6):57-60.

[3] 官山明.以素养为导向,构建地理教学质量标准——以"气压带与风带"为例[J].热带地貌,2018,39(01):87-90.

[4] 孙文华,徐强强.基于"双减"政策视角的高考地理试题解析——以 2022 年高考地理乙卷试题为例[J].地理教育,2023(2):41-45.

（主要执笔人：姚玉玲　银川市北塔中学）

❖ 第四部分 水的运动 ❖

"三新"背景下"陆地水体及其相互关系"教学研究与案例应用

——以"陆地水体及其相互关系"第四章第一节为例

《普通高中地理课程标准》(2017 年版 2020 年修订)中提倡教师用"专题研讨""案例分析""任务驱动"等方法,设计特定的学习情境,运用现代地理信息技术、模拟实验等方法,提高学生解释陆地水体组成,陆地水体与地理环境、人类活动之间关系,陆地水体之间的相互关系的能力。

一、教学背景分析

1. 课改前课例教学中存在的问题

《普通高中地理课程标准》(2003 年版)中与"陆地水"相关的能力标准有:必修一为"运用示意图,说出水循环的过程和主要环节,说明水循环的地理意义。"必修三为"以某流域为例,分析该流域开发的地理条件,了解该流域开发建设的基本内容,以及综合治理的对策措施。"在该课程标准中没有单独的陆地水体及其相互作用的内容标准,在具体的教学实施中,教师要通过初中七年级、八年级区域地理中的世界河流湖泊、中国河流湖泊等的复习,通过具体的案例分析,如美国田纳西河流域的治理、塔里木河流域的综合治理,来渗透陆地水体及其相互作用的知识,学生只有零散的知识点,难以形成清晰的思维脉络。

2. 解决课例存在地理问题采取的策略

(1)课前利用其他学科实验软件进行演示拍摄:可以借助实验仪器来让学生更加直观地感受水循环的过程,学习新知识的同时,巩固已学内容,形成知识体系,大单元教学。

(2)利用多媒体工具辅助教学:通过使用多媒体投影仪、电子白板等工具,让学生观看有关陆地水体的位置、概况、相互关系等方面的动画或视频,有助于学生对这些概念的理解,激发学生的学习兴趣。

(3)利用真实情境案例进行讲解:可以通过讲述一些陆地水体的实例,如长白山天池与松花江、洞庭湖与长江等来让学生更加容易理解这些概念,并加深记忆。

(4)引导学生进行自主探究和小组合作探究,培养学生的探究精神和创新能力。

二、课例呈现

1."陆地水体及其相互关系"内容简介

课题	陆地水体及其相互关系
课程标准	绘制示意图,解释各类陆地水体之间的相互关系
教学目标	1.初步了解水圈的构成,知道陆地水和海洋水的区别,明确陆地水体的类型、储量、分布、作用等基本情况,理解陆地水的概念及其与自然环境、人类活动的相互关系。 2.以河流水和其他陆地水体的关系为例,通过绘制示意图解释陆地各种水体之间的相互关系。 3.运用河流年内各月径流量示意图,总结河流水文特征,结合区域特征判断河流补给类型
教学内容	水圈组成比例、陆地水体及其类型。 各类陆地水体之间的相互补给关系。 通过实验、观察、真实情境案例加深对陆地水体之间相互关系的理解
教学方法	启发式教学、案例式教学、归纳式教学。 课堂讨论、小组活动。 观察实验视频
教学资源	教材、课件、实验器材、视频、课前课后测评软件
教学过程	导入环节:咸海的变化。 概念讲解:讲解水圈的组成,陆地水体的占比。 观察实验操作视频:利用实验器材,模拟水循环过程,课前录制微课,通过观察模拟实验,加深学生对水循环、陆地水体类型的理解。 案例分析:通过案例,宁夏引黄古灌区成功申请世界灌溉工程遗产,通过秦渠、汉渠、唐徕渠等引黄古渠,引出陆地水体与人类活动之间的关系,分析自然环境对陆地水体的影响,陆地水体对自然环境、对人类活动的影响。 小组活动:分小组讨论,通过案例探究各类陆地水体之间的相互补给关系。 教学评价: 　　作业:布置相关的作业,巩固学生的学习成果。 　　实验成果:通过实验表现和实验报告等方式,评价学生对陆地水体相互关系的掌握情况。 　　课堂表现:评价学生的课堂参与度和表现等。 总结:通过本节课的学习,学生初步了解了陆地水体的组成及其与自然地理、人类活动的关系,同时通过案例研究等方式,加深了对各类陆地水体之间的相互补给关系的理解,培养了学生的观察能力和探究能力,提高了学生的综合素质

2."陆地水体及其相互关系"教学目标分析

学科素养	学习目标
科学观念与应用	结合数据图表及案例,掌握陆地水体组成及与自然地理环境、人类活动的相互关系
科学思维与创新	掌握陆地水体相关知识和技能,如三种不同类型的湖泊——源头湖、吞吐湖、终点湖的对比分析等
科学探究与交流	能够运用所学知识解释一些与陆地水体相互转化有关的现象,通过小组合作交流,能挖掘更多与本课相关的真实情境与案例,如济南趵突泉的形成,坎儿井的修建,形成对自然现象、人文现象的科学认知
科学态度与责任	有学习科学的内在动力,有创新精神,能独立思考,敢于质疑,善于反思

3.教学重点和难点

教学重点:掌握陆地水体的类型及与自然环境、人类活动之间的相互关系。

教学难点:以示意图的形式来解释陆地水体之间的关系。

4.主要教学策略和评价方法

(1)激发学生的兴趣。通过展示一些有趣的图片和视频,引导学生发掘自然环境与陆地水体之间的关系、人类活动与陆地水体之间的关系,激发学生的学习兴趣和好奇心。

(2)合作学习。通过小组合作学习和探究,让学生自主发现和探究各种陆地水体之间相互补给相关知识和技能,培养学生的创新思维和解决问题的能力。

(3)多媒体辅助教学。通过多媒体课件和互动教学方式,使学生更加直观地理解各类陆地水体之间相互补给的复杂关系,提高教学效果。

(4)课堂表现评价。对学生在参与度、合作精神等方面表现出的积极程度进行评价。

(5)作业评价。通过布置课后作业,或命制、选择相关试题测试学生对陆地水体及其相互关系的理解程度和掌握情况。

(6)实验评价。通过设计一些实验,检验学生对陆地水体及其相互关系的相关知识和技能的掌握情况,提高学生的实验操作和观察能力。

5.课例技术支持下的教学策略

技术支持下的教学策略	内　容
技术支持学情分析	1.学生特点 　　高中学生已经具备了一定的地理知识基础,对陆地水体基本概念有一定的了解,但对于相关的科学知识和技术支持还需要进行深入学习。 2.学情分析 　　(1)对于陆地水体的概念理解:大部分学生已经通过人教版必修一第一章第四节"地球的圈层结构"和第三章第一节"水循环"的学习掌握了水圈的基本概念,但对于相关的科学知识和技术支持还需要进行深入学习。 　　(2)学习兴趣和动机:高中学生的学习兴趣和动机有所不同,有些学生对地理学科感兴趣,对自然地理部分学习有积极的态度,而有些学生则更倾向于人文地理部分,对选择性必修一自然地理部分学习缺乏兴趣。 　　(3)学习习惯和方法:高中学生的学习习惯和方法有所不同,有些学生喜欢通过阅读教材和笔记进行学习,有些学生喜欢通过提出问题、共同合作探讨进行学习,而有些学生更喜欢通过观看纪录片、大 V 博主视频、听讲座等方式进行学习。 　　(4)学习能力和水平:高中学生的学习能力和水平有所不同,有些学生对陆地水体及其相互关系的学习很容易掌握,而有些学生则需要花费更多的时间和精力,从更多的案例中总结进行学习。 3.技术支持 　　(1)为了了解学生已有学习基础程度,在新课讲授前运用在线问卷工具(问卷星)设计调查问卷,通过微信、QQ 等即时沟通工具组织学生填写问卷,快速收集和分析学生信息,有效了解学生学情。 　　(2)多媒体教学:在教学过程中可以使用多媒体教学方式,通过图片、视频等形式来展示各类陆地水体之间的相互关系,帮助学生更好地理解和掌握相关知识。 　　(3)互动教学:通过互动教学方式,例如讨论、小组讲解等,帮助学生加深对陆地水体之间相互关系的理解,促进学生之间的合作和交流。 　　(4)网络资源:利用互联网资源,例如国家智慧教育云平台网站等,帮助学生进行学习和巩固知识,扩宽学生的学习视野。 　　(5)科技工具:例如奥维互动地图 APP 等,通过科技工具的应用,让学生更加直观地了解不同时期的陆地水体之间的相互关系(如:3月与9月洞庭湖面积的地图数据变化,推测洞庭湖与长江之间的相互补给关系)

技术支持下的 教学策略	内　容
技术支持 课堂导入	1. 看纪录片片段：播放一段咸海变化的录像，在调动学生学习兴趣的同时，从视觉上感受湖的变化。 2. 提出问题：通过提出一些相关的问题，例如"咸海的水去哪儿了?"或者"哪些原因导致咸海面积的缩小?"等，引导学生思考和探究，激发学生的好奇心和求知欲。 3. 实验微课演示：通过观看实验演示录制好的微课的方式展示水循环过程，使学生更加直观地了解和掌握海洋水、大气水、陆地水的相关知识，既复习巩固了已学的知识，又把课本单元转化为促进学生迁移应用的大单元，由浅入深地学习。 4. 图片展示：通过展示一些相关的图片，例如咸海遥感对比图片，感知咸海的水量变化，激发学生的学习兴趣。 5. 课件展示：通过制作一些精美的课件，例如 PPT、EN5 等，来介绍陆地水体及其相互关系相关知识，同时可以通过动画效果等方式让学生更加直观地了解相关知识
技术支持 课堂讲授	1. 观看视频：播放一个有关咸海变迁过程的视频。视频可以包括一些遥感图片来直接展示咸海的面积变化，咸海周边国家采取的措施等。通过视频的展示，让学生更加直观地了解到陆地水体的变化过程，并由此激发学习兴趣。 2. 提出问题：教师可以通过提出问题的方式来引导学生思考，例如"为什么咸海的面积越来越小了?""咸海是淡水湖还是咸水湖?""咸海所处地区的自然地理环境是怎样的?"等。这些问题可以帮助学生更好地理解陆地水体的性质分类，陆地水体与自然地理环境、人类活动的关系，激发学生的好奇心和求知欲。 3. 实验演示微课：教师可以利用一些实验演示水循环的过程，在复习必修一水循环知识的同时，与选择性必修一"陆地水体及其相互关系"建立起知识联系，知道地球上的水(海洋水、大气水、陆地水)之间相互转化，不得割裂开来分析。例如，可以用铁架台、酒精灯、装有水的烧瓶、玻璃导管、放有冰块的玻璃板、放有棉花或土壤的托盘等化学实验器材，来展示水循环的各个环节，让学生通过实际观察来进行实验的改良设计，用更多的实验材料来模拟陆地水体的组成及相互关系。 4. 图片展示：教师可以利用一些图片来展示陆地不同水体。例如，可以展示不同季节的长白山天池，汛期与枯水期的洞庭湖，松花江的春汛，洞里萨湖与湄公河的遥感影像图，青藏高原上的冰川图等等。通过图片的展示，让学生更加直观地了解陆地水体的不同种类。 5. 课件展示：教师可以利用课件来讲解陆地水体及其相关关系的相关知识。课件可以包括文字、图片、动画等多种形式，通过不同的形式来让学生更加深入地了解知识点。同时，教师也可以利用课件来与学生互动，由简单的课前预设课件播放，变为让学生通过课件上的问题、小测验等方式来巩固所学知识；增加师生互动，在活跃课堂氛围的同时，课堂上生成所学内容，内化效果更好

技术支持下的教学策略	内　容
技术支持方法指导	1. 视频制作软件：教师可以使用一些视频制作软件，例如 iMovie、Windows Movie Maker、PPT 录屏功能等，来制作有关陆地水体及其相互关系的微视频。这些软件可以帮助教师将图片、音频、视频等多种素材组合起来，制作出生动有趣的视频，让学生更加直观地了解各种水体的性质及其相互关系。 2. 实验演示微课：在进行实验演示时，教师需要一些实验器材来帮助进行演示，并同步进行录制。教师需要提前准备好这些实验器材，并确保它们能够正常运作，为了保证实验演示微课的清晰度与稳定性，可借助一些硬件设施，如大疆手机云台跟随功能拍摄。 3. 图片处理软件：教师可以使用一些图片处理软件，例如 Photoshop、GIMP 等来处理图片素材，制作出更加美观、生动的图片。比如，图片的亮度、对比度、饱和度等参数都可以通过这些软件进行调整，让画面更清晰、更鲜艳。 4. 课件制作软件：教师可以使用一些课件制作软件，例如 PowerPoint、EN5 等，来制作出有趣、生动的课件。这些软件可以帮助教师将文字、图片、动画等元素组合起来，制作出精美的课件。同时，这些软件也可以帮助教师与学生互动，例如通过小测验、问题解答等方式来巩固所学知识
收集评价数据	1. 问卷调查：教师课前设计一份问卷，考查关于水圈的组成、各种陆地水体的性质，问卷包括单选题、多选题、填空题、问答题等多种形式，例如"地球上水圈的主体是什么？""水圈中储量最多的淡水是什么？""水更新周期最短是：A. 地下水 B. 冰川 C. 河流 D. 湖泊""人类影响最多的水循环环节是什么？"课后可以设计一份问卷，向学生收集关于陆地水体及其相互关系的学习效果的评价数据。问卷可以包括选择题、填空题等多种形式，例如"你对陆地水体相互关系有哪些认识？""你觉得本次课程对你的地理学习有何帮助？"等等。通过问卷调查，教师可以了解到学生对陆地水体及其相互关系的掌握情况以及对本次课程的评价。 2. 学生作业：教师可以布置一些与陆地水体及其相互关系的作业，例如，制作一个河流与湖泊关系的动画、解释湖泊削峰补枯的作用；制作一个河流与地下水相互关系的小模型；完成一份有数据收集的测试题等。通过批改学生的作业，教师可以了解到学生对陆地水体及其相互关系的理解情况以及掌握程度。 3. 课堂互动：教师可以在课堂上进行一些互动活动，例如，小组讨论、知识竞赛、技术支持的展示交流、希沃白板授课助手实时展示学生交流成果等，来了解学生对陆地水体的掌握情况。通过观察学生的表现和听取他们的讨论，教师可以了解到学生对陆地水体及其相互关系的理解情况以及学习兴趣。 4. 考试成绩：教师可以在课程结束后进行一次小测试，考查学生对该知识点的掌握情况。通过考试分析得分率的高低，教师可以了解到学生对该知识点的理解程度以及掌握程度，在复习及下一阶段内容的学习时有的放矢

技术支持下的教学策略	内　容
可视化数据呈现与解读	1.制作长江上中下游不同河段的动画:教师可以使用一些制作动画的软件,例如 Adobe Animate、Blender 等,来制作一个长江上中下不同河段地貌形态的动画。学生们通过动画,更加直观地了解陆地水体塑造的地表形态。 2.制作贝加尔湖模型:教师可以使用一些3D建模软件,例如 Sketchup、AutoCAD 等,来制作一个贝加尔湖的立体模型。通过模型,学生可以更加直观地了解贝加尔湖断层发育、地层下陷等。 3.制作数据可视化图表:教师可以使用一些数据可视化工具,例如 Excel、Tableau 等,通过搜集的科学数据来制作一些关于气温曲线、降水柱状、河流流量变化特征图表。通过这些图表,学生可以更加直观地了解自然环境对陆地水体的影响。 4.制作虚拟实境模拟:教师可以使用一些虚拟实境模拟软件,例如 Unreal Engine、Unity 等,来制作一个坎儿井的虚拟实境模拟。对于干旱地区的灌溉工程,学生可以通过虚拟现实,更真切地感受到这一点。同时,教师也可以在虚拟实境中设置一些任务和问题,来帮助学生巩固所学的知识

6.技术工具、平台、资源

希沃白板、宁教云。

7.教学设计的知识思维导图

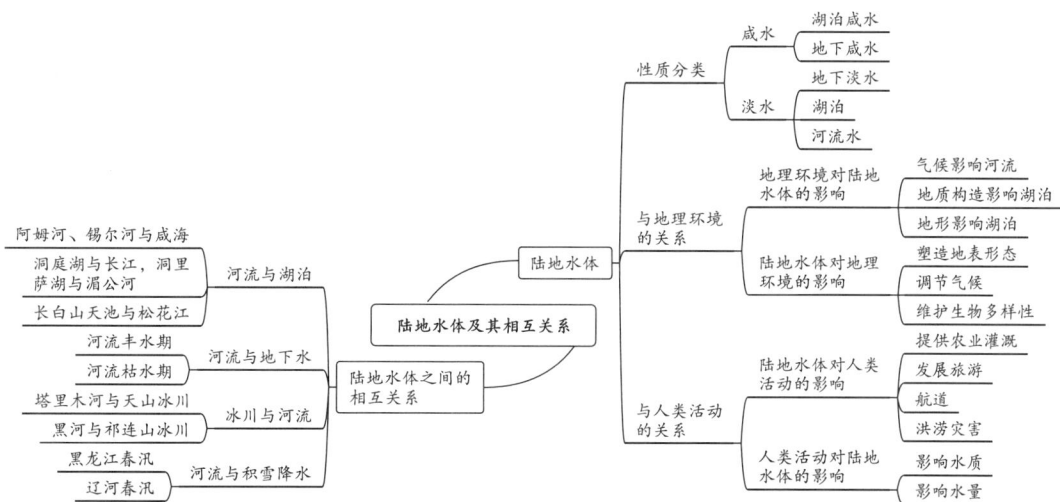

8.教学设计的流程图(示意图)

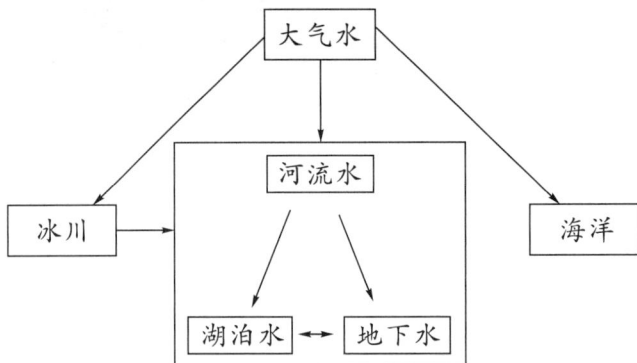

三、任务驱动模式下的教学设计

教学环节	教师活动	学生活动	技术、资源(含平台与工具)	设计意图
任务1	情境导入: 　　根据实际生活中的问题和情境,制定任务方案,以任务为导向,让学生在完成任务的过程中,探究陆地水体的组成与地理环境、人类活动的关系。 第一步:观察现象和思考问题。教师可以引导学生观察三个时期咸海遥感影像图。 分析问题:从图中看出咸海发生了什么变化	学生思考: 第二步:小组合作学习。将学生分成不同学习小组,群策群力。 ①咸海的水去哪儿了? ②补给咸海的主要水源是什么? ③咸海及其补给水源所在地都有怎样的气候特征	宁教云平台展示数字教材内容,学生以小组为单位,利用平板电脑中教师已提供的专题地图及文字材料合作分析并得出小组结论	贴近学生实际需求,提高学习兴趣。 以任务驱动模式为主导,能将地理知识与学生的实际需求紧密结合,使学生在完成任务的过程中充分认识到地理知识的实用价值,增强兴趣和主动性。 在探究新知识的同时,复习必修一"水循环"内容,让学生建立起知识联系
任务2	提问:你所生活的地区自来水的水源主要来自于什么?你所生活的地区有什么样的气候特征?你能用简易的化学实验器材模拟出水循环的过程吗? 　　学生模拟实验结束后,教师播放录制好的微课视频——水循环	第三步:实验模拟操作。学生用平板电脑中的化学实验室APP中简易的化学实验器材模拟水循环过程。 或让学生利用铁架台、酒精灯、盛水的烧瓶、玻璃导管、放冰块的玻璃板、放棉花或泥土的托盘等化学实验器材,根据任务需要,在课前进行实验并进行录像	1.希沃白板5呈现探究的任务、提供的模拟实验材料。 2.希沃白板5展示微课视频	

教学环节	教师活动	学生活动	技术、资源（含平台与工具）	设计意图
任务 3	提问：水圈的构成有哪些？陆地水体可以怎样分类？陆地水体有咸海、阿姆河、锡尔河、天山冰川、帕米尔高原冰川等，你所生活地区自来水水源属于哪一类？请用思维导图或是示意图展示陆地水体的组成。 学生绘制结束后，教师给出评价量表，让学生进行自评或是他评。 展示不同类型的几位学生成果结束后，教师进行评价并补充讲解	第四步：对前面的真实情境问题进行系统概括，完成示意图或思维导图后进行上传，结合教师给出的评价量表对自己的成果进行自评、对同学的成果进行合理评价	1. 希沃白板 5 展示学生的示意图或思维导图。 2. 对其他学生上传的作品进行评价	提高学习效果，加深理解认识。 任务驱动模式能够让学生在真实情境中学习地理知识，使其学习过程充满多样性和灵活性。学生在实践中得到的经验，对加深知识理解有正面的促进作用
任务 4	提问：地理环境如何影响陆地水体？（案例呈现：刚果河流量丰富、全球气候变暖对高山冰川的影响、贝加尔湖地质构造图） 教师组织学生进行讨论和小组展示	第五步：知识应用学生利用所学知识，分析案例材料，从降水、气温变化、地质构造角度，解释地理环境对陆地水体的影响。 第六步：展示和讨论学生进行小组讨论和成果汇总，分享解释结论，比较不同小组结论，最终进行汇总总结	学生通过教师传送给平板电脑的案例资料，小组合作，通过读图、读表、读文字材料，分析总结	强实践能力，提高解决问题能力。 任务驱动模式能够促进学生的实践能力发展，培养他们解决问题的能力。通过完成任务，学生能够了解地理知识与实践的联系，掌握解决实际问题的能力，同时也能够在实践中锻炼自身的创新思维能力
任务 5	提问：陆地水体如何影响地理环境？（案例呈现：黄河上中下游地貌——回忆河流地貌，阿尔卑斯山脉勃朗峰——回忆冰川地貌，播放《航拍中国——黑龙江》龙凤湿地、大沽河湿地、扎龙湿地。）	第七步：学生通过呈现的案例，分析河流侵蚀地貌、堆积地貌，冰川侵蚀地貌，湿地调节气候的功能，总结本节知识的同时，复习必修一自然地理部分已学知识，做到知识的迁移应用	通过希沃白板 5 进行文字、图片、视频案例的展示	

教学环节	教师活动	学生活动	技术、资源(含平台与工具)	设计意图
任务6	提问:陆地水体对人类活动有哪些影响?人类活动又对陆地水体产生了哪些影响呢?从有利和不利两个方面进行分析。以小组为单位,先进行讨论,再进行小组分享,最后教师呈现案例(案例呈现:天下黄河富宁夏——宁夏引黄古灌区图片展示;武汉小龙虾节;天空之境茶卡盐湖旅游;长江航运图;黄河上游水电站分布图;长江荆江段洪涝灾害;过度抽取地下水;水污染)	第八步:小组合作学习讨论和展示。通过教师的问题展示,一分为二地分析问题,先进行小组讨论和成果汇总,再通过教师的案例呈现,进行补充或是丰富案例	通过希沃白板5进行文字、图片案例的展示	强实践能力,提高解决问题能力。任务驱动模式能够促进学生的实践能力发展,培养他们解决问题的能力。通过完成任务,学生能够了解地理知识与实践的联系,掌握解决实际问题的能力,同时也能够在实践中锻炼自身的创新思维能力
任务7	陆地水体之间的相互关系——河流与湖泊(通过展示三种不同类型的湖泊与河流的关系:洞里萨湖与湄公河丰水期枯水期景观图、长白山天池与松花江景观图、咸海与阿姆河、锡尔河遥感影像图,让学生总结分析河流与湖泊的补给关系,尝试说出湖泊性质,并通过分析得出的结论,来找出导入环节咸海的变迁的证据)	第九步:分析案例并总结。通过教师的图片、文字材料,分析河流与湖泊的补给关系,有双向补给也有单向补给,补给形式也在影响湖泊性质,建立知识间的联系	通过希沃白板5进行文字、图片的展示	
任务8	陆地水体之间的相互关系——河流与地下水。提问:请根据文字、图片材料分析"井水不犯河水"这句话是否正确,并绘制简单的示意图来进行解释说明	第十步:读图分析。学生根据河流丰水期、枯水期水位与地下水之间的关系,绘制简单的示意图	1.通过希沃白板5进行图片、文字的展示。2.通过希沃白板5展示学生绘制的示意图,并进行简要评价	

教学环节	教师活动	学生活动	技术、资源 (含平台与工具)	设计意图
任务 9	陆地水体之间的相互关系——河流与冰川、积雪融水的关系。 提问:请根据文字、图片材料分析黑龙江呼兰河、甘肃黑河径流量的季节变化有何不同?主要以何种补给方式为主? 学生分析讲解后,教师进行表格对比总结,既展示区别又呈现联系	第十一步:学生根据流量过程曲线图,通过已有知识储备(中国地理区域),分析以冰川融水补给和积雪融水补给的河流主要分布区及季节变化	1.通过希沃白板5进行图片、文字展示。 2.学生通过希沃白板5上教师已提供的案例信息进行讲解,并圈画关键信息。	强实践能力,提高解决问题能力。 任务驱动模式能够促进学生的实践能力发展,培养他们解决问题的能力。通过完成任务,学生能够了解地理知识与实践的联系,掌握解决实际问题的能力,同时也能够在实践中锻炼自身的创新思维能力
任务 10	教师引导学生展开本节课所学知识的总结,绘制示意图,反思自己的收获和不足	第十二步:总结与反思。学生总结所学知识,绘制简单示意图,回顾任务的过程,反思完成任务的收获和不足之处	利用希沃白板5进行总结	提高综合素质,培养能力素养。 任务驱动模式注重培养学生的能力素养,能够全面提升学生的综合素质,包括沟通能力、合作能力、创新能力、批判思维能力等。通过任务驱动教学,学生能够全面提高自身的综合素质,为未来的学习和生活打下坚实的基础
任务 11	教师开展教学评价,针对学生的小组展示、讨论表现以及个人表现进行评价,同时还可以通过考试或作业来测试学生掌握的知识和能力。通过对学生所学表现的评价,可以不断地改进和完善任务驱动的教学策略。布置课后创新性实验作业——以小组为单位,用简易物品及器材展示河水和地下水的关系,并录制视频,通过宁教云进行提交	学生通过小组互评展开对小组的评价,通过对学生的考试或作业来测试学生掌握的知识和能力	1.微课展示创意设计。 2.通过宁教云平台推送课后探究任务。 3.通过宁教云提交创新性实验作业。 4.通过问卷星进行学习评价	

四、评价与反思

(一)教学评价

1. 评价量规

(1)教学设计评价量表

评价内容标准	赋分	教师得分
教学设计不够全面和系统,缺乏创意和新颖性	1分	
教学设计基本上能够满足教学需求,但缺乏深入挖掘和探究	2分	
教学设计较为全面和系统,能够满足学生的学习需求,有一定的创意和新颖性	3分	
教学设计非常全面和系统,能够满足学生的学习需求,有很高的创意和新颖性	4分	

(2)教学方法评价量表

评价内容标准	赋分	教师得分
教学方法单一、呆板,缺乏趣味性和互动性	1分	
教学方法稍有变化,但缺乏趣味性和互动性	2分	
教学方法较为丰富和多样化,能够激发学生学习兴趣,具有一定的趣味性和互动性	3分	
教学方法非常丰富和多样化,能够极大地激发学生学习兴趣,具有很高的趣味性和互动性	4分	

(3)教学态度评价量表

评价内容标准	赋分	教师得分
教师教学态度不够认真负责,缺乏热情和耐心	1分	
教师教学态度一般,有时缺乏热情和耐心	2分	
教师教学态度较好,认真负责,有一定的热情和耐心	3分	
教师教学态度非常好,极其认真负责,充满热情和耐心	4分	

(4)课堂管理评价量表

评价内容标准	赋分	教师得分
教师课堂管理不够严格,学生纪律松散,课堂秩序混乱	1分	
教师课堂管理稍有不足,学生纪律稍有松散,课堂秩序稍有混乱	2分	
教师课堂管理较好,能够维持学生纪律,课堂秩序基本稳定	3分	

评价内容标准	赋分	教师得分
教师课堂管理非常好,学生纪律严明,课堂秩序井然。	4分	

以上量表可以根据实际情况进行调整和修改,以便更好地评价教师的教学情况和提高教学效果。

2.学习过程评价

	评价项目	评价内容	赋分	得分
A	学生参与度评价	通过观察课堂气氛和学生参与度,评价学生对陆地水体及其相互关系知识的兴趣和理解程度,以便调整教学策略和提高学生的参与度	20	
B	课堂练习评价	通过对学生的课堂练习成绩进行评价,了解学生对陆地水体及其相互关系知识的掌握程度,以便及时纠正学生掌握的不足之处,提高学生的学习效果	20	
C	实验和观察评价	通过观察学生课前实验和课后实验视频成果,评价学生对水循环知识的实际应用能力,以便更好地指导学生掌握相关知识	20	
D	课堂讨论评价	通过课堂讨论,了解学生对陆地水体及其相互关系知识的理解程度,以及学生对相关问题的思考和见解,以便促进学生的思维发展和提高学生的分析能力	20	
E	课后作业评价	通过对学生课后作业的评价,了解学生对陆地水体及其相互关系知识的掌握情况,以及学生对相关问题的思考和见解,以便更好地指导学生掌握相关知识	20	
最后得分				

综上所述,在高中地理选择性必修一"陆地水体及其相互关系"的教学过程中,可以进行多种形式的过程性评价,以便更好地指导学生掌握相关知识和提高其学习效果。

3.学生呈现作品评价

	内容	20分	15分	10分
A	科学性			
B	实践性			
C	环保性			
D	创新性			
E	美观性			

(二)学生评价

1.学生参与度评价量表

内容	赋分	学生得分
学生缺乏兴趣,不听讲,不参与课堂讨论,不做课堂练习	1分	
学生有些兴趣,偶尔参与课堂讨论,做一些课堂练习	2分	
学生基本上有兴趣,能积极参与课堂讨论,主动提出问题,认真做课堂练习	3分	
学生非常有兴趣,能积极参与课堂讨论,提出高质量问题,认真做课堂练习,积极回答问题	4分	

2.课堂练习评价量表

内容	赋分	学生得分
学生对陆地水体及其相互作用掌握不足,答错多数题目	1分	
学生对陆地水体及其相互作用掌握一般,答错一部分题目	2分	
学生对陆地水体及其相互作用掌握较好,答对大部分题目	3分	
学生对陆地水体及其相互作用掌握很好,答对全部题目	4分	

3.实验和观察评价量表

内容	赋分	学生得分
学生对实验和观察结果理解不足,难以解释实验现象	1分	
学生对实验和观察结果理解一般,能解释一些实验现象	2分	
学生对实验和观察结果理解较好,能解释大部分实验现象	3分	
学生对实验和观察结果理解很好,能解释全部实验现象	4分	

4.课堂讨论评价量表

内容	赋分	学生得分
学生不愿意发表意见,对问题缺乏思考	1分	
学生有些发表意见,对问题有些思考	2分	
学生积极发表意见,对问题有深入思考	3分	
学生非常积极发表意见,对问题有深入思考,能提出高质量问题	4分	

5.课后作业评价量表

内容	赋分	学生得分
学生对作业理解不足,做错多数题目	1分	
学生对作业理解一般,做错一部分题目	2分	
学生对作业理解较好,做对大部分题目	3分	
学生对作业理解很好,做对全部题目	4分	

参考文献

[1] 中华人民共和国教育部.选择性必修课程:教学提示[M]//中华人民共和国教育部.普通高中地理课程标准(2017年版2020年修订).北京:人民教育出版社,2020.

[2] 中华人民共和国教育部.第三部分 内容标准[M]//中华人民共和国教育部.普通高中地理课程标准(2003年修订).北京:人民教育出版社,2003.

[3] 黄瑜香.合理借助信息技术 有效辅助学情分析[J].基础教育研究,2022(15):71-73.

[4] 吴童.高中地理核心概念的学习进阶研究[D].西宁:青海师范大学,2021.

[5] 陆才稳.大概念视角的高中地理论证式教学研究[J].中学地理教学参考,2022(23):31-34.

[6] 赵安冉.基于理解的高中地理课堂观察研究[D].天津:天津师范大学,2020

(主要执笔人:黄锦瑞 灵武市英才高级中学)

"三新"改革背景下"洋流"教学研究与案例应用

——以"洋流"第四章第二节为例

随着时代的快速发展和信息技术的持续进步,我国教育也处在不断地调整和改革过程中。为了更好地适应时代和社会发展的需求,在新课程、新课标、新教材改革大背景下的"洋流"教学研究与案例应用可以从以下几个方面展开。

1.教学内容的优化:在"三新"改革的背景下,"洋流"教学应在紧密结合新课程标准的基础上,有序组合教材内容,注重学科知识、地理思维的连贯性,体现教学的科学性;有机整合生活内容,注重对生活中地理现象、地理问题的挖掘与探究,呈现地理知识的生活性;有效整合师生互动信息,改变知识呈现方式,为学生创造表现分享的机会,实现教学的互动性。

2.教学方法的创新:在"三新"改革的背景下,"洋流"教学注重教学方法的创新,采用多样化的教学方法和策略,激发学生的好奇心、探索欲,提高学生的学习兴趣和积极性。例如,采用实验教学、多媒体教学、情境教学、课堂讨论、小组合作等方式,提高学生的学习兴趣与探究热情,让学生在轻松愉悦的氛围中学习,从而提高学习效果。

3.教学评价的变革:在"三新"改革的背景下,"洋流"教学注重教学评价的变革,从单一的纸笔测试评价转向多元全面的素质评价。例如,注重对学生的实验表现和小组合作学习等方面的评价,让评价发挥应有的激励指导作用。

4.情境教学的实践:在"三新"改革的背景下,"洋流"教学注重情境教学,通过真实的案例将真实的地理问题呈现给学生,引导学生进行分析探究,培养学生的探究能力和创新意识。

一、教学背景分析

(一)课改前课例教学中存在的问题

1.课堂内容抽象,不能引起学生的学习兴趣

海洋环境对学生来说比较陌生,海水的运动规律及其对地理环境的影响更是复杂抽象,难以引起学生的学习欲望与探究热情,学习效果大打折扣。需要采用情境式教学,用生动形象的情境作为探究和解决问题的载体,引导学生积极主动参与到学习过程中学习知识、建构知识。

2.对洋流的成因缺乏深刻理解

洋流的形成往往不是单独受一个因素的影响,而是同时受几个因素的综合影响。从成因来看,洋流主要有三种类型:包括盛行风长期吹拂海面形成的风海流、由海水水平方向的

密度差异形成的密度流以及由海水体积的连续要求形成的补偿流。原理抽象复杂,学生理解起来难度大,需要通过具体的实验进行模拟和原理的解释。

3.缺乏洋流对地理环境的影响的感知

海水运动离学生实际生活很远,洋流对气候、海洋渔业、海洋污染、海上航行等方面的影响学生更加感受不到,比如寒暖流交汇的地方以及有上升补偿流的地方渔业资源真的很丰富吗？这是为什么呢？寒暖流真的会对气候产生那么大的影响吗？对于这些问题,可以通过多媒体辅助教学,教师搜集相关视频、动画进行播放演示,加强学生对地理现象的感官认识,加深学生对地理知识、原理的理解感悟。

(二)解决课例存在地理问题采取的策略

1.利用真实的情境案例进行探究学习

通过分析一些有关洋流的真实情境案例,如为什么在太平洋中遭遇风暴的货轮上散落的玩具鸭会陆续出现在世界很多海岸？能否结合世界表层洋流的分布图推测世界表层洋流的分布规律模式从而画出它们的漂流轨迹？

2.利用实验进行演示教学

通过实验模拟风海流、密度流、补偿流,加深学生对洋流成因的理解。例如,利用一个装满水的盆子表示海洋,用3根吸管在合适的位置和方向用力吹模拟盛行风,学生观察水面上泡沫塑料的运动,理解风海流的形成。

3.利用多媒体工具辅助教学

通过利用希沃一体机、电子白板、学生平板电脑等工具,让学生观看有关洋流的动画或视频,激发学生的学习兴趣,帮助学生更加形象地理解洋流的分布、成因及其对地理环境的影响。

4.引导学生小组合作探究

在教学过程中,以情境案例为依托,以问题链的形式引导学生进行小组合作,通过研究、讨论,剖析问题并进行成果展示,培养学生的合作能力和探究意识,使学生从被动接受到主动学习,成为课堂的小主人。

(三)教学设计指导思想

1.以学生为中心,注重学生的主体性

在教学过程中,从学生的实际出发,通过多种教学手段,激发学生的学习兴趣,提高学生的学习积极性,培养学生的自主学习能力、小组合作能力和问题探究能力。

2.突出问题意识,注重问题解决的能力

在教学过程中,注重培养学生的问题意识,引导学生从实际案例出发,探究洋流的分布模式、成因及影响,提高学生的问题解决能力。

3.突出实践性,注重培养实践操作能力

在教学过程中,注重培养学生的实践操作能力,通过学生亲自动手实验、近距离观察等方式,让学生深入理解洋流的分布模式、成因及影响,提高学生的地理实践能力。

4.引导创新思维,注重培养创新意识和创新能力

在教学过程中,注重培养学生的创新意识和创新能力,引导学生自主学习,发挥学生的探究精神和创造力,提高学生的综合素质。

(四)教学设计理论依据

1.新课程改革的要求

新课程改革提出了从课程标准、教学方式、评价体系等方面对传统教育模式进行改革的要求,注重培养学生的创新精神和实践能力,选择性必修一"洋流"的教学设计应该紧密结合新课程改革的要求,注重学生的主体性和实践性,培养学生的探究精神和合作创新能力。

2.学生认知的发展规律

认知心理学研究表明,学生在学习过程中需要根据自己的认知水平和学习习惯进行学习和思考,在进行教学设计时,注重学生的认知特点,采用多样化的教学手段,满足学生的不同需求。

3.教育技术的发展与应用

教育技术的发展为教学提供了更多的可能性,例如利用希沃一体机、学生平板电脑、投屏等工具,可以更加形象、直观地呈现洋流的分布规律及其对地理环境的影响,提高学生的学习兴趣和学习效果。

4.多元评价的教育理念

在进行评价体系的构建时,采用表现性评价和结果性评价相结合的评价方式,全面评价学生的学习情况和能力发展。

(五)课例新课程标准(以下简称"新课标")依据

洋流以 2020 年修订的《普通高中地理课程标准》(2017 年版)中的"运用世界洋流分布图,说明世界洋流的分布规律,并举例说明洋流对地理环境和人类活动的影响"为依据进行编写。从新课标要求看,本课例要求关注的对象是洋流,考察的主要内容是"世界洋流的分布规律"和"洋流对地理环境和人类活动的影响"。行为动词是"说明",从思维水平上看属于中等层次,在教学过程中,教师应组织学生进行深度学习,提升学生思维水平。具体解读如下。

1.区域认知

了解不同海区的洋流分布状况,能够据图说出它们的名称,比较其差异。

2.综合思维

归纳世界大洋表层洋流的分布规律,说明全球风带模式和洋流模式的关系。

3.地理实践力

实验模拟风海流、上升补偿流,理解洋流的成因,培养学生实践操作能力和探究意识。

4.人地协调观

举例说明洋流对地理环境和人类活动的影响,树立保护海洋环境、人地协调发展的科学观念。

(六)课例新教材的教学内容分析

1.洋流的概念

即海洋表层海水大规模地沿着一定方向有规律的运动。抓住概念中的关键词,如表层海水、有规律、大规模等。

2.洋流的分类

包括按性质划分的暖流、寒流,和按成因划分的风海流、密度流和补偿流。

3.洋流流向的影响因素

介绍影响洋流的三个基本因素,即盛行风、海陆轮廓、地转偏向力。

4.洋流的分布规律

包括中低纬度海区的大洋环流、北半球中高纬度海区的大洋环流、南半球的西风漂流和北印度洋的季风环流。

5.洋流对自然环境和人类活动的影响

包括洋流对气候的影响、对渔业资源的影响、对海洋污染的影响及对海洋航行的影响。

以上内容旨在通过系统、全面的介绍,让学生全面、深入地理解世界表层洋流的分布规律及其对地理环境的影响,激发学生的学习兴趣和求知探索欲,同时培养学生的探究能力和实践能力。

(七)课例教学对象分析

选择性必修一"洋流"的教学对象是高二学生。学生在必修第一册中,已经了解了海浪、潮汐、洋流这三种海水运动形式,简单学习了洋流的概念、类型(寒暖流)以及洋流对海洋生物资源、渔场分布、海洋航行、海洋污染的影响,基于学生已掌握的知识,从培养综合思维和区域认知等地理学科核心素养的角度出发,在综合分析课程标准的基础上,本节教材重点学习"世界表层洋流的分布规律"和"洋流对自然环境的影响"两部分内容。高二学生已具备大气环流之盛行风(含季风环流)知识体系,等温线及气候资料判读等相关知识,具有一定的认知能力、推理能力和自学能力。此外,高中学生正处于认识世界和探索科学的关键时期,对于洋流的相关知识有着浓厚的兴趣和好奇心,故教学中以学生为主体,通过案例教学,以问题为导向,引发学生思考、探究,注重培养学生的地理思维和实践探究能力。

二、教学设计的基本要素

1.教学目标

明确教学目标和学生需要掌握的知识点,了解世界表层洋流的分布规律和对地理环境的影响等。

2.教学内容

根据课程标准和课程要求,制订合适的教学内容,设计相关的课堂活动和实验。例如利用一个装满水的盆子表示海洋,用3根吸管在合适的位置和方向用力吹,模拟盛行风,学生观察水面上塑料泡沫的运动,理解风海流的形成。

3.教学方法

选择适合的教学方法和策略,例如小组讨论、案例分析、探究式学习等,来激发学生的学习兴趣,培养其探究能力。

4.教学评价

设计科学、全面、多元的评价方式,例如考试、作业、实验、课堂表现等,来评价学生对洋流相关知识的掌握情况和理解程度。

5.教学资源

选择合适的教学资源,如PPT、实验器材、教学视频等,帮助学生更好地理解和掌握洋流相关知识。

三、教学设计的整体思路

选择性必修一"洋流"(以第1课时为例)的教学设计整体思路如下。

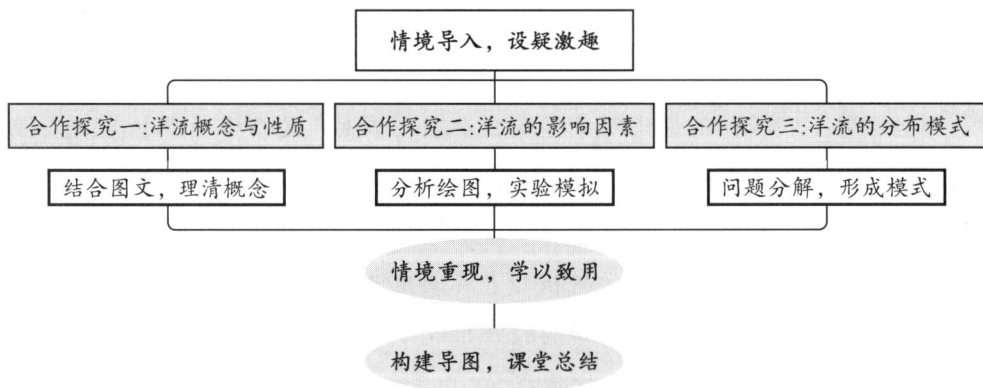

四、课例呈现

课例简介是指对一节课的教学目标、教学内容、教学方法、教学资源、教学过程、教学评价等内容进行简要的规划概述。洋流课例简介如下。

课题	洋流
教学目标	1. 了解不同海区的洋流分布状况, 能够据图说出它们的名称, 比较其差异。 2. 归纳世界大洋表层洋流的分布规律, 说明全球风带模式和洋流模式的关系。 3. 实验模拟风海流、上升补偿流, 理解洋流的成因, 培养实践操作能力和探究意识。 4. 举例说明洋流对地理环境和人类活动的影响, 树立保护海洋环境、人地协调发展的科学观念
教学内容	1. 洋流的概念、分类、影响因素。 2. 洋流的分布规律。 3. 洋流对自然环境和人类活动的影响
教学方法	案例式教学、问题式教学。 实验操作与观察、小组讨论与合作
教学资源	教材、课件、视频、实验器材
教学过程	导入环节: 通过真实的情境案例设疑激趣, 引入新课, 如: 在太平洋中遭遇风暴的货轮上散落的玩具鸭为什么会陆续出现在世界很多海岸。 概念讲解: 讲解洋流的概念、分类、影响因素等。 实验操作: 利用实验器材, 模拟风海流、上升补偿流, 加深学生对于洋流成因及影响的理解。 视频观看: 通过观看视频, 了解洋流对人类活动的影响。 小组活动: 分组讨论, 探究洋流分布的规律及其对地理环境和人类活动的影响
教学评价	1. 纸笔测验: 命制或选择相关试题, 巩固学生的学习成果。 2. 实验表现: 通过实验操作和实验报告撰写等方式, 评价学生对洋流相关科学知识的掌握情况和实验表现, 提高学生的实验设计能力和操作能力。 3. 表现记录: 可以根据学生在课堂某项探究活动中的具体表现进行评定, 也可以评价学生在小组合作学习中的积极性、参与度、合作精神等方面的表现

总结: 通过本节课的学习, 学生了解了洋流的分布状况并归纳世界表层洋流的分布规律, 能够举例说明洋流对地理环境和人类活动的影响, 同时通过实验操作、观察、小组合作讨论等方式, 加深了对洋流的理解, 培养学生的科学探究精神和实践操作能力, 提高学生综合素质。

（一）洋流教学目标分析

学科素养	学习目标
区域认知	了解不同海区的洋流分布状况,能够据图说出它们的名称,比较其差异
综合思维	归纳世界大洋表层洋流的分布规律,说明全球风带模式和洋流模式的关系
地理实践力	实验模拟风海流、上升补偿流,理解洋流的成因,培养实践操作能力和探究意识
人地协调观	举例说明洋流对地理环境和人类活动的影响,树立保护海洋环境、人地协调发展的科学观念

（二）教学重点和难点分析及解决措施

1.教学重点和难点

教学重点:说明世界洋流的分布规律,说明洋流对地理环境和人类活动的影响。

教学难点:说明世界洋流的分布规律。

2.解决措施

(1)分解知识,降低难度。"世界洋流的分布规律"可以分为两个层次展开。一是洋流的概念、分类及影响因素。对于洋流的概念,教师应引导学生抓住概念中的关键词,如表层海水、大规模、有规律等。对于洋流的分类,教师讲述按性质分为寒流、暖流,并引导学生根据等温线判读南北半球的寒暖流。

(2)绘图演示,辅助理解。关于洋流影响因素的教学,教师首先明确洋流的影响因素是盛行风。引导学生画出全球风带示意图,然后利用教材70页图4.11,引导学生绘出理想状态洋流的分布示意图,进而总结分布规律。绘图时可先绘制受信风和西风影响形成的洋流(如南、北赤道暖流、西风漂流),以说明盛行风对洋流的影响,接着引导学生读图,观察这些风海流遇到大陆时的流向,以说明海陆分布对洋流的影响。洋流流出后海水会来补充,最后请学生思考水的流体特性对洋流的影响。

(3)类比联系,加强记忆。洋流的分布规律这部分内容是对课程标准"运用世界洋流分布图,说明世界洋流的分布规律"的具体落实。在教学中,结合世界洋流分布图,联系大气环流和大洋环流,先让学生回忆前面学习的天气系统中的气旋、反气旋的相关内容,借助类比和成因上的联系,更好地学习洋流分布的规律及成因,总结洋流的分布规律:中低纬度北顺南逆,中高纬度北逆南顺。

(4)回顾旧知,生成新知。对于北印度洋海域,引导学生回顾季风环流的相关知识,冬季盛行东北风,夏季盛行西南风。因此该海域形成了随季节变化而变化的洋流分布情况,即冬逆夏顺的洋流模式。学生能够总结全球洋流分布规律后,教师再进一步引导学生简化洋流的分布规律,引入"北半球'8'字形大洋环流,南半球'0'字形大洋环流",或者"中低纬度反气旋型大洋环流,北半球中高纬度气旋型大洋环流"。

(三)主要教学策略

1.启发式教学

启发式教学指学生通过自身的学习活动而发现有关概念或抽象原理的一种教学策略,分为四个阶段:教师创设问题情境;促使学生利用教师所提供的材料,所提出的问题,提出解答的假设;从理论上或实践上检验自己的假设;根据实验获得的一些材料或结果,在仔细评价的基础上得出结论。

2.情境教学

通过分析一些有关洋流的真实情境案例,如为什么在太平洋中遭遇风暴的货轮上散落的玩具鸭会陆续出现在世界很多海岸?能否结合世界表层洋流的分布图推测世界表层洋流的分布规律模式从而画出它们的漂流轨迹?通过真实情境激发学生的学习兴趣、探索欲和求知欲。

3.合作学习

合作学习是一种由学生主动学习代替以教师为主导的教学策略。通过小组讨论合作,让学生自主发现和探究洋流的分布规律及影响的相关知识,培养学生沟通交流、合作学习的能力和探究问题、解决问题的能力。

4.多媒体辅助教学

通过多媒体课件、视频展示真实的洋流信息,使学生更加直观地理解洋流的存在与影响,提高学习效果。

(四)评价方法

1.纸笔测验

命制或选择相关试题,巩固学生的学习成果。注意试题不能只关注知识的死记硬背,而是关注知识的生成,引导学生运用知识解决地理问题。

2.实验表现

通过实验操作和实验报告撰写等方式,评价学生对洋流相关科学知识的掌握情况,培养学生的实验设计能力和动手操作能力。

3.表现记录

教师观察评估学生的认知方法与思维水平。课堂上关注学生从各种示意图中提取信息的方法。情感态度价值观评价要放在具体情境中进行,根据学生在具体任务中的表现进行评定。还要关注评估学生在课堂上及小组合作学习中的积极性、参与度、合作精神等方面表现。

（五）技术工具、平台、资源

技术支持下的 教学策略	内　容
技术支持 教学策略	1. 课前：教师可以利用国家中小学基础教育平台、宁夏教育云平台等网络资源平台，查找资料，制作科学、完善、精美的课件，辅助教学。 2. 课中：教师利用多媒体课件、视频、图片等展示真实的洋流案例，使学生更加直观地理解洋流的存在与影响，通过真实情境激发学生的学习兴趣、探索欲和求知欲，提高学习效果。 3. 课后：教师通过智慧教学平台（如教学助手）布置线上提交的作业，进行批改、答疑、辅导等，巩固学习成果，推进作业创新改革，优化作业评价
技术支持 学情分析	1. 本节课需要学生联系高一学习的全球风带、天气系统等知识，故可以利用云校家平台在课前给学生推送平板作业，内容包括全球风带、季风环流、气旋、反气旋等相关知识，帮助学生复习相关知识，为本节课洋流的学习提供知识基础。 2. 高中学生正处于认识世界和探索科学的关键时期，对于洋流的相关知识有着浓厚的兴趣和好奇心，故可以利用教学助手平台在课前给学生推送有关洋流的一些有趣案例，引发学生的求知欲和探究兴趣。 3. 学习完新知识后，需要强化巩固、提高应用能力，故可以鼓励学生提交线上作业、参与案例分享，增强学生对知识的理解与综合应用能力
技术支持 课堂导入	为顺利导入"洋流"课程，可采用下列教学技术支持。 1. 视频引导：播放"小黄鸭事件"视频，多媒体课件展示关于玩具鸭在太平洋中散落及发现地点的相关图文资料，引入新课。 2. 问题导向：请学生思考这些玩具鸭为什么会出现在世界不同的地区？你能推测它们的漂流轨迹吗？设疑激趣，激发学生探索欲。 3. 多媒体资料：展示一些视频、图像或动画，演示洋流的运动规律及其影响。让学生更直观生动地理解洋流相关知识。 在使用这些技术支持的过程中，导入课程时要确保尽可能地与学生互动，引导他们积极参与课程。同时，注意掌握节奏，确保导入课程的内容紧凑、有力，给学生留下深刻的印象和启发

技术支持下的 教学策略	内　容
技术支持 课堂讲授	1.观看视频:播放关于世界洋流的视频。视频内容包括世界洋流的运动规律、洋流对航行的影响、对海洋污染的影响等。通过视频展示,使学生更加直观地了解世界洋流运动的规律及其影响,从而产生浓厚的学习兴趣。 2.设问:通过"世界洋流为什么呈现出这样的运动方向""洋流如何影响海洋航行"等之类的设问方式,教师引导学生思考问题。这些题目可以帮助学生更好地认识洋流相关知识,激发学生对知识的求知欲。 3.实验演示:可以通过实验模拟风海流、密度流、补偿流,加深学生对洋流成因的理解。例如,利用一个装满水的盆子表示海洋,用3根吸管在合适的位置和方向用力吹模拟盛行风,学生观察水面上塑料泡沫的运动,理解风海流的形成。实验可以请部分同学上台演示,其余同学通过实时摄像投影在多媒体大屏上观看,这样就能保证每位同学都能清晰地看到实验的全过程。 4.课件展示:教师讲解洋流相关知识时可借助课件进行讲解,课件包括文字、图片、动画等多种形式,通过不同的形式来让学生更加生动地理解洋流运动规律及其影响
技术支持 方法指导	需要学生作图的部分内容,教师可利用互动课堂的截屏功能将相应课件内容截屏分享至学生平台,学生作图完毕点击提交,教师端收到后可在希沃一体机上打开展示,进行点评指导
收集 评价数据	1.问卷调查:本节课需要学生联系高一学习的全球风带、天气系统等知识,在课前,教师可以设计一份问卷,内容包括全球风带、季风环流、气旋、反气旋等相关知识,利用教学助手平台推送到学生平板。通过问卷调查,教师可以了解学生对学过的知识的掌握情况,便于与新知识的有效链接。 2.学生作业:教师可以布置洋流的相关作业,利用教学助手平台发送到学生平板电脑上,学生在线作答并提交答案,教师端收集学生作业的数据,帮助教师了解学生对洋流相关知识的理解情况以及掌握程度。 3.课堂互动:教师可以利用互动课堂平台上的一些功能在课堂上与学生进行互动活动,例如使用随机点人、抢答、计时等功能,提高学生的学习积极性与课堂参与度
可视化数据 呈现与解读	1.制作动画:教师可以使用一些制作动画的软件,例如 Adobe Animate、Blender 等,制作一个世界洋流运动规律的动画。学生们通过动画更加直观地了解不同大洋的洋流运动方向、世界洋流的运动规律等。 2.制作数据可视化图表:教师可以使用一些数据可视化工具,例如 Excel、Tableau 等,来制作一些关于洋流对气候影响的图表。例如,可以制作气温曲线与降水柱状图,通过读图比较寒暖流对同纬度沿海地区气候的不同影响从而使学生更加直观地了解洋流对地理环境的影响。 3.在线检测,回收数据:通过教学助手"在线检测"回收学生的答题卡,生成数据,能呈现每个学生的作答情况,也能呈现每道题的答题情况(平均分、错误率等)

5.具体课例的教学活动设计

(一)第1课时"世界表层洋流的分布规律"教学活动设计

教学环节	教师活动	学生活动	技术、资源 (含平台与工具)	设计意图
情境导入	播放视频《小黄鸭漂流记》,展示文字资料:1992年1月,一艘货轮从中国香港驶往美国西海岸,途中在国际日界线附近遭遇风暴。有几个集装箱倾覆海中,数万只玩具鸭散落在海面。之后,在世界很多海岸陆续发现了玩具鸭。 提问:1.这些玩具鸭为什么会出现在世界不同的地区? 2.你能推测它们的漂流轨迹吗	观看视频及文字资料,思考问题	希沃一体机展示视频资料及PPT课件	设疑激趣,导入新课,引发学生对洋流的学习兴趣,调动学生积极思考,形成主动学习的氛围
合作探究一、洋流的概念和性质	1.课件展示世界表层洋流的分布图,指导学生阅读课本图文资料。 提问:什么是洋流?什么是暖流、寒流?如何判定? 2.课件展示南北半球海洋表层水的等温线。 提问:如何利用等温线判断洋流的流向及温度性质	1.阅读课本68页图文字资料,思考问题,认识洋流的概念、性质 2.小组探究:结合图像,讨论洋流流向及性质。(用箭头画出洋流流向并用红蓝两色标识寒暖流)	利用教学助手的互动课堂平台,将等温线图截屏分享至学生平板,学生画完图后提交电子作图	学生通过自主学习、小组合作讨论探究,主动思考、参与学习,获得结论,提高学生的参与感和解决难题、收获知识的喜悦感

教学环节	教师活动	学生活动	技术、资源 (含平台与工具)	设计意图
合作探究 二、洋流的影响因素	1. PPT 展示全球风带模式和世界洋流模式空白底图。 提问:(1)盛行风、海陆分布、地转偏向力是如何影响洋流流向的?请作图表示。 (2)用红蓝两种颜色标识寒暖流。 2. 实验模拟风海流。利用一个装满水的盆子(底部用马克笔标识经纬度)表示海洋,用 3 根吸管在 0°和南北纬 60°位置的合适方向用力吹表示盛行风,通过水面上塑料泡沫的运动,模拟风海流的形成	1. 学生绘图:在空白底图上绘制全球风带模式图,并尝试绘制理想状况下洋流的分布示意图。可先绘制受信风和西风影响形成的洋流,发现风向与流向不完全一致,思考地转偏向力的影响;接着观察这些洋流遇到陆地时的流向,说明海陆分布对洋流的影响。 2. 上台进行实验演示	利用教学助手的互动课堂平台,将全球风带模式和世界洋流模式空白底截屏分享至学生平板,学生画完图后提交电子作图至教师端,教师随机点开学生作品进行点评指导。用投屏软件将实验过程实时投屏在希沃一体机上供没有机会参与实验的同学观察	学生通过作图,复习旧知识,同时链接学习新知识,温故而知新。培养学生地理逻辑思维的建立及思考、解决问题能力。 通过学生亲自动手模拟风海流实验,加深学生对风海流形成的理解,提高学生的动手操作能力,培养追求真理、勇于探索的学习精神

教学环节	教师活动	学生活动	技术、资源 （含平台与工具）	设计意图
合作探究 三、洋流的分布规律	利用上面绘制的世界洋流模式图，归纳总结洋流的分布规律。这个问题较难，可分步骤进行：第一步，观察南北半球中低纬度大洋环流的时针流向。第二步，观察南北半球中高纬度大洋环流的时针流向。引导学生类比分析这样的流向规律与学过的气旋、反气旋系统有何联系。 展示世界表层洋流分布图及世界洋流模式图，引导学生对比有何不同并尝试分析产生差异的原因。 教师总结： 中低纬度海区形成北顺南逆的大洋环流。 （反气旋型） 北半球中高纬度海区形成逆时针大洋环流。 （反气旋型） 南极大陆外围形成环绕地球一周的西风漂流。 北印度洋海区形成冬逆夏顺的季风洋流。 介绍洋流分布规律记忆技巧：北8南0	1. 小组讨论：洋流的分布规律。得出结论：中低纬度洋流流向为北顺南逆（反气旋型）；中高纬度洋流流向为北逆南顺（气旋型） 2. 观察对比，得出结论：（1）北印度洋洋流分布不符合洋流模式图（2）南半球中高纬度不存在顺时针环流 小组讨论差异产生的原因	PPT 课件展示相关图文资料	通过回忆气旋、反气旋相关知识，借助类比和成因上的联系，更好地掌握洋流分布规律的知识。 通过两幅图的对比找出不同，培养读图能力，提高区域认知。小组讨论差异产生的原因，突破重点和难点内容，培养综合思维

教学环节	教师活动	学生活动	技术、资源 (含平台与工具)	设计意图
情境重现	回答课堂导入所提问题： 1.这些玩具鸭为什么会出现在世界不同的地区？ 2.你能推测它们的漂流轨迹吗？画出漂流路线并且标注洋流名称	学生回答问题，在图上画出漂流路线并标注洋流名称	PPT课件展示玩具鸭发现地点示意图	通过知识学习成功解释地理现象，使学生体验地理学习的快乐。动手画图标注的过程帮助学生巩固应用知识，提高学习效果
课堂总结	指导学生通过思维导图的形式构建知识框架，回顾本节课知识	绘制思维导图知识结构图		回顾本节课所学，形成结构化知识，同时培养创建能力

（二）第2课时"洋流对地理环境的影响"教学活动设计

教学环节	教师活动	学生活动	技术、资源 (含平台与工具)	设计意图
情境导入	视频展示："日本福岛核污水入海"新闻事件。 材料1:2023年8月24日，日本福岛第一核电站启动核污水排海。日本的这一行为遭到了多国民众的强烈谴责。 提问：日本核废水排入大海后，对哪些国家影响较大	观看视频，阅读图文资料，思考问题	希沃一体机展示视频资料及PPT课件	设疑激趣，导入新课，引发学生对洋流的学习兴趣

教学环节	教师活动	学生活动	技术、资源 （含平台与工具）	设计意图
自主探究 一、洋流对海洋污染的影响	提问1：推测日本核废水排入大海后，对哪些国家影响较大？请在世界地图中绘出世界洋流分布简图并加以说明。 材料2：在日本福岛核事故后，在北美西海岸的三文鱼上，检测到来自福岛的放射性污染物，但检测到的辐射量比较低 提问2：虽然在北美西海岸检测到放射性污染物，但辐射量比较低，为什么？ 小结：洋流对海洋污染的影响是：扩大污染范围，加快净化速度	1.画图，回答问题 2.思考并回答问题	利用教学助手的互动课堂平台，将本页PPT截屏分享至学生平板，学生作图完毕后提交到教师端，教师随机点开学生作品进行点评指导	在任务驱动下，回忆复习洋流分布规律并作图展示，巩固旧知识的同时学习新知识，同时加强了区域认知核心素养的培养

教学环节	教师活动	学生活动	技术、资源 （含平台与工具）	设计意图
合作探究 二、洋流对渔业资源的影响	材料3：日本是渔业大国，传统美食是生鱼片，但如今受核污水影响，渔业受到很大冲击。日本最大的渔场是北海道渔场。 提问1：探究该渔场的形成与洋流的关系。 提问2：北海、纽芬兰、秘鲁沿岸也出现了大渔场，为什么这些地区会出现大渔场？ 实验模拟：上升补偿流 利用一个装满水的玻璃缸表示海洋，水缸底部的茶叶代表营养物质，用吹风机在水缸一侧合适方向吹表示离岸风，通过茶叶的运动，模拟上升补偿流的形成。 小结： ①寒、暖流交汇处容易形成渔场（北海道渔场、北海渔场、纽芬兰渔场） ②上升补偿流处容易形成渔场（秘鲁渔场）	1.小组合作，探究世界四大渔场的分布与洋流的关系，分析为何这些地区会出现大渔场，尤其注重对于上升补偿流形成洋流原理的探究。 2.实验模拟上升补偿流，观察茶叶是否上泛，若上泛，说明原因，据此解释秘鲁渔场的成因	用投屏软件将实验过程实时投屏在希沃一体机上，供没有机会参与实验的同学观察	利用相关新闻，串联知识点，探究渔场形成与洋流的关系，通过实验演示，理解离岸风、营养物质、上升补偿流等概念，深刻理解洋流成因，培养求真务实、勇于探索的科学态度和动手操作的实践能力

教学环节	教师活动	学生活动	技术、资源（含平台与工具）	设计意图
合作探究三、洋流对气候的影响	材料4：日本气候资料图 提问：日本是什么气候？亚热带季风气候在中国大陆的北界约为34°N，在日本群岛的北界约为38°N。造成该差异的原因是什么？ 案例拓展：认识洋流对气候的影响——科隆群岛 探究问题：①比较科隆群岛的气候与热带雨林气候的差异；②找出影响科隆群岛的洋流；③解释洋流对科隆群岛气候的影响。 小结： 洋流对沿岸气候的影响：暖流给所经海面及附近地区增温增湿，寒流给所经海面及附近地区降温减湿	小组合作，探究日本亚热带季风气候北界比中国靠北的原因。在此基础上，通过小组讨论的方式研究回答案例所提的3个问题，进一步探究洋流对气候的影响	希沃一体机展示相关图文资料	以日本亚热季风气候分布北界比中国靠北入手，说明洋流对气候的影响。后又以科隆群岛为例，深入剖析洋流对气候的影响，帮助学生加深理解、知识迁移、学以致用

教学环节	教师活动	学生活动	技术、资源 (含平台与工具)	设计意图
合作探究四、洋流对海洋航行的影响	材料5：美国是日本商品出口的全球第二大目的地,出口商品以汽车及零部件为主,通过海运到达美国。一艘从日本东京港出发的货船在到达美国加利福尼亚州沿岸后遭遇了海上大雾。 提问1：请为日本货轮设计合理的海上航行路线,并说明设计理由 提问2：海雾的形成原因是什么？海雾的形成与洋流有什么关系 小结：洋流对海洋航行的影响：顺洋流航行速度加快,逆洋流航行速度减慢；寒暖流交汇处、寒流流经的低纬度海域、暖流流经的高纬度海域易形成海雾；洋流带来的冰山影响航行安全	1.设计画出日本到美国西海岸的航行路线并说明理由 2.探究美国加利福尼亚州沿岸出现海上大雾的原因	利用教学助手的互动课堂平台,将本页PPT截屏分享至学生平板,学生画好航行路线提交到教师端,教师随机点开学生作品进行点评指导	设计航行路线是学生对知识的迁移应用,不仅复习了洋流分布模式的知识,还生成了洋流对海洋航行产生影响的新知识。探究海雾的形成,小组成员间交流想法、观点补充、思维碰撞,培养合作学习能力,同时也是对地理综合思维能力的培养
课堂总结	指导学生通过思维导图的形式构建知识框架,回顾本节课知识	绘制思维导图知识结构图		回顾本节课所学,形成结构化知识,同时培养创建能力
习题巩固	课件展示本节课相应检测题目	学生平板在线答题并提交	利用教学助手教学平台将检测试题和答题卡推送至学生平板,学生作答后回收答题卡,生成反馈数据	学生当堂练习,巩固新知。教师通过平台反馈数据分析学生作答情况对知识点的掌握情况,针对性点评指导,巩固教学效果

五、评价方法

传统教学评价中多采用纸笔测试法,纸笔测试的优点是考试题目的取样较多,对知识技能考核的信度和效度均高,教师可以对学生成绩进行大规模的分析,费时少、效率高。但是纸笔测试不能全面考查学生的学习态度、课堂参与度、合作学习能力、实验探究能力等,因此可以将纸笔测试评价与其他表现性评价方式相结合,各种方式相互取长补短,从而对学生表现进行科学多元评价。

1. 纸笔测验

内容	赋分	学生得分
学生对作业理解不足,做错多数题目	1分	
学生对作业理解一般,做错一部分题目	2分	
学生较好地理解了作业,多数题目都做对了	3分	
学生很好地理解了作业,把所有的题目都做对了	4分	

2. 实验操作评价

要素	评分标准	表现水平	分值	小组互评	教师评价
实验操作能力	1. 水盆底部纬度标记正确。 2. 吹风机摆放位置正确。 3. 实验操作规范正确。 4. 实验过程讲解清晰完整。 5. 清理操作台	水平1:符合1项 水平2:符合2项 水平3:符合3项 水平4:符合4项 水平5:符合5项	10分 20分 30分 40分 50分		
实验报告撰写	1. 实验报告撰写规范。 2. 实验过程记录完整。 3. 实验结果分析正确。 4. 文字逻辑清晰,语言表达规范专业。 5. 提出实验改进意见	水平1:符合1项 水平2:符合2项 水平3:符合3项 水平4:符合4项 水平5:符合5项	10分 20分 30分 40分 50分		

3. 表现记录评价

根据学生在课堂某项探究活动中的具体表现进行评定,也可以评估学生在课堂及小组合作学习中的积极性、参与度、合作精神等方面表现。

(1)对教材活动"洋流对气候的影响"评价示例

比较科隆群的气候与热带雨林气候的差异		
水平	表现	样例
水平1	仅能说出科隆群岛比热带雨林气候气温低,降水少	科隆群岛比热带雨林气候气温低,降水少
水平2	能够说出科隆群岛以及热带雨林气候的简要特点,并能进行比较	热带雨林气候终年高温多雨;科隆群岛气候凉爽,大部分地区干燥少雨。科隆群岛比热带雨林气候气温低,降水少
水平3	能够说出科隆群岛以及热带雨林气候的简要特点,并能进行细致的比较	热带雨林气候终年高温多雨;科隆群岛气候凉爽,气候年较差小,空气湿度小,大部分地区干燥少雨。因此科隆群岛比热带雨林气候气温低,降水少
我的等级		

(2)对学生小组合作学习的表现性评价

一级指标	二级指标	三级指标	表现	自评	互评	师评
前期准备	学习态度	预习相关知识并收集整理相关资料	A.优秀 B.良好 C.待提高			
合作过程	参与态度	自觉、按时参与小组合作学习活动	A.优秀 B.良好 C.待提高			
		积极主动地表达个人观点	A.优秀 B.良好 C.待提高			
	合作关系	组内成员分工明确	A.优秀 B.良好 C.待提高			
		仔细倾听其他组员的意见	A.优秀 B.良好 C.待提高			
		出现意见分歧时,能积极与其他组员进行讨论	A.优秀 B.良好 C.待提高			
		乐意帮助其他组员完成某个任务	A.优秀 B.良好 C.待提高			
		组内成员能共享学习成果	A.优秀 B.良好 C.待提高			

一级指标	二级指标	三级指标	表现	自评	互评	师评
成果展示	参与度	主动参与小组汇报发言	A.优秀 B.良好 C.待提高			
		认真听取他人的汇报成果	A.优秀 B.良好 C.待提高			
		能够对他人成果进行提问、发表观点	A.优秀 B.良好 C.待提高			
	内容	达到了预定目标	A.优秀 B.良好 C.待提高			
		结论准确无误、科学全面,展示内容具有地理性、趣味性、创新性	A.优秀 B.良好 C.待提高			
		汇报时间控制合理	A.优秀 B.良好 C.待提高			
	表达	仪态自信大方,声音洪亮	A.优秀 B.良好 C.待提高			
		语言表达清晰,逻辑性强	A.优秀 B.良好 C.待提高			

六、教学反思

1. 项目学习连接知识、生活和学生

教育的重要任务之一就是培养能适应未来学习需求、具有解决复杂社会问题能力的学生。然而现实教育中的一些现象与这个目标却是背道而驰的:做题多、实践少;被动式学习多、主动式探究少;各自为政的学习多、团结合作的分享少。在这种现实之下,采用项目学习可以激发学生的探究意愿和团队合作的学习需求,有效联系知识、生活和学生。

"洋流"的教学,首先能够联系真实生活,挖掘研究问题。比如在第一课时教学中,设计了真实的"玩具鸭"案例情境,课前,指导学生检索历年来有关玩具鸭的报道,将其发现的日期和地点(经纬度位置)标注在电子地图上。按照年份排列其经过点,勾画行进路线,并推测沿途可能有的洋流及其名称。课中,通过画图、模拟实验、小组合作等方式探究表层洋流的分布规律,再回顾玩具鸭事件,验证课前标注的漂流路线是否正确,首尾呼应,不仅提高了学习效果,还将学生与地理知识、真实生活联系起来,培养了学生解决真实地理问题的能力,为以后走向社会、适应社会奠定基础。

此外,本节课能够依托科学实验,助力研究主题,连接知识、生活与学生。真实的洋流环境离学生生活较远,洋流的相关知识对学生难度较大,故可以通过实验模拟的方式,有效加强学生对海洋环境的感知,助力相关知识的习得。比如在第一课时教学中,为了帮助学生更好地理解盛行风对表层洋流流向的影响,教师提供实验道具、建议与指导,学生自主设计并进行实验操作;第二课时中,上升补偿流处易形成渔场是个较难的知识点,也可以采用实验模拟的方法进行突破。在设计实验和操作试验过程中,小组成员间沟通合作,解决问题的同时锻炼了协作沟通的技巧和解决真实问题的能力。

2.层次性活动推动思维发展

层次教学能引导和帮助学生克服思维障碍,推动思维多层面逐步深入发展,使知识和能力不断升华。教师根据知识结构的繁简和理解程度的难易把包含在知识和规律内的复杂和隐蔽的内涵层层剥离,进行多层面的展开,逐级推进和激发,使教学由表及里、深入清晰地揭示出整体知识的本质和内在的规律,又可训练学生思维的广阔性和深刻性。

"世界表层洋流的分布规律"这一内容既是教学重点也是教学难点,对学生有一定难度。因此可以将这部分知识进行分解,分为两个层次展开,由简到难,层层推进。

第一部分是洋流的概念、分类及影响因素。对于洋流的概念,教师应引导学生抓住概念中的关键词,如表层海水、大规模、有规律等。对于洋流的分类,教师讲述按性质分为寒流、暖流,并引导学生根据等温线判读南北半球的寒暖流。关于洋流影响因素的教学,教师首先引导学生说出洋流的影响因素是盛行风,然后带领学生回顾全球风带并画出示意图,引导学生画出理想状态下洋流的分布示意图,进而总结分布规律。为了降低作图难度,引导学生逐步深入,绘图时可先绘制受信风和西风影响形成的洋流(如南、北赤道暖流,西风漂流),以说明盛行风对洋流的影响,接着引导学生读图,观察这些风海流遇到大陆时的流向,以说明海陆分布对洋流的影响。洋流流出后海水会来补充,最后请学生思考水的流体特性对洋流的影响。这样将复杂的作图过程一一分解,不仅帮助学生克服思维障碍,还能推动思维逐步深入发展,使知识和能力不断提高。

第二部分是洋流的分布规律,这部分内容是对课程标准"运用世界洋流分布图,说明世界洋流的分布规律"的具体落实。这个问题较难,可以结合世界洋流分布图,联系大气环流和大洋环流,先让学生回忆前面学习的天气系统中的气旋、反气旋的相关内容,借助类比和成因上的联系,更好地学习洋流分布的规律及成因。具体可分步骤进行:第一步,分别观察南北半球中低纬度大洋环流和南北半球中高纬度大洋环流的时针流向,引导学生类比分析这样的流向规律与学过的气旋、反气旋系统有何联系;第二步展示世界表层洋流分布图及世界洋流模式图,引导学生对比有何不同。学生会发现南半球中高纬度没有出现环流圈,而是形成环绕地球一周的西风漂流;北印度洋海域的洋流方向随季节变化而变化,进一步引导学生思考产生以上差异的原因。当学生能够总结出全球洋流分布规律后,教师进一步引导学生简化洋流的分布规律,可按"北8南0"的洋流模式图进行具体应用。相信经过这样层层分解、逐级剖析的学习过程后,学生不仅能够熟练掌握相应知识,还能训练地理思维的深度与广度。

3.微能力助力问题解决

(1)多媒体课件辅助教学。在传统教学中存在"一块黑板、一支粉笔、一张嘴巴讲到底"的现象,教师一言堂,学生被填鸭,学习效果大打折扣。随着计算机技术的发展和普及,把互联网技术引入教学,结合影视、图像、音响等手段而进行的多媒体课件辅助教学,已成为现代教学的大趋势。融入图形、文字、影像、声音、动画的多媒体课件,大大刺激了学生的感官,使学生手、脑、耳并用,充分唤起学生课堂学习的兴趣,从而达到提高课堂效率的结果。"洋流"教学对于学生来说有一定难度,而利用多媒体课件辅助教学,向学生充分展示有关洋流的文字、图像、视频资料,使静止的问题动态化、复杂的问题简单化、抽象的问题具体化、枯燥的知识趣味化、深奥的理论具象化,大大提高学习效果。

(2)智慧教学平台助力教学。随着我国教育现代化建设与教学改革的不断推进,利用智慧教学平台助力教学已是大势所趋。在教学中,教师从课前、课中、课后三个环节借助平台资源充分备课与授课。课前,教师可以利用智慧教学平台海量优质资源查找素材帮助备课。还可以将相关教学资料发送给学生,学生可根据自身的情况提前学习,教师再根据学生的反馈确定具体授课内容、难易程度。与教师根据个人经验设计教学的传统教学模式相比,智慧教育将教学数据化,更能提升教学效率。智慧平台可以让教学方式更加灵活高效,比如本节课中,教师可以利用互动课堂里的"光荣榜""小组评分"等功能鼓励激发学生积极参与课堂,利用在线检测等智慧教学手段及时反馈学生对知识的理解掌握情况。课后,还可根据学生不同的学习情况,为学生推送有区别的个性化的作业,真正做到因材施教。总之,利用平台的交互性更充分调动师生互动、生生互动,增强学生的课堂参与感,让学生在享受课堂的同时学习知识,大大提高学习效果。

参考文献

[1] 李秀丽.提高文科学生数学学习兴趣的探索[D].金华:浙江师范大学,2013.

[2] 李明霞.中国传统启发式教学思想的实践价值研究[D].合肥:安徽师范大学.2014.

[3] 胡继中.基于中学地理"问题—建构"有效教学策略的课堂实践与思考——以课标

"运用地图,归纳世界洋流的分布规律"教学为例[J].教育与教学研究,2014,28(10):108-110.

[4] 钱志栋.数字星球系统在高中地理课堂中的运用——以"大规模的海水运动"为例[J].都市家教:下半月,2012(11):1.

[5] 贾诗琦,江晔.基于数字星球系统的地理探究式学习课例分析——以"大规模的海水运动"为例[J].地理教学,2018(18):18-21.

[6] 韩永雷.基于Google Maps API的地理教学资源开发与应用[D].上海:华东师范大学.

[7] 喜迎,布仁吉日嘎拉.基于高中地理学科核心素养培养的深度教学模式设计[J].赤峰学院学报(自然科学版),2022,38(07):107-113.DOI:10.13398/j.cnki.issn1673-260x.2022.07.013.

[8] 陈雪东.基于高中生地理问题意识培养的课堂问题情境创设研究[D].广州:广州大学,2022.

[9] 林燕如,张来英,朱亚先.放射性魔法学院之旅[J].大学化学,2021,36(10):6.

[10] 莫胜冬.ABC员工招聘策略及流程研究[D].西安:西北大学,2007.

[11] 张健.基于地理核心素养培养的高中地理实验设计与实践——以"海水的性质与运动"为例[J].地理教学,2022(4):50-52,49.

[12] 陶建国.浅谈在化学教学中创新思维的培养[J].商业经济,2009(24):2.

[13] 陆才稳,蒋溢.核心素养培育下高中地理教材的模块化开发[J].教学与管理(理论版).2022.

[14] 袁琴.多媒体课件中的视觉传达设计研究[D].重庆:西南大学,2010.

(主要执笔人:康卉君　宁夏回族自治区银川一中)

"三新"改革背景下"海—气相互作用"教学研究与案例应用

——以"海—气相互作用"第四章第三节为例

随着教育改革的不断深入和信息技术的不断进步,在课程改革的大背景下"海—气相互作用"教学研究与案例应用遵从以下要求。

1. 教学内容的优化:在改革的背景下,"海—气相互作用"教学紧密结合《普通高中地理课程标准》(2017年版)(以下简称"课程标准")和课程实施方案,优化教学内容,注重学科知识、学科能力和学科情感的融合和发展。注重培养学生的探究能力和实践能力,引导学生通过构建知识结构图、实验演示、互联网查资料等方式深入理解海—气相互作用的内容。

2. 教学方法的创新:在改革的背景下,"海—气相互作用"教学注重教学方法的创新,采用多样化的教学手段和策略,激发学生的学习兴趣和积极性。采用多媒体教学、情景教学、实验演示、小组合作等多种方式,让学生在轻松愉快的氛围中学习,提高学习效果和满意度。

3. 教学评价的变革:在改革的背景下,"海—气相互作用"教学注重教学评价的变革,从单一的知识考核转向全面的素质评价。注重对学生的探究能力、实践能力、地理信息获取能力和团队合作能力等方面综合进行评价,让学生在学习中得到全面的发展和提高。

4. 案例应用的实践:在改革的背景下,"海—气相互作用"教学注重案例教学的应用,通过真实的案例、实际的问题引导学生进行探究和实践。引导学生分析"沙漠花海""1950年长津湖异常低温"等案例,深入了解海—气相互作用对气候的影响,培养学生的知识应用能力。

以上是改革背景下"海—气相互作用"教学研究与案例应用的一些思路和方向。对于具体的实践操作,需要根据地理学科的特质、不同的教学对象和不同的教学环境进行灵活的调整和应用。

一、课例教学设计指导思想

1.充分体现学生在教学中的主体地位,注重学生的主导性、实践性

在设计教学活动时,首先考虑学生的理解能力和学习水平,其次以多种教学手段激发学生学习热情、促进学习积极性、培养探究能力和动手能力。

2.恰当地运用真实情境,围绕情境设计典型的探究任务

在教学设计中,以"沙漠花海"为情境设计探讨的课题,既让学生感受到大自然的神奇,激发了学习的兴趣,又引发了学生对这种异常现象成因的思考。

3.强化综合思维,注重知识的整合和应用

在教学设计过程中,对教材进行深入分析和挖掘,把各部分知识间的联系处理得恰到好处,还要注意知识的融会贯通,强化知识的内在联系,加强区域认知的培养和人地协调观的培养。

4.巧用实验演示,解读抽象内容

在教学设计过程中,注重学生的实验演示,通过操作实验、观察实验、对比实验结果,让学生直观地了解水分交换过程也伴随着热量的传递。

5.重视创新意识和创新能力的培养,逐步形成创新思维

鼓励学生大胆质疑、积极探索,引导学生发挥自主探究精神,设计的教学活动营造开放、自由的教学氛围。关于"沙漠花海"是哪种现象下出现的奇观,可以先让学生自由发言并陈述原因,然后让学生互相质疑、答疑,探究出相应的结果。

二、课例教学设计理论依据

1.新课程改革的要求

新课程改革提出了从课程标准、教学模式、评价体系等方面改革传统教育模式的要求,注重培养学生的创新精神和实践能力,"海—气相互作用"教学设计要与新课程改革的要求紧密结合,注重学生的主体性和实践性,培养学生的探究精神和创新能力。

2.学科整合的需求

海—气之间水分和热量的交换过程、"沙漠花海"奇观以及厄尔尼诺对鳀鱼产卵的影响,涉及物理学、生物学等多个学科的知识,"海—气相互作用"教学设计注重整合各个学科的知识,培养学生的综合应用能力。

3.认知心理学研究成果

从认知心理学的角度考虑,"海—气相互作用"教学设计应注重学生的学习规律和认知能力,采用多样化的教学手段,满足学生的不同需求;根据学生在学习过程中的认知水平和认知习惯进行分析和思考,设计符合学情的教学活动。

4.新兴教学技术的应用

在教学中应用新兴教学技术,为"海—气相互作用"的教学提供了更多的便利。如海—气水热交换、厄尔尼诺现象、拉尼娜现象等带来的影响,可以通过希沃教学助手、希沃白板、互联网等教学辅助工具的使用,将抽象的内容直观地呈现出来,让学生更容易投入到学习中,提高了课堂上的学习效率,促进了学生的学习积极性。

5.教学考核理念

教学中既要重视知识的落实,又要重视评价学生的认知方法和思维水平,因此,"海—气相互作用"教学设计要重视评价体系的设计,如在评价学生是否掌握海气相互作用对全球水热平衡的影响时,既要求学生能说出教材的相应内容,又要求学生能运用图表构建知识体

系,并会表达知识之间的联系。此外,还应采取多种形式对学生的学习情况、能力提升、综合素质发展等方面进行综合评估。

三、课例教学对象分析

(1)以有趣的情境、实验、探究活动等方式,注重学生在课堂上的参与性,让学生参与到教学活动中,融入每一个教学环节中,突出学生在课堂教学中的主体地位。

(2)引导学生对相关知识多角度、多维度地理解和掌握,以注重学生学习方法、学习策略为核心,以知识的系统性、整体性为重点,培养学生综合运用能力为目标。

(3)注重以分析、归纳、推理的方式,引导学生探究问题,培养学生的科学思维能力。厄尔尼诺和拉尼娜现象的形成机制非常复杂,可以引导学生运用科学的探索思维和方式,主动去探究现象背后隐藏的秘密。

(4)培养学生发现和探究实际问题的方法,培养学生调用所学的地理知识解决实际问题的能力。以 1950 年长津湖 50 年一遇的低温天气为例,引导学生从海—气的相互作用出发,思考长津湖会战低温天气的成因,以及产生的影响。

四、课例的课程改革

本节教材以"运用图表分析海气相互作用对全球水热平衡的影响,解释厄尔尼诺现象和拉尼娜现象对全球气候和人类活动的影响"为主要内容,在教学过程中按照课程标准的要求,对本节课的内容进行了重点讲解。

《普通高中地理课程标准》(2017 年版)中的"应用图表"是要求学生通过各种数据图、示意图、结构关系图分析海气相互作用的过程、原理,并能说明其对全球水热平衡的影响。同时,要求学生能运用各种图表解释厄尔尼诺、拉尼娜现象对全球气候和人类活动的影响。

在必修一中已涉及大气受热过程和水循环,对于"分析海—气相互作用对全球水热平衡的影响"这部分内容在课程标准中的落实,本节课结合原有基础知识进行了系统的呈现。因此教学中在处理这部分知识时,适宜采用"复习回顾—归纳提升"的措施。即教师在引导学生回顾所学知识的基础上,归纳整理得出结论。

《普通高中地理课程标准》(2017 年版)中关于"全球气候和人类活动受到厄尔尼诺和拉尼娜现象的影响"这部分内容,目前科学界还存在一些争论。不同国家和地区关于厄尔尼诺现象和拉尼娜现象的界定、观测区域划定、监测指标甚至预报模型都有差异。科学家仍然在做进一步的观测、研究,以期提高预报效果。因此在处理这部分内容时,注意引导学生形成正确的、严谨的、科学的探索精神。

这节内容相对来说是地理学研究的前沿内容,有很多新观点、新结论出现。因此,教师引导学生运用信息技术手段,关注相关学科研究的进展,了解最新的地理学研究成果。

五、课例呈现

通过课例简介,教师可以对本节课的教学内容和过程进行有序、科学地安排和设计,从而提高教学效果和学生的学习效率。

1. 教学目标及对应的核心素养

明确本次教学的目标和学生需要掌握的知识点,并将每一个教学目标落实的核心素养呈现出来。各项核心素养是关联的,一个教学目标可以针对一个或多个核心素养。"海—气相互作用"的教学目标与核心素养的对应关系如下。

核心素养	教学目标
综合思维的培养	运用图表,说出海气间的水分和热量交换过程,分析全球水热平衡受海气相互作用的影响
区域认知的能力	运用图表说出厄尔尼诺现象和拉尼娜现象,以及它们命名的地点和发生的主要时间
地理实践力与科学探究精神	结合景观图等资料,对全球气候和人类活动受到厄尔尼诺和拉尼娜现象的影响进行解释

2. 基本学情分析

从知识储备看,学生已经学习了热力环流、水循环、洋流等相关知识;从生活经验来看,学生大多数听说过"全球变暖""冷冬"这样的词汇。虽然,学生对相关知识有一定的了解,但是学生对地理时间和空间的动态规律观察、概括和趋势预测等学科思维模式、探究方法与技能还需要培养,因此教师需利用案例、图表、视频等资料,引导学生深入思考,找出海—气相互作用规律及异常现象的特征和对气候的影响。

3. 主要教学策略

(1)趣味性引导教学。通过展示一些有趣的图片和视频,引导学生探究"沙漠花海"这种景观出现的原因,激发学生的学习兴趣和好奇心。

(2)任务驱动式教学。通过导学案设计活动任务,学生在导学案任务的驱动下,目标明确地完成学习任务。同时学生的能力素养也通过任务驱动式教学有一定的提升,包括沟通能力、合作能力、创新能力、批判思维能力等方面的提升。

(3)倡导合作式学习。通过小组合作学习和探究,让学生自主发现和探究正常年份热带太平洋上空的大气环流及对气候产生的影响,以及厄尔尼诺和拉尼娜现象产生的影响,培养学生的创新思维和解决问题的能力。

(4)多媒体辅助教学。通过多媒体呈现教学视频,使学生更加直观地理解厄尔尼诺与拉尼娜现象,提高教学效率。

4. 教学内容

根据课程标准的要求及学生认知能力,明确教学目标,选取适合的教材和教学资源,设计有效的、有趣的教学活动和探究实验,创设真实情境、运用图文资料讲解、演示并观察实验、小组探究等方式,引导学生更好地理解并掌握本节内容。

课题	海—气相互作用
课程标准解读	按照课程标准的要求,本教材重点落实的内容是"运用图表分析海气相互作用对全球水热平衡的影响,解释厄尔尼诺现象和拉尼娜现象对全球气候和人类活动的影响"。因为受课本和文本的限制,本节教材着重从海—气相互作用及其异常表现这两个方面来落实课程标准要求
教学目标	1.运用图表,说出海气间的水分和热量交换过程,分析全球水热平衡受海气相互作用的影响 2.运用图表说出厄尔尼诺现象和拉尼娜现象,以及它们命名的地点和发生的主要时间 3.结合景观图等资料,对全球气候和人类活动受到厄尔尼诺和拉尼娜现象的影响进行解释
教学内容	海—气相互作用对全球水热平衡的影响,阐述了海—气相互作用的途径、过程、表现及其对气候、自然环境的影响,并以水分交换和能量交换为例进行了阐述。教材首先阐述了通过水循环和能量交换影响全球气候乃至全球自然环境的海—气界面水热通量过程,是全球重要的自然地理过程之一。下面教材讲述了海—气水热交换的基本方式、途径和过程,以及所形成的大气环流和大洋环流对全球水、热平衡的影响。 "厄尔尼诺现象与拉尼娜现象"分别介绍了厄尔尼诺现象和拉尼娜现象,说明它们分别是区域性海洋表层海水和大气环流中出现的异常现象,它们通过海—气相互作用影响了区域和全球气候,进而影响了人类活动。教材通过正常年景和异常年景区域表层海水和大气状况的差异,说明厄尔尼诺和拉尼娜现象发生时自然地理要素所发生的异常变化、表现及其带来的影响。教材最后指出,厄尔尼诺现象和拉尼娜现象的形成机制目前还存在争议,科学家仍在做进一步的观测、研究
教学资源	选择符合学生认知能力的教学资源,例如教材、课件、演示实验器材、教学视频等,来引导学生更好地理解和掌握知识

5.教学重点和难点

教学重点:分析海—气相互作用对全球水热平衡的影响,解释厄尔尼诺、拉尼娜现象对全球气候和人类活动的影响。

教学难点:解释厄尔尼诺、拉尼娜现象对全球气候和人类活动的影响。

6.教学方法

在注重启发学生思维和创新能力的同时,选择比较法、归纳法、点拨法、合作探究法、案例教学法等适合学生的教学方法和策略,激发学生潜在的学习能力,培养学生综合的地理素养。

7.教学过程

教学过程	1.导入环节:创设有趣的教学情境"沙漠花海"。
	2.课堂练习:依据教学环节完成导学案上的相应任务。
	3.实验操作:利用实验器材,观察热水和冷水的蒸发,并记录相应的结果。
	4.小组活动:以小组形式探讨全球水热平衡受海—气相互作用的影响,以及受厄尔尼诺(厄尔尼诺,Ernino)影响的气候问题。
	5.观看视频:通过观看视频,了解厄尔尼诺现象及其带来的影响。
	6.作业:布置有关作业,巩固学生学习成果。
	7.教学评价:多角度、全方位地评价。
	8.实验结果评价:通过评价学生对实验结果的描述和对实验现象的解释等方式,了解学生对海—气间水分、热量转换的掌握程度。
	9.课堂表现评价:评价学生的课堂参与度和表现等

8.教学设计

教学环节	教师活动	学生活动	技术、资源 (含平台与工具)	设计意图
情境导入	阿塔卡马沙漠受寒流影响,被称为"世界旱极",可是这里却出现了一个奇怪景观——"沙漠花海"	学生思考: 通过欣赏阿卡塔马"沙漠花海"奇观,并对这一奇怪现象产生探究的欲望	希沃白板5展示图文资料:阿塔卡马沙漠风光图、地理位置图以及"沙漠花海"景观图	创设有趣的情境,引人关注,激发学生学习兴趣和探求问题的欲望
设置疑问	提问:为什么秘鲁寒流降温减湿的作用在这里不奏效了?海—气之间发生了什么?今天我们将揭开它神秘的面纱	运用已学内容,对于相应问题有一个初步的思考,并带着答疑解惑的目标开始本节内容的学习	希沃白板5呈现问题:为什么秘鲁寒流降温减湿的作用在这里不奏效了?海—气之间发生了什么	

教学环节	教师活动	学生活动	技术、资源（含平台与工具）	设计意图
任务1	提问：海—气之间是如何进行水分交换的？组织学生在导学案上绘制海—气之间水分交换的结构关系图	结合教材P72～73的图文资料：在导学案上绘制海—气之间水分交换的结构关系图	1.希沃白板5呈现海洋与大气间水分和热量交换示意图。2.运用希沃白板授课助手拍照，然后上传至希沃白板5，呈现学生完成的结构关系图	通过绘制知识结构图，引导学生理解海—气之间水分交换的过程，也培养了学生的综合思维
任务2	提问：全球水量是如何保持动态平衡的呢？教师结合海洋、陆地水量收入和支出表，引导学生归纳	小组讨论完成教材上活动，展示讨论成果，小组间互相补充，并给出总结性的结论	运用希沃白板5呈现全球水量平衡示意图。希沃白板5呈现海洋、陆地水量收入和支出表	结合图、表分析，可以让学生更好地理解水量平衡，也可以培养学生提取地理信息能力和综合思维
任务3	提问：海—气之间是如何进行热量交换的	结合教材P72～73的图文资料：在导学案中绘制海—气间热量交换的结构关系图，学生之间互相质疑、补充	1.希沃白板5呈现海洋与大气间水分和热量交换示意图。2.运用希沃白板授课助手拍照，然后上传至希沃白板5，呈现学生完成的结构关系图	学生在绘制知识结构图的过程中，区域认知、综合思维等能力都可以得到很好的培养
任务4	实验演示：实验准备两个大小一致的玻璃杯，分别装上高度一致的热水和冷水。提问：世界上哪个地区的水热交换最活跃呢	实验操作：将双手置于玻璃杯上方2厘米处感受，并完成学案中实验记录表格归纳结果：热水蒸发的水汽多，且传导的热量多。推测：赤道附近的海区	运用希沃白板5将录制的实验微课呈现给全体学生	通过完成实验，学生能够直观地感受潜热这一能量传递的方式，让学生理解地理知识的同时，也在实践中锻炼了自身的综合思维能力

教学环节	教师活动	学生活动	技术、资源 （含平台与工具）	设计意图
任务5	教师组织学生合作探究：正常年份热带太平洋上空的大气环流及对气候的影响，并分析是否会出现"沙漠花海"现象及原因	1.结合教材的4.18图探究，在学案上用箭头标示出大气运动方向，使之形成环流圈。 2.完成导学案上的归纳表格。 3.分析是否会出现"沙漠花海"现象及原因。 4.小组呈现讨论成果，组间相互质疑、补充	用希沃白板5呈现教材4.18图：正常年份热带太平洋上空的大气环流模式。 运用希沃白板授课助手拍照，然后上传至希沃白板5，呈现学生完成的导学案表格	借助导学案，以任务带动教学，全面提升学生的综合素质，包括沟通能力、合作能力、探究能力、质疑能力等
任务6	教师组织学生结合视频和导学案合作探究厄尔尼诺现象产生的影响，并分析是否会出现"沙漠花海"现象及原因	1.通过视频了解厄尔尼诺现象及命名地点和主要发生时间。 2.结合教材P74图文资料，归纳整理后，完成导学案中的表格。 3.分析是否会出现"沙漠花海"现象及原因。 4.小组呈现讨论成果，组间相互质疑、补充	1.运用希沃白板5呈现视频。 2.使用希沃白板5呈现4.17图：厄尔尼诺现象发生时太平洋表层水温异常示意图	

教学环节	教师活动	学生活动	技术、资源(含平台与工具)	设计意图
任务7	教师组织学生对这节课所学的总结,反思本节课的收获	学生总结所学知识	结合希沃白板5进行总结	通过评价可以让学生明确自己本节课在知识的获取和运用、地理思维等方面的水平,让学生有所收获的同时也可以反思自己的不足
任务8	教师开展教学评价针对学生的实验报告、小组展示、讨论表现以及个人表现进行评价。通过作业来测评学生掌握的知识和能力。教师通过对学生课堂表现的评价,可以不断地改进和完善任务驱动的教学策略	1.回顾学习的过程,反思完成任务的收获和不足之处。2.学生以小组互评的方式进行小组测评。3.通过学生的作业来考查学生所掌握的知识和能力	1.用希沃白板5呈现课堂任务完成效果评价。2.通过宁教云平台或微信平台推送课后探究题任务:拉尼娜现象的命名、发生时间和产生的影响。3.通过问卷星进行学习评价	

9.教学设计的知识思维导图

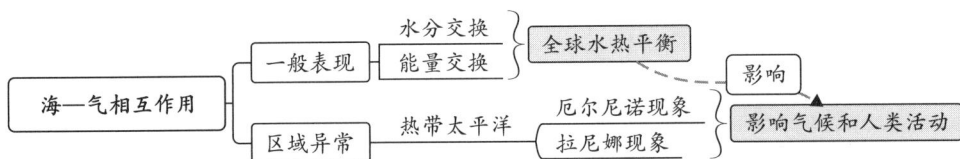

10.课后作业——学生作品

(1)绘制一份海—气之间水分交换和热量交换的知识结构关系图。

(2)录制一段实验演示及解说视频。学生通过手机录制实验演示视频,在演示的同时具体讲解水温高低和水蒸气多少的关系,总结出水分的交换过程也伴随着热量的传递,同时这样的演示也直观地呈现了潜热这种能量传递方式,既展现了学生的地理实践力,又为课堂教学提供了实用的素材,同时也为其他学生的地理实践提供了可借鉴的经验。

(3)制作一个小专题讲解的PPT或希沃课件。

小专题包括:①海—气之间水分、热量的交换过程和原理的讲解;②全球水量动态平衡的解读;③有关厄尔尼诺现象或拉尼娜现象的讲解;④就厄尔尼诺现象或拉尼娜现象对我国影响的看法和见解等。学生根据本节所学内容,自主选定一个专题。这里学生可以根据自已的能力和知识掌握的程度,选择一个方面的专题进行制作。这种多层次、多角度的作业,不仅给了学生自主选择权,同时学生也可结合自身实际,量体裁衣。

(4)一份图文并茂的关于厄尔尼诺和拉尼娜现象的展板。学生通过精心制作图文并茂的展板,生动形象地展示了厄尔尼诺和拉尼娜现象的差异,以及对地球气候和人们生活带来的影响。这类学生作品既表现了学生对海—气相互作用的深刻理解和掌握,又能让学生体会到大自然的神奇和复杂,还能培养学生的综合思维能力和科学探究的精神,并展现了学生对地理信息的获取能力。

六、课后评价与反思

1.评价方法

设计科学、全面、多元化的评价方式,如在教学、课堂表现、实验、课堂练习完成效果等方面,了解教学设计是否合理、教学活动和实验是否可以有效地提升教学效率,以及学生对知识的掌握程度和学习积极性等情况,进而及时反思改进教学策略,更好地发掘学生的潜能,提升教学效率。

2.教学评价量表

(1)教学设计评价量表

评价内容标准	赋分	教师得分
教学设计不全面、不系统,不能够满足教学需求,缺乏创意和新颖性	1分	
教学设计不够全面和系统,基本能够满足教学需求,但缺乏深入挖掘和探究	2分	
教学设计较为全面和系统,能够满足学生的学习需求,有一定的创意和新颖性	3分	
教学设计非常全面和系统,很好地满足学生的学习需求,有很好的创意和新颖性	4分	

(2)教学方法评价量表

评价内容标准	赋分	教师得分
授课方式略有变化,但在趣味性和互动性上有所欠缺	2分	
授课方式更加丰富多样,能激发学生的学习兴趣,有一定的趣味性、互动性	3分	
教学方式十分丰富多样,极大地激发了学生的学习兴趣,趣味性、互动性都很高	4分	

（3）教学态度评价量表

评价内容标准	赋分	教师得分
教师教学态度不够认真、不够负责、不够积极主动、不够耐心	1分	
教师教学态度一般,有时缺乏热情和耐心	2分	
教师授课态度较好,兢兢业业,有一定的积极性和耐心	3分	
教师的教学态度非常好,极其认真负责,富有热情和耐心	4分	

（4）课堂管理评价量表

评价内容标准	赋分	教师得分
教师课堂管理不够严格,学生课堂纪律涣散,班级管理无序	1分	
教师课堂管理稍有欠缺,学生课堂纪律偶有松散,课堂秩序偶有混乱	2分	
教师课堂管理较好,基本能够维持学生纪律,基本能稳定班级秩序	3分	
教师课堂管理非常好,学生听讲认真,课堂秩序井然	4分	

3.学生评价量表

（1）学生学习过程评价量表

得分	评价项目	评价内容	赋分
学生参与度评价	通过观察课堂学习气氛和学生参与度,评价学生对海—气相互作用的兴趣和理解程度,以便调整教学策略,从而提高学生的参与度	20	
课堂练习评价	通过对学生的课堂练习成果进行评价,了解学生对海—气相互作用的掌握程度,以便及时纠正学生的错误,并弥补掌握不足之处,提高学生的学习效果	20	
实验和观察评价	通过观察学生完成实验过程,了解学生观察成果,评价学生对海—气相互作用中水热交换的理解程度,以便更好地指导学生掌握相关知识	20	
课堂讨论评价	通过评价课堂讨论,了解学生对海—气相互作用的理解程度,以及学生对相关问题的思考和见解,从而促进学生的思维发展和提高学生的分析能力	20	

得分	评价项目	评价内容	赋分
课后作业评价	通过对学生课后作业的评价,了解学生对海—气相互作用的掌握情况,以及学生对相关问题的思考和见解,从而更好地指导学生掌握相关知识	20	
最后得分			

总的来说,在高中地理选修必修课程"海—气相互作用"的教学过程中,可以进行多种形式的过程性评价,更好地指导相关知识的掌握和学习效率的提高。

(2)学生参与度评价量表

内容	赋分	学生得分
学生兴趣不浓,听课不认真,不参与课堂讨论,不动手做课堂练习	1分	
学生较有兴趣,听课较认真,偶尔参与课堂讨论,仅做少量课堂练习	2分	
学生很有兴趣,听课很认真,积极参与课堂讨论,认真做课堂练习,并主动提出问题	3分	
学生非常有兴趣,听课非常认真,非常积极参与课堂讨论,认真做课堂练习,提出高质量问题并有条理地分析问题	4分	

(3)学生课堂讨论评价量表

内容	赋分	学生得分
学生不愿意发表意见,对问题缺乏思考	1分	
学生愿意发表意见,对问题有些思考	2分	
学生积极发表意见,对问题的思考更加深入	3分	
学生非常积极发表意见,对问题有深入而全面的思考,并能提出高质量问题	4分	

4.学习内容评价表

评价目标	水平等级	表现	我的等级
描述海—气水热交换过程	水平1	能说出水分交换中海洋(大气)到大气(海洋)的交换过程	
	水平2	能同时指出水热交换中海洋(大气)向大气(海洋)的交换过程	
	水平3	会用知识结构图来说明,海洋与大气之间水热交换过程	

评价目标	水平等级	表现	我的等级
说出海—气之间的水热交换过程，并对海—气对全球水热平衡的作用进行分析	水平1	能说出大气的主要热源和水源是海洋	
	水平2	会用知识结构图来说明，海洋与大气中的水热交换过程	
	水平3	会用知识结构图分析海—气相互作用的过程及其对全球水热平衡的作用	
	水平4	能运用知识结构图和有关大气环流、大洋环流的知识，分析海—气相互作用对全球水热平衡的影响	

评价目标	水平等级	表现	我的等级
解释全球气候和人类活动受厄尔尼诺现象影响	水平1	能描述出这一现象是赤道东太平洋海面水温不正常的一种表现	
	水平2	可以指出这一现象对赤道太平洋东西两岸的气候产生的影响	
	水平3	可以说明此现象对气候的影响以及人类活动的作用	
	水平4	能解释厄尔尼诺现象对全球气候及人类活动的影响，对问题的探究有较强的主动性和兴趣，对未知世界保持探索的精神	

5. 实验和观察评价量表

内容	赋分	学生得分
学生对实验和观察的结果理解欠缺，很难解释实验现象	1分	
学生对实验和观察结果的理解不到位，只能解释一少部分实验现象	2分	
学生较好地理解了实验和观察结果，能较好地说明大部分实验现象	3分	
学生很好地理解实验和观察结果，并能很好地解释实验的一切现象	4分	

6. 课后作业评价量表

评价内容标准	赋分	学生得分
学生对作业理解不足，无法按要求完成大多数题目	1分	
学生对作业理解一般，勉强按要求完成一部分题目	2分	

评价内容标准	赋分	学生得分
学生较好地理解了作业,能够按要求完成大多数题目	3分	
学生很好地理解了作业,完全按要求完成所有题目	4分	

7.教学反思

(1)情境导入,将学习内容串联起来,激发学生的学习兴趣。"海—气的相互作用"是高中地理选择性必修一的重要内容,在教学中应当注重培养学生运用所学知识分析地理现象的能力。如在教学设计中,采用"沙漠花海"作为导入情境,在体现大自然神奇的同时吸引了学生的注意力,也引发了学生对这一奇异现象的思考,为后面内容的学习埋下伏笔,实现了情境贯穿教学始末的目的。此外,为了达成情境导入的有效性,还需要通过补充相关资料,如洋流分布图、秘鲁气候类型图、自然景观图等,并引导学生运用所学知识分析情境中的现象。

(2)构建知识结构图,培养学生的综合思维能力。在分析"海—气相互作用"的过程、原理时,组织学生构建海—气之间水分交换、热量交换结构关系图,教师在引导学生构建知识结构图的过程中,应该注意一些关键词的解读,如传导、对流、长波辐射、蒸发、降水等。既要解释这些关键词的基本概念,也要解释它们在海—气间水热传导过程中的作用。对于图中箭头所表示的信息也要解读清楚,如水热传导的方向、传导数量的大小等。对于分析海—气相互作用对全球水热平衡的影响,在必修一中就涉及大气的受热过程和水循环,所以在这节课中,教师可以先引导学生对所学知识进行回顾,然后再对相应的结论进行整理归纳。学生通过构建知识结构图,分析各地理要素间的关系,系统地掌握了相关内容,培养了学生的综合性思维能力。

这里要注意的是,在教学过程中要关注学生解决问题的能力,对学生完成的知识结构图及时进行评价,如结构图的绘制是否准确、美观,学生能否运用示意图,准确描述大气的受热过程,以及学生探究问题的态度是否认真、严谨。

(3)以互联网平台为依托,培养学生获取地理信息能力和科学探究精神。"海—气相互作用"中关于"厄尔尼诺、拉尼娜现象对全球气候和人类活动的影响"这部分内容,不仅要求教师在教学过程中补充相关资料,而且要求学生在课前通过网络查询与厄尔尼诺和拉尼娜现象有关的资料或新闻报道,在网络上选取典型的资料或新闻报道,就是学生辨识地理信息的过程。此外,在教学过程中,让学生在课堂上将查询到的一些典型材料呈现在课堂上,并结合资料陈述自己的观点,教师给予适当的补充和指导,既增加了学生在课堂教学中的参与度,也提升了学生科学探究的积极性,培养了学生科学探究知识的能力。

总之,通过本节课的学习,学生了解了海—气相互作用对全球水热平衡的影响,并结合实验了解了水分和热量的交换过程,同时也对全球气候和人类活动中受到厄尔尼诺现象和拉尼娜现象的影响进行了探究。对学生的观察力、探究力进行了训练,综合素质得到了提高。

参考文献

[1] 朱婷碧.基于核心素养培养的高中自然地理教学实践研究[D].石家庄.河北师范大学,2019.

[2] 赵安冉.基于理解的高中地理课堂观察研究[D].天津:天津师范大学,2020.

[3] 刘清花.试论生态课堂中突出学生主体地位的意义与对策[J].现代语文(学术综合版),2012(8):110-111.

[4] 谢超.北京版初中地理课改教材与教学大纲下旧教材的比较研究[D].北京:首都师范大学,2006.

[5] 高青,王李云.新课标"海洋水"内容变化分析及本土教学建议[J].中学地理教学参考,2018(17):26-28.

[6] 杞忧.人类面临的共同挑战:全球气候变暖[J].生态经济,2008(4):10-15.

[7] 任志鸿.赢在课堂 地理 选修 人教 2 海洋地理 学生用书[M].北京:西苑出版社,2009.

[8] 詹剑锋.基于项目式学习的地理教学探讨——以"海—气相互作用为例"[J].福建教育学院学报,2019,20(9):11-13.

[9] 欧阳子豪,孙美娜.从地理 1 到选择性必修 1:联系基础上的进阶[J].地理教学,2020(7):17-21.

(主要执笔人:张 丽 银川市第三十四中学)

❖ 第五部分 自然环境的整体性和差异性 ❖

"三新"背景下"自然地理环境的整体性"教学研究与案例应用

——以"自然地理环境的整体性"第五章第一节为例

一、教学背景分析

1. 课程改革前课例教学中存在的问题

(1)学生对"自然地理环境整体性"中的基本概念、核心知识和抽象理论的理解难度较大,对地理环境的含义、自然地理环境各要素之间的关系、地理要素之间物质和能量的交换的认识不够充分。

(2)教学案例过于陈旧。以"黄土高原水土流失""西北干旱成因""西欧温带海洋性气候形成"等为常见的教学素材,具有典型性和地理性,但存在三个方面的不足:一是空间尺度较大,切口过大,引导学生探究的层次和深度不够;二是材料陈旧缺乏吸引力,对基础较好的学生缺乏挑战;三是与学生生活关联度不够。

(3)自然地理要素之间的关系图释义繁杂,不够具体,教学方式不够生动,对气候、地形、土壤、水源、生物、岩石之间的转化关系,以及大气圈、水圈、岩石圈、生物圈和人类之间的相互作用方式理解不深,图示用到专业术语较多,枯燥繁杂,释义生硬,学生理解起来有一定的难度。因此,不能准确地说出各个要素之间相互联系的作用。

(4)变化与统一方面。对地理教师的选材提出了更高的要求,从一个元素对其他元素的影响,一个区域对其他区域的作用,同时也对自然地理环境具有统一演化过程特征的时空思维的培养提出了重大的挑战。

2. 解决课例存在地理问题采取的策略

(1)开发乡土素材。课例设计以学生熟悉又陌生的宁夏中卫硒砂瓜产区为研究对象,依托硒砂瓜这一生活中常见的水果的生长过程,深度开发其相关的素材,深入研讨,精选符合整体设计思路的材料加以整合,巧妙设计相关问题,使得学生能从乡土地理问题中理解案例中的自然地理环境整体性的表现、原理、特点。

(2)利用教学案例进行讲解。通过宁夏中卫硒砂瓜地的兴衰变化与地理环境的关系,理解组成自然地理环境的地理要素之间的关联,理解自然地理环境与人类活动的关系。

(3)构建地理素材库。地理就是生活,生活就是地理。地理素材取自生活既能增加学生学习的积极性,也能促进地理课堂"讲对生活有用的地理"的目标达成。地理教师要关注新闻时事,关注国内外重大科研成果,关注生活情景,勤于挖掘符合新时代新课程理念的地理教学素材,结合实际开发地理课程素材库,总结归纳构建地理素材库的一般方法和应用策略,使地理素材库成为辅助地理高效课堂的储备库,让学生在面对地理问题的时候,能及时掌握地理学科的基本知识,并能及时掌握地理学科的基础知识和应用策略,提高学生良好的解题能力。

(4)设计学生独立探究活动。时空综合是地理综合思维之一,学生通过自主探究式学习,可以锻炼综合思维能力,也可以培养探究地理问题的方法和技巧,案例以硒砂瓜兴—衰—未来为时间线,活动设计始终贯穿可持续发展的理念,设计了三个探究活动,学生通过自主探究式学习锻炼综合思维能力。探究一:中卫市硒砂瓜产业起步依赖地理条件分析与压砂种植对当地不利自然条件的改善作用分析。探究二:用地理视角分析硒砂瓜禁种的原因,重点分析硒砂瓜的生态问题。因人类活动破坏了一个自然因素而导致"牵一发而动全身"的地理要素发生的变化;探究三:硒砂瓜未来发展的问题,撂荒砂地该何去何从?为当地农民和硒砂瓜的未来提出合理的建议,运用案例探究教学法,让学生在地理课堂发现问题—探究问题—解决问题,培养学生处理地理问题的能力。

3. 课例教学设计指导思想

(1)翻转课堂,以学促教。新时代的高中地理课堂要转变教学方式,打造以学生为主体、以学生自主探究为途径、以学生能力素养提升为宗旨的新型高效地理课堂。"自然地理环境整体性"教学案例取材于生活实际,讲述了中卫硒砂瓜地近几十年来自然地理环境的变化,也与学生喜欢的宁夏特产西瓜有关,学生们对"硒砂瓜以后还能不能吃"充满了好奇,这样的探究课对学生的吸引力是很强的,翻转课堂是以学生的学习探究促进学生的生成为根本目的,而翻转课堂则是为了促进学生的主动学习,进一步提高课堂教学效率。

(2)人地关系为核心,培养学生正确的价值观。通过本节探究活动,理解人类活动与地理环境、自然地理环境的组成要素之间的关系,认识到宁夏中卫创造的干旱地"绿黄金"的传奇是宁夏中南部山区人民合理改造自然的智慧结晶。而硒砂瓜的衰败,也是种植区生态环境遭到破坏的必然结果,如何从自然地理环境整体性角度分析人与自然环境、自然要素之间的关系。摆在人们面前的就是人们不合理改造土地,超负荷采砂,造成草场退化,土地退化的现实。而硒砂瓜禁止种植后宁夏环香山地区撂荒砂地该何去何从?树立人地协调的地理核心素养,吸取经验教训,既要帮扶农民转型增收,也要发挥政策法规的力量以"生态建设为重","既要金山银山,也要绿水青山"的人地协调可持续发展观念,树立热爱家乡、感念祖国、向往美好未来的积极态度。

(3)开放课堂,培养学生全面、多层次、有深度解决问题的能力。在教学过程中,注重学生问题意识的培养,学生从分析实验案例中的图表入手,结合真实的情景概括,运用所学知识,运用地理实践中的地理方法解决实际问题的能力。设置"请你为硒砂瓜及撂荒砂地的未来规划提出合理化建议"作为一类开放性问题,能尽最大可能拓展学生的思维,不同学生的见识面、思维度、思考角度等差异,使得该问题能释放学生智慧,体现学生的综合能力,也能促进课堂大放异彩。

(4)以核心素养为培养目标,集中精力抓好地理学科关键能力的培养。教师选择的材料丰富多样,有图、文、表格,选取高考中常见的区域图、多要素气候资料图、折线图、三线表、柱状图等,熟悉的生活场景让学生亲近课堂,多样的学术图表让学生在解图析表中感受科学文化知识带来的成就感,探究的问题应具有广泛性、层次性、综合性、开放性,强调学生要展示读材料、解析图表的过程,旨在培养学生从图、文等材料中提取和解读信息的能力,这一能力是地理学科首要掌握的基本学科学习方法和必备技能。于无声处将地理学科关键能力的培养和学科核心素养的提升落实在课堂的问题探究中,也落实在学生平时的学习习惯里。

4.课例教学设计理论依据

(1)新课程改革的要求。《普通高中地理课程标准》(2017年版)对必修一第五章的要求是:"对自然环境的全局性、地域分异规律,运用图表,结合实例进行分析"。"高中地理教学中常见的图"教学采用图解、结合实例的方式进行,是教师在备课时最需要注意的教学方式,如:景观图、区域分布图、等值线图、过程示意图、地理要素关联图、地理模式图、柱状图、坐标曲线图、表格一栏表图、玫瑰图、雷达图、结构统计图等。地理图表的应用可以帮助学生直观、清晰地了解所学知识,也可以在培养学生核心素养方面落实新课标的要求,通过学生的活动来实现地理图表的应用。如图表的运用,在讲述自然地理环境的整体性时,一是运用"黄土高原景观变化"的航拍示意图,将自然地理环境的组成要素尽收眼底,让"水土流失"的形成过程动态化、可视化。二是利用景观图对比黄土高区由沟壑纵横的"黄"到绿树成荫的"绿",使当地从"沙进人退"到"绿进沙退"。植树造林、防风治沙等手段在这里仿佛跃然纸上,使学生在学习中提高了效率,同时也更加激发了学生对问题的探究兴趣。三是"三新"背景下的地理教学通过学生观察景观、分析成因、思考要素的联系,增强学生的区域认知水平,在地理图的使用中培养学生解决问题所需的综合思维与地理实践力,通过地理景观图的"美"(恢复植被,小流域治理后绿树成荫、绿水青山,人地和谐之美)与"丑"(指因地表植被破坏,土地裸露,无序垦殖加剧水土流失的破败画面)对比,将人地协调核心素养的重点议题潜移默化地输出。四是以更加量化、数据化、科学化的教学手段和载体,如读图、析表、分析资料、查找原因、总结结论,将抽象的、具有时空特征的、复杂的地理知识,运用数据表等统计图表,以表格的形式呈现出来。例如用"中卫环香山地区3年、5年、15年的砂地土壤水分对比统计图",让学生分析其新老砂地的土壤差异和变化成因,会比教师直接告诉学生老砂地土壤水肥性能下降,土壤结构改变产生土壤板结、土地生产力下降的结论在教学中更科学、有效,因为给学生表格类载体,让学生对表格数据进行分析、处理、思考问题,不仅为了形成结论,更能培养学生的解图析表的能力。

(2)学科整合的需求。学科整合是为了全面提高教学效率,有效利用各学科的教学资源,以及在各学科教学中获得的知识和技能。简单地说,就是各学科之间相互配合,相互融合,形成一种知识体系,使学生易于接受多样化的知识,提高综合素质,从而达到既减轻教学负担,又提高教学质量的目的。通过学科整合,使各学科之间的教学资源通过整合、协调、优化、重组,改变原来过分强调知识内容,改变教师传统执教者的身份,最大限度地"培养完整的人",形成能够跳出学科本位的思维方式。学科整合,让学生成为课堂的主人,既是时代需求,也是新课改的要求。地理是一门自然科学和人文科学交叉的边缘学科,学科问题涉及自然和人文多方面因素,在学科整合方面具有很大优势。例如本章节自然地理环境整体性,所涉及学科有地理、化学、植物学、生物学、数学、美学等。地理教师首要的任务是还课堂给学生,学生通过搜集资料、整合资料、得出结论以多种方式展示学生活动成果。其次,在一些专业性较强的问题上可采用延伸式学科整合方式,运用其他学科的方式进行延伸,例如植物与大气之间的光合作用具体是什么?植物学中所说的光合作用是指利用太阳能的二氧化碳和水,根据叶绿体,转化为机械能,储存在有机化合物中,放出氧气,即植物光合作用的全部过程。通过叶绿素消化吸收太阳能,使叶绿素离子化,这是植物光合作用的第一步。机械能被临时存储在三磷腺苷(ATP)中,并最后将二氧化碳和水转换为碳水化合物和二氧化碳。光合作用过程是植物通过光合作用,吸收二氧化碳,生成葡萄糖和氧气,用化学方程式书写一目了然,生物学和化学学科中通识知识的延伸式整合,让学生能深入理解植物(生物)与大气两大自然地理环境要素的关系。

(3)认知心理学的研究成果。从认知心理学的角度,把地理知识分成两大类,陈述性知识和程序性知识。此类知识主要用来回答事物"是什么""怎么样"等问题,能够分清和辨析出事物的不同之处。这种理解比较符合知识概念的内涵,也叫狭义理解,是人们日常使用的知识。陈述性地理知识多而杂,学生理解不了,只能死记硬背,导致学生学习压力大,所以这就要求教师把陈述性地理知识转化为程序性地理知识,最终有利于自身地理能力的提高,有利于地理素质的形成,这就要求教师必须把陈述性地理知识转化为程序性地理知识。要更好地开展地理教学工作,需要地理教学工作者运用不同的教学策略。"自然地理环境整体性原理""自然地理环境构成要素""各要素之间的关系""生产功能等整体性原理中的程序性知识"等陈述性地理知识,通过阅读法、图解法、思维导图应用法等强化学生的识记。多媒体演示法、案例探究法、合作讨论等多种方式的运用,多角度、多案例、多层次地促进学生构建提升地理学科核心能力的思维模式。

(4)教育技术的应用。现代教育技术是以多媒体计算机和网络通信技术为核心的信息技术。一些地理事物的发生和发展需要经过漫长的地质过程,而课堂教学则必须把地理事物的联系和动态变化进行具体化、形象化的演示,因为学生的知识水平所限,才能真正使学生在地理事物的联系和动态变化中内化。利用计算机技术将多媒体教学软件的技术,如先进的文字、图形、图像、声音动画等有机地融合在一起。将现代教育技术作为一种教学手段应用于地理教学中,使地理教学各要素丰富和谐、协调共振,实现地理教学的优化过程、优化教学资源、优化教学效果。

(5)教育评价的理念。教育评价是指运用一定的技术和方法,对实施的各种教育活动、教育过程、教育结果,以一定的教育价值为指导,依据所确立的教育目标进行科学判定的过程。推行有效的教育评价机制,在地理课堂教学中,是促进学生成长、教师专业发展、提高课堂教学质量的一项重要措施。教育评价的思路就是要把教育评价的总体思路贯穿始终。地理教学评估首先要坚持"以人为本"的教育理念,在最大限度地发挥学生主观能动性的同时,对教育参与以学生为中心进行评估。第二,关注过程性评价,即关注学生的学习方式和学习过程,而不是以简单的对错、结论、结果为评价主体,让学生的地理学习有成就感和收获。第三,重视发展性评价,使学生找出不足,发现问题,找出解决和完善的办法,促进学生长远性学习效果的提升。

5.课例新课程标准依据

(1)知识与技能。以植被为例,说明一种要素改变了其他要素的性质和自然地理环境的性质,并通过与其他要素的物质能量交换来认识它在地理环境形成和演变过程中所起的作用。强调构成地理环境的各要素的共同作用,产生了生产功能和平衡功能这一地理要素本身所不具备的新功能;具体案例如宁夏中卫环香山地区因过度采砂造成的土地荒漠化,东北林区森林采伐造成的东北自然环境整体变化等,说明了自然地理环境的变化是一个统一的演变过程。

(2)过程与方法。发挥学生学习的主导作用,学生阅读课本,用思维导图的方式总结课本内容,运用案例说明自然地理环境整体性原理和功能。教师启发式层层递进,引导学生循序渐进开展对地理核心素养的学习思考、学习方法的掌握和落实。

(3)情感态度与价值观。引导学生通过开发和运用本土地理资源,树立热爱家乡、热爱祖国、热爱自然的情感价值观。通过具体学生的活动,让学生树立人地协调的观念,人与自然和谐相处。

(4)学习方法与学习策略。学案预习,案例探究、问题探究。

6.课例新教材及教学内容分析

(1)自然环境要素中物质与能量的交换。如植物的光合作用。

(2)自然环境的整体功能。"作为一个系统,自然地理环境具有生产功能和稳定功能等在自然环境要素共同作用下的总体功能"。一是生产功能,如新教材中所列植物的光合作用、各地理要素提供各自不同的功能、各要素相互结合的功能构成整体功能、共同影响自然地理环境形成的特点等。二是稳定作用,即通过光合作用等地理环境的构成要素,使大气中的碳在植物、土壤中保存起来,缓解大气中二氧化碳含量的增加,使碳含量保持稳定,海一气相互作用使大气中的二氧化碳与溶于海水中的钙结合起来。

(3)自然环境和要素组合的统一演变。地理演变是各要素之间物质迁移的结果,也是各要素相互影响的动态过程,统一的自然环境演化过程保证了各要素之间相互协调,形成了自然环境要素的阶段性组合。例如黄山"四绝":怪石、云海、奇松、温泉,是环境统一演化在特定阶段的组合,而这一特有景观会在时间的推移下逐步发生变化。

（4）自然环境对干扰的整体影响。当自然环境受到外来的干扰,尤其是人类活动的干扰时,由于环境的反应对人类的生活是不利的,环境要素就会产生连锁反应,反映在人地关系的重要性——自然地理环境的整体性上。

（5）应用实践。了解筑坝对自然环境的影响:阻断水生物间的联系,改变下游河道的流速和流量,形成湖泊等。

7. 课例教学对象分析

（1）注重实践教学,采用实验、观察、测量等方式,让学生亲身体验,培养学生的实践能力和创新意识。

（2）引导学生掌握自然地理环境整体性的相关知识,从多角度、多维度、全方位、动态地分析自然地理各要素之间的联系,培养学生的综合能力。

（3）注重培养学生的科学思维能力,引导学生在环境改造中,通过分析、归纳、推理、运用地理思维解决实际问题的方法,解决环境改造中的原因和目的,有利于增强学生的地理核心素养。

（4）引导学生发现和解决实际问题,例如中卫压砂技术的起源、作用和对环境产生的不利过程等,培养学生的实践能力和知识迁移思维。

（5）注重培养学生的生态环保意识,认真刻苦学习文化知识,掌握积极投身生态环保建设的基本方法步骤,为祖国实现经济、社会、生态的共同可持续发展而努力。

8. 学生的关键能力和核心素养

（1）学生的关键能力

①通过收集资料,运用地理综合思维,探究宁夏中卫环香山地区硒砂瓜种植的兴衰与地理环境的关系。

②通过分析实验案例中的图表,结合真实情景总结、应用知识,培养学生在地理实践中运用地理方法解决现实问题的能力。

③通过分析不同区域的案例:可可西里藏羚羊数量和环境的关系,能运用所学地理知识,迁移应用解决具体问题的过程。

（2）核心素养的培养

①通过硒砂瓜的兴衰变化,思考未来发展的出路,寻找农业可持续发展的方向,树立人地协调观,更好地认识和解决人地关系。

②以个案探究的方式,解决环环相扣的问题,培养学生的综合思维能力,培养地理学科的实践能力。

③通过宁夏中卫地区特定的区域环境变化,使学生掌握区域认知的基本方法。通过可可西里地区的气候与植被的特点分析,联系性理解地理要素之间的关系。

二、教学设计的基本要素

1. 教学目标

用案例说明自然地理环境的整体性原理。

2. 教学内容

在活动探究中解决与地理环境整体性原理相关的问题。

3. 教学方法

案例授课法、问题探究法、多媒体应用授课法。

4. 教学评价

设计科学、全面、多元的评价方式,例如考试、作业、实验、课堂表现等,来评价学生对自然地理环境整体性的掌握情况和理解程度。

5. 教学资源

选择合适的教学资源,例如 PPT、教学视频和模拟软件等,帮助学生更好地理解和掌握地理环境整体性"牵一发而动全身的关系"。

6. 课堂管理

制定合理的课堂管理策略,如课堂纪律、学生参与等,以保证教学秩序和课堂效果。

三、教学设计的整体思路

1. 确定教学目标和学生需求

明确本次教学的目的和学生需要掌握的知识点。了解基本概念、核心知识和抽象理论,了解地理环境整体性的含义,了解自然地理环境各要素之间的关系,了解地理要素之间物质和能量的交换等内容。

2. 教学内容设计

根据学科标准和课程要求,选择适合的教材和教学资源,设计相关的课堂活动和实验,适时使用模拟演示,例如,坡面变缓、地表径流减少、水土流失减弱、土壤在成土过程中逐渐变厚、植被也更加发育、大气湿度增加等过程性知识。

3. 教法选择

选择适合学生的教学方法和策略,如案例探究、问题解决、自主学习等,在注重启发式教学、归纳式教学等方法培养学生思维能力的同时,激发学生的兴趣,培养学生的探究能力。

4. 教学评价设计

设计科学、全面、多元的评价方式,在注重发掘学生潜能的同时,鼓励学生发挥特长和创造力,评价学生对自然地理环境的整体性的掌握和理解,如考试、作业、实验、课堂表现等。

5. 教学资源准备

选择合适的教学资源,例如 PPT、实验器材、教学视频和模拟软件等,帮助学生更好地理解和掌握"湖泊演变为陆地的过程""中卫过度垦殖造成的草场退化"。

6.课堂管理策略

制定合理的课堂纪律、学生参与性强的课堂管理策略,使学生在轻松愉快的氛围中学习,以保证教学秩序井然和课堂效果高效,营造良好的教学氛围。

四、课例呈现

(一)教学准备

1.教学目标

明确本节课的教学目标和知识点、技巧及学生需要掌握的情感态度等内容。

2.教学内容

根据学科标准和课程要求,选取合适的教材和教学资源,设计相关的课堂活动和实验,例如通过讲解、实验、观察、讨论等方式帮助学生掌握知识。

3.教学方法

在注重启发学生思维和创新能力的同时,选择启发式教学、归纳式教学、探究式学习等激发学生兴趣、培养探究能力的合适的教学方法和策略。

4.教学资源

选择合适的教学资源,例如教材、课件、实验器材、教学视频和模拟软件等,来帮助学生更好地理解和掌握知识。

5.教学过程

详细描述本节课的教学过程,包括导入环节、知识讲解、实验操作、小组讨论、课堂练习等环节,以及教师应该注意的事项。

6.教学评价

设计科学、全面、多元化的评价方式,如考试、作业、实验、课堂表现等,评价学生对知识的掌握程度和认识程度,同时注意发掘学生的潜能,鼓励他们发挥特长和创造力。通过课例简介,教师可以对本节课的教学内容和过程进行有序、科学地安排和设计,从而提高教学效果。

(二)自然地理环境整体性的简介

课题	自然地理环境整体性
教学目标	把握自然地理整体环境及其作用的概念、特点
教学内容	通过查阅、分析相关资料理解自然地理环境整体性基本原理,通过案例分析内在联系性、动态演变性和空间组合性
教学方法	启发式教学、归纳式教学。 课堂讨论、小组活动。 观察视频、实验操作
教学资源	教材、课件、实验器材。视频、模拟软件

课题	自然地理环境整体性
教学过程	1.导入环节:牧飒去年直播带货售卖宁夏中卫硒砂瓜与宁夏全域禁种硒砂瓜的文件对比,引出主题自然地理环境的概念。 2.概念讲解:对自然地理环境构成要素进行讲解,对自然地理环境整体性概念进行讲解,对统一演化的自然环境及要素组合关系进行讲解。 3.实验操作:利用科学研究数据分析中卫地区人民改造前当地地理环境具有什么特点,是否适合发展农作物种植? 改造后自然环境在不同时期发生什么变化。 4.观察视频:观察视频,了解改造土壤和人类过度垦殖(改造自然)对地下水、土壤性质、气候、植被和生态的连锁作用,体验物质和能量在自然地理环境各构成要素之间的交换途径。 5.小组活动:分小组讨论,探究案例教学,多种案例。 6.作业:布置有关作业,巩固学生学习成果。 7.实验结果:通过实验表现和实验报告,评价学生对自然地理环境整体性掌握程度。 8.课堂表现:评价学生的课堂参与度和表现等
综述	通过本节课的学习,学生初步了解了自然地理环境整体性的基本概念和原理,同时通过案例探究、合作学习等方式,提升学生对地理环境要素之间相互关系的深入认识和理解,提升了学生在具体案例探究中对材料的文字解读、图表信息的处理能力,解决问题所需的综合思维能力有所展示,培养对不同区域环境的认知方式,也在乡土案例结果和未来环境变化的担忧中树立人地协调的核心价值理念

(三)自然地理环境整体教学目标分析

学科素养	学习目标
区域认知	对特定案例所处地域环境的自然环境进行说明
综合思维	举例子说明自然环境各构成要素之间的相互影响
地理实践力	实地考察本地自然地理环境的变化,总结环境变化导致人类生活受到的不同程度影响,具体提出解决措施
人地协调观	通过区域环境的变化图表、影像资料,树立尊重自然、人地协调的思想观念

(四)教学重点和难点

教学重点:理解地理环境的整体性,以及地理要素在环境形成和演变中的作用。

教学难点:理解地理要素之间是如何相互联系、相互制约的,以及在此过程中产生的整体功能。

(五)主要教学策略和评价方法

1.激发学生的兴趣

通过展示一些有趣的图片和视频,激发学生的兴趣和好奇心。

2.合作学习

通过小组合作学习和探究,让学生自主发现和探究自然地理环境整体性的相关知识和技能,培养学生的创新思维和解决问题的能力。

3.多媒体辅助教学

通过多媒体课件和互动教学方式,使学生更加直观地理解自然地理环境整体性的复杂关系,提高教学效果。

4.班级成绩考核

对学生在班级成绩、参与度、合作精神等方面表现出的积极程度进行考核。

5.作业评价

通过布置课后作业,测试学生对自然地理环境整体性的理解程度和掌握情况。

6.实验评价

通过设计一些实验,检验学生对自然地理环境整体性的相关知识和技能的掌握情况,提高学生的实验操作和观察能力。

7.技术支持下的教学策略

技术支持下的 教学策略	内　容
技术支持 学情分析	在教学技术支持下,对于高中地理学科选择性必修一"自然地理环境的整体性"一课进行学情分析,可能存在以下情况。 1.学生缺乏地球科学的基础知识。例如,地球板块构造、地震发生机理、火山喷发形成等基础知识学习不够扎实,影响学生对于一些自然环境要素的认识和理解。 2.学生对于各个自然环境要素认识不够深入。例如,生态环境、气象环境、水文环境、地形地貌等方面的知识,学生对于这些自然环境组成要素的认识也不够深入。 3.学生对于自然环境交互作用和共性认识不足:学生缺乏对各个自然环境要素间交互作用认识的深度理解,不知道各个要素间的协调合作机制,同时也缺乏对于自然环境的共性认识。 4.学生应用能力需要提高。学生需要学会利用所学知识解决实际生活中遇到的问题,例如防灾减灾、环境保护等方面,需要培养学生的应用能力。 为了帮助学生掌握本课程知识,提高学生的学习成效,我们可以采取以下教学技术支持。 1.确立明确的学习目标,使学生对所学课程的目的、意义有明确的认识。 2.以生动形象的多媒体教学手段,激发学生浓厚的兴趣,提升学习积极性。 3.适度采用互动式教学,鼓励学生在课堂上积极提问,让教学过程更具有互动性。 4.强化巩固、提高应用能力,鼓励学生参与案例分享、课程作业等形式,增强学生的综合应用能力。 5.鼓励学生自主学习,增加课外阅读和实践体验,提高学生自我发现、自我认知和自我评估能力。 通过这些教学技术支持,可以帮助学生全面认识自然地理环境的整体性,从而提高学生的学习成效与自主学习、批判性思维能力

技术支持下的教学策略	内　容
技术支持 课堂导入	为顺利导入"自然地理环境整体性"课程,可采用下列教学技术支持。 1.视觉引导。让学生看一幅地球仪或地图,并请他们找出各种环境要素的位置,例如河流、山脉、气候带、森林等。 2.问题导向。让学生思考和探索诸如"人类活动对自然地理环境有什么影响"之类的题目,或"自然地理环境如何影响人类社会的发展?"这样的问题。 3.口述介绍。强调环境各要素之间的相互关系和相互作用,以简洁明了的语言介绍自然地理环境的整体性。 4.多媒体资料。展示一些视频、图像或动画,可以用来演示不同自然地理环境要素之间的交互影响。这些材料可以让学生更全面地了解自然地理环境的整体性。 在使用这些技术支持的过程中,导入课程时要确保尽可能地与学生互动,引导他们积极参与课程。同时,要注意掌握节奏,确保导入课程的内容紧凑、有力,给学生留下深刻的印象和启发
技术支持 课堂讲授	高中地理学科选择性必修一"自然地理环境的整体性"一课主要是介绍自然地理的基本概念以及地球自然系统的组成和运作原理,需要通过一些有效的教学技术进行课堂讲授,以下是一些支持性的教学技术。 1.多媒体辅助教学。利用幻灯片、视频等多媒体技术,丰富课堂内容展现方式,能够更生动形象地呈现自然地理环境的整体性。 2.课堂讨论引导。鼓励学生在课堂上积极参与讨论,让学生运用自己的知识和经验,与其他同学共同探讨自然地理环境整体性问题。 3.案例分析。通过实际案例分析,让学生加深对地球自然系统的理解,并能更好地应用地理知识。 4.实地考察。利用实验、考察等方式,让学生亲身体验和感受地球自然环境,促进学生对自然地理环境整体性的理解和认识。 5.概念图谱。将自然地理环境的概念进行归纳和总结,形成概念图谱,以提高学生对知识的抽象思维能力和总结能力。 这些技术支持可以帮助学生更好地掌握自然地理环境整体性的知识和技能,并在课堂教学过程中增强学生的学习兴趣和动力

技术支持下的教学策略	内　容
技术支持方法指导	提高学生对自然地理环境整体性的把握能力,以信息技术手段激发学生的学习兴趣。 1.网络讲座法。通过邀请地理领域的专家,进行网络讲座,为学生直接传授整体性知识,增强学习效果。 2.互动教学法。引导学生观看自然地理环境的模拟场景、演播室节目和交互式多媒体课件,并使用互动、游戏化的学习方式,提高学习兴趣和参与度。 3.数据分析法。通过现有数据分析软件及数据库,让学生了解不同自然地理环境的相关数据信息,从而加深对整体性的理解。 4.虚拟实境教学法。通过构建虚拟的自然地理环境场景,让学生在虚拟的环境中感知自然环境的完整性。 5.在线问答法。引导学生利用网络平台进行在线问答或交流,充分调动学生参与热情,以提高对自然地理环境整体性理解和掌握的能力
收集评价数据	确定评价指标和综合评价方法。可以考虑从学生掌握知识的程度、教学过程中技术工具的使用效果、学生参与度等多个方面进行评价,根据实际情况选择科学合理的综合评价方法。 1.设计教学信息技术的使用场景和环节。根据课程内容和教学要求,针对不同的学习目标和难点,设计合适的教学信息技术支持,例如在PPT或互动白板上添加动画或视频,使用虚拟实验室或模拟软件等。 2.通过实时互动或后续问卷调查等方式回收和收集数据。比如,教师可以通过虚拟白板或网络平台,在课堂上实时互动,收集学生反馈的信息;同时,还可以在课后收集整理资料,采用问卷调查、小考等方式。 3.根据收集的数据进行及时分析和评估。根据实际收集到的数据,对教学过程进行分析和评估,确定教学效果,同时也可作为后续教学的参考依据,及时调整和优化教学策略,提高教学效果
可视化数据呈现与解读	1.“自然地理环境整体性”针对高中地理学科选择性必修一的教学内容,采用可视化数据呈现与解读的教学策略,有效提升学生的学习兴趣与效果。具体地说,技术支持可以将地球表面的自然环境数据通过图表、地图、动画等形式呈现在学生面前,让学生通过Tableau、Excel等数据可视化软件直观地感受到自然环境的整体性的同时,技术支持还可以让学生对地球表面自然环境进行多角度的了解,增强学生对网络资源如卫星图片、航拍图片等自然环境的直观感受和实际了解。 2.技术支持还可以为学生提供个性化的学习资源和服务,帮助学生更好地把握自然环境的整体性,满足不同学生的学习需求和学习风格,如网络教育平台、教育大数据等信息化手段。 总之,结合技术支持的可视化数据呈现与解读的教学策略,增强学生的学科能力和实际应用能力,能够有效地促进学生对“自然地理环境的整体性”这一高中地理学科选择性必修课程学习的效果和兴趣

8.技术工具、平台、资源

希沃白板、宁教云、极课大数据。

9.教学思维导图

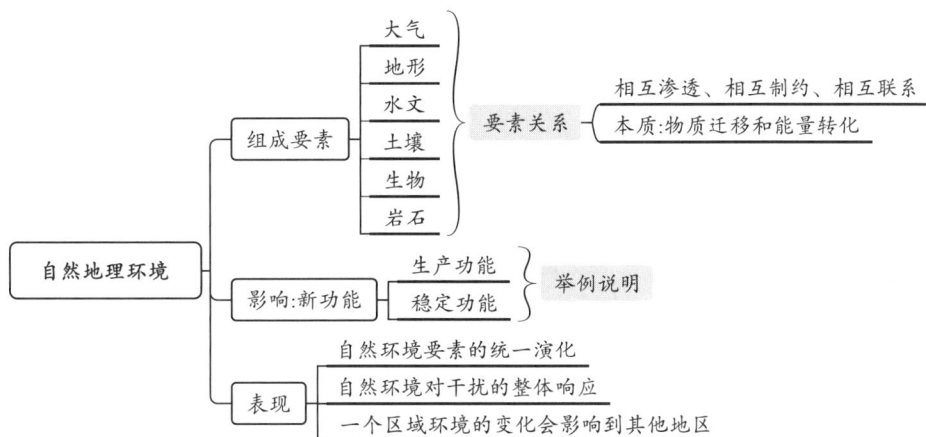

五、具体课例的任务驱动模式下的教学设计

教学环节	教师活动	学生活动	技术、资源（含平台与工具）	设计意图
情境导入	乡土素材导入：宁夏熟悉的乡土素材硒砂瓜导入,硒砂瓜兴盛变化与其生长环境有何关系？自然环境是由哪些要素组成？它们之间有何关系	课前阅读书本材料,收集宁夏的自然地理有关资料	希沃备课中心将教学所需资料发送至智慧教室平台	以贴近学生生活的乡土材料导入,使学生在学习中增加乐趣
任务1	通过教材学生总结以下基本概念。1.自然地理环境的组成有哪些？2.举例说明构成要素、构成要素在自然地理环境中的关系。3.自然地理环境整体性原理是什么	学生根据任务阅读总结以上三个问题,并结合所学及生活实际举例说明	1.希沃白板5呈现探究的任务。2.通过实物展台展示学生作品	地理学科素养的培养必须建立在掌握地理概念和基本原理的基础之上,概念界定是学习陈述性知识的基石

教学环节	教师活动	学生活动	技术、资源（含平台与工具）	设计意图
任务2	案例教学法，学生自主探究问题，结合材料进行案例教学。 1.环香山地区的自然地理环境，在宁夏中卫市具有怎样的特色？ 2.中卫人民采用压砂技术改造了哪些不利发展种植业的自然条件？ 3.压砂地通过多年的压砂种植，土壤性质有什么变化？会产生哪些其他的连漪效应？ 4.推测多年的压砂种植该地生态环境变化产生的影响过程	区域认知：宁夏中卫地区环境特点的优缺分析。 综合思维：压砂技术使不利于种植业发展的自然条件得到短暂改善，但长期的开垦需要大量的砂石，加之过度采矿、采河沙等对当地植被的破坏，导致本就脆弱的旱带沙化草原加剧了草场退化，土壤水分减少使土壤板结，土地沙化加剧，最终走向土地沙化，这就造成了土地沙化现象的发生。 地理实践力：通过课堂活动体验人民改造自然、自然环境改变产生的问题和参与解决问题的过程，使得学生能掌握对生活有用的地理知识。 人地协调观：最重要的地理核心素养，地理课堂不是强调一定要树立人地协调观念，而是在问题中渗透这一理念	鼓励学生将自然地理环境构成要素的关系以思维导图的形式展现出来。 平板推送学生所需图文、视频资料。 宁教云传输关于中卫新老砂地的研究数据资料	材料选取有时间跨度的素材，设计两个矛盾点，第一，干旱恶劣的中卫地区为何能种植被誉为"绿黄金"的硒砂瓜；第二，这么好的黄金产业因何被叫停。当然，这两个矛盾点在教学时是为了增强学生的学习兴趣而设计的，并不是直接回答这两个问题，而是让学生通过探究本节课的自然地理环境各构成要素之间的相互关系和总体原理，来了解其背后的地理成因，这两个矛盾点在教学中是怎么回事。这对学生综合素养的提高很有助益

教学环节	教师活动	学生活动	技术、资源 （含平台与工具）	设计意图
任务3	开放性问题： 自然地理环境整体性的具体表现，要结合上述案例加以概括。为中卫撂荒砂地的可持续发展建言献策	学生通过举例说明深入理解理论学习的意义，并运用所学知识解决问题	学生利用宁教云平台上传小组谈论结果，并对其他小组进行评价	训练学生阅读材料、解读图表的能力，培养学生的解题能力和地理学科的综合思维素养
任务4	采用学科融合方式，教师组织学生进行合作讨论以小组展示方式说明整体性的具体功能；说明热带雨林为什么叫"大地之肺"，并结合生物知识对产生光合作用的过程进行了说明；运用海—气关系理论，说明海洋和大气等多种要素综合作用下自然环境的整体性的稳定功能	展示和讨论 学生进行小组展示和讨论，分享收集的多学科知识来解释地理现象，理解地理原理	通过希沃微课录制学生多学科融合形式探究地理问题的课堂实录	注重技能训练，多学科辅助讲解地理现象，促进学生综合素养的提高；鼓励学生通过展示、评价小组分析过程，锻炼学生的思辨力，培养学生在地理课堂上的获得感和学习的自信心
任务5	引导学生总结，反思本节课所获	学生总结学习到的知识，学习图表解读的能力和技巧，学习学科融合解决地理问题的办法等	利用希沃白板5进行总结	总结反思展示，可以使学生的综合素质得到全面的提高，包括沟通能力、协作能力、创新能力、思辨能力等各个方面都有很好的提高。落实地理课堂要为"培养全面发展的人"而服务的宗旨

六、教学评价

1.教学评价量规

（1）教学设计评价量表

评价内容标准	赋分	教师得分
教学设计不够全面和系统，缺乏创意和新颖性	1分	
教学设计基本上能够满足教学需求，但缺乏深入挖掘和探究	2分	
教学设计较为全面和系统，能够满足学生的学习需求，有一定的创意和新颖性	3分	
教学设计非常全面和系统，能够满足学生的学习需求，有很高的创意和新颖性	4分	

（2）教学方法评价量表

评价内容标准	赋分	教师得分
授课方法单一、生硬，不够有趣，不够互动	1分	
授课方式略有变化，但在趣味性和互动性上有所欠缺	2分	
授课方式更加丰富多样，能激发学生的学习兴趣，有一定的趣味性、互动性	3分	
教学方式十分丰富多样，可以使学生的学习兴趣得到极大的激发，趣味性、互动性都很高	4分	

（3）教学态度评价量表

评价内容标准	赋分	教师得分
教师在教学态度上不够认真、不够负责、不够积极主动、不够耐心地开展教学工作	1分	
教师教学态度一般，有时缺乏热情和耐心	2分	
教师授课态度较好，兢兢业业，有一定的积极性和耐心	3分	
教师教学态度良好，工作极其认真负责，对待教学工作热情、耐心、任劳任怨	4分	

（4）课堂管理评价量表

评价内容标准	赋分	教师得分
教师课堂管理经验不足、学生纪律散漫，课堂秩序无序	1分	
教师课堂管理稍有不足，学生纪律稍有松散，课堂秩序稍有混乱	2分	

评价内容标准	赋分	教师得分
教师课堂管理较好,学生班级纪律较好,班级秩序基本稳定	3分	
教师上课管得好,学生管教有板有眼,上课秩序井然	4分	

2.学习过程评价

得分	评价项目	评价内容	赋分
学生参与度评价	通过观察课堂气氛和学生参与度,评价学生对自然地理环境整体性的兴趣和理解程度,以便调整教学策略和提高学生的参与度	20	
课堂练习评价	通过对学生的课堂练习成绩进行评价,了解学生对原理的掌握程度,以便及时纠正学生掌握的不足之处,提高学生的学习效果	20	
实验和观察评价	通过观察学生实验和观察成果,评价学生对自然地理环境整体性的实际应用能力,以便更好地指导学生掌握相关知识	20	
课堂讨论评价	通过课堂讨论,了解学生对自然地理环境整体性知识的了解程度,以及学生对相关问题的思考和见解,从而通过课堂讨论,促进学生的思维发展,提高学生对自然地理环境整体性的分析能力	20	
课后作业评价	通过对学生课后作业的评价,了解学生对自然地理环境整体性知识的掌握情况,以及学生对相关问题的思考和见解,从而对学生在平时的学习中能较好地起到指导学生掌握相关知识的作用,同时也能很好地发挥学生对自然地理环境整体性知识的掌握	20	
最后得分			

综上所述,多种形式的流程性测评,更好地引导学生掌握相关知识,提高学习效果,可以对高中教学过程中自然地理环境的整体性进行有选择的必修。

3.学生呈现作品评价

对于高中地理学科选择性必修一"自然地理环境的整体性"这一学习内容,学生可以针对以下主题提交作品。

(1)从全球气候与地质环境、自然资源分布、生物多样性等方面综合分析自然地理环境的整体性对人类社会的影响。

(2)自然地理环境的整体性对生态平衡的影响:从生态系统平衡、物种多样性、地质活动等方面分析自然地理环境的整体性对生态平衡的作用。

（3）自然地理环境的整体性与地方性的环境变化：分析自然地理环境的整体性、整体性环境变化的关系，从全球气候变化、土地退化、海洋污染等几个方面进行分析。

（4）自然地理环境的整体性与局部性发展的关系：从自然资源与经济发展、自然灾害与人类生存、城市化进程与环境破坏等方面综合分析自然地理环境的整体性与局部性发展的关系。

（5）学生可以通过撰写论文、研究报告、海报设计、演讲等多种形式完成这些作品，以展示自己对自然地理环境的整体性的理解与思考。

	内容	20分	15分	10分
A	科学性			
B	实践性			
C	环保性			
D	创新性			
E	美观性			

4.评价结果量表

（1）学生参与度评价量表

内容	赋分	学生得分
学生兴趣不浓，学生不听课，或不参加讨论，或不动手	1分	
学生有些兴趣，偶尔参与课堂讨论，做一些课堂练习	2分	
学生基本上有兴趣，能积极参与课堂讨论，主动提出问题，认真做课堂练习	3分	
学生非常有兴趣，能积极参与课堂讨论，提出高质量问题，认真做课堂练习，积极回答问题	4分	

（2）课堂练习评价量表

内容	赋分	学生得分
学生整体掌握的自然地理环境知识比较欠缺，大部分题目答错	1分	
学生整体掌握了自然地理环境方面的知识，部分题目答错	2分	
学生较好地掌握了整体的自然地理环境知识，大部分题目都答对了	3分	

内容	赋分	学生得分
学生整体掌握了自然地理环境方面的知识,对所有的题目都做了正确的解答	4分	

（3）实验和观察评价量表

内容	赋分	学生得分
学生对实验的认识不足,对观察结果了解不够,很难解释实验现象	1分	
学生对实验和观察结果的理解一般,对部分实验现象的解释得较清楚	2分	
学生较好地理解了实验和观察结果,能较好地说明大部分实验现象	3分	
学生很好地理解了实验和观察结果,并能很好地解释实验的一切现象	4分	

（4）课堂讨论评价量表

内容	赋分	学生得分
学生不愿意发表意见,对问题缺乏思考	1分	
学生有些发表意见,对问题有些思考	2分	
学生积极发表真知灼见,对问题的思考更加深入	3分	
学生发表意见很积极,思考问题很深入,出题质量也很高	4分	

（5）课后作业评价量表

内容	赋分	学生得分
学生对作业理解不足,做错多数题目	1分	
学生对作业理解一般,做错一部分题目	2分	
学生较好地理解了作业,多数题目都做对了	3分	
学生很好地理解了作业,把所有的题目都做对了	4分	

七、信息技术应用

1.地图制作软件

通过使用地图制作软件,学生可以绘制相关地理数据图表。能够帮助学生对整个全球自然地理环境的认识和分析。

2.虚拟实验室软件

地理学科的一些实验可以让学生利用虚拟实验室软件来实现。同时,由于这些实验是基于虚拟环境设计的,因此学生可以随意尝试和修改条件,以对地理现象进行更深入的研究。

3.多媒体技术

多媒体技术创造视觉和听觉效果,使学生更好地理解地理概念。抓住学生的兴趣,通过多媒体演示增强学习热情。

4.网络技术

通过网络技术,学生可以访问全球性地理环境的实时信息,例如卫星图像、灾害报告或气象预测。这将有助于学生了解全球自然环境的整体性,并有助于他们更好地理解全球变化和人类与自然的关系。

这些信息技术的运用,能够帮助学生更好地理解和掌握地理学科的知识,对提高学生的学习效率和兴趣也有很大的帮助。

八、章节测试命题方向和立意

(一)命题方向

1.对自然地理环境的整体概念进行简述,说明它对地理学科的重要意义。

2.根据不同的自然地理环境因素(如气候、地形、水文、土地利用等),分析其在地理环境整体中的作用和相互关系。

3.以中国某一地区为例,运用自然地理环境的整体性概念,分析其自然环境的特点、问题及其对社会经济发展的影响。

4.分析自然灾害与自然环境的整体性关系。

5.对自然地理环境的整体性影响进行探究,对其问题及解决方案进行分析。

6.参考一些案例,说明自然地理环境整体性对全球环境变化的重要性,强调环境保护对于维护地球生态平衡的必要性。

(二)命题立意

1.对自然地理环境的总体概念及其内涵与外延的认识与再认识。

2.自然地理环境整体性的独特性与普遍性,以及整体性在地理研究中所发挥的作用和意义。

3.自然地理环境整体性与人类社会发展的关系,以及对人类社会可持续发展的重要性和影响。

4.通过具体案例分析来说明自然地理环境整体性对于实践活动的指导作用和应用。

5.对于当前环境问题,如何在理念、技术、政策等方面应对并解决,如全球变暖、自然灾害等。

九、教学反思

1.项目学习连接知识、生活和学生,培养核心素养

高中地理学科选择性必修一"自然地理环境的整体性"教学以项目作为核心载体的学习方式,通过实践性活动,将所学知识与生活实践相结合,突破传统教学模式的局限,发挥学生的主体性和创造性,培养学生核心素养。

本教学项目旨在通过对自然地理环境的整体性学习,使学生了解自然地理环境的复杂性和完整性,掌握自然地理环境与人类活动的互动关系,认识自然地理环境对人类生产、生活的重要意义,同时明确自然地理环境保护的重要性。

通过教学项目的实施,学生可以参与地理实地考察、模拟模型制作等实践活动,丰富了地理学科的教学内容,增强了学生的学科认知和探究能力,促进了学生的自主学习和交流合作能力,彰显了地理学科的实践性、探究性和专业性,同时也培养了学生的核心素养。

总之,"自然地理环境的完整性"教学项目式学习是一种有益的教学方式,旨在培养学生全面发展的能力和探究精神,促进学生自主学习和动手实践的技能,更好地适应未来社会的需要。

2.分层活动拓展提升核心素养

学生能了解自然地理环境的完整性,拓展思维,提升核心素养,这是在教学分层活动的推进下产生的。在教学活动中,学生将会了解到自然环境各要素的相互关系和互动作用,以及地理信息系统和遥感技术在自然环境研究中的应用。通过课堂讲解、案例分析和实地调查等多种教学方法,学生将深入了解环境变化对自然、社会和人类的影响,掌握科学的技巧和方法,拓宽视野和思维,提升问题解决能力和实践能力。

同时,学生的核心素养也会通过这种教学活动得到提升。在学习的过程中,就会知道自我学习能力的重要性,能积极主动地学习,钻研问题,解决问题。他们也能学会如何有效地沟通和合作,以及尊重和关心他人的观点和需求。这些核心素养将帮助学生在今后的学习和生活中有成就感。

3.微能力助学生创新解决地理问题

"自然地理环境的整体性"是一个重要的课题,因为我们需要了解地球上的各种自然系统是如何相互作用的,以及它们是如何影响我们的生活的。为了帮助学生创新解决地理问题,以下是一些提升微能力的建议。

(1)帮助学生了解自然系统之间的相互影响。通过资料和数据分析,引导学生了解地球上不同的自然系统之间的相互影响,如气候和地形的关系,地下水的形成,甚至风化和侵蚀等。

(2)培养学生解决问题的能力。引导学生使用不同的方法来解决地理问题,例如实地调查、文献研究、网络调查等。帮助他们形成正确的思维方式和判断能力。

（3）崇尚创新思维。鼓励学生对地理问题的解题思路进行积极的思考,培养学生的创新意识和创造能力。比如,学生可以提出一些与地理有关的课题,通过小组合作来解决这些问题,这可以帮助他们在实践中掌握知识和技能。

总之,帮助学生在地理学科中掌握微能力,可以帮助他们更好地理解自然环境,同时也能够让他们更好地处理生活中的地理问题,通过解决问题在学习过程中提升学生学科素养和综合能力,使地理教学取材于生活,服务于生活,体现培养"全面发展的人"的学科育人价值。

参考文献

[1] 杨小娣."地理环境的整体性"教学设计(鲁教版)[J].地理教育,2011(11):24-25.

[2] 徐佳荣.生物圈对自然环境的调节作用[J].地球,2000(6):2-3.

[3] 张艳.初中地理核心素养的培养策略探究[J].百科论坛电子杂志,2020(7):577.

[4] 栗冬.高林树种出致富树[J].实践(党的教育版),2018(9):48.

[5] 黄小华.浅谈小学英语绘本教学中的学科整合[J].课程教育研究(新教师教学),2015(10):60.

[6] 王艳杰.中医药院校生物化学和分子生物学课程整合的设想和探索[J].中医教育,2009(6):54-55.

[7] 高海龙.仿生学论文[J].才智,2013(15):281-281.

[8] 侯志贵.浅谈现代教育技术在中学地理教学中的有效运用[J].读写算,2018(14):138.

[9] 孟红英.多媒体发展对企业职业教学的探索与实践[J].企业导报,2014(1):159-160.

[10] 陶建宁.论高校思想政治工作机制的创新[J].中国科教创新导刊,2008(7):110-111.

[11] 刘勇."自然地理要素在地理环境形成和演变中的作用"内容详析[J].地理教育,2011(11):10-12.

[12] 李春旺."自然环境中的整体性和差异性"单元内容解读[J].地理教育,2010(10):18-21.

[13] 杨树林.浅谈物理教学中学生科学探究能力的培养[J].新课程学习(上旬),2014(6):32-32.

[14] 李林."自然地理环境的整体性与差异性"专题复习[J].中学政史地(高中文综),2016(9):64-72.

[15] 夏登攀.利用多媒体优化物理课堂教学提高教学效率[J].速读(下旬),2016(3):269-270.

[16] 宋陈红.品德与社会课堂植入乡土教育资源的实践与探索[J].广西教育 A(小教版),2014(7):115-115.

[17] 沈丹.对生物实验探究式教学的认识[J].科学咨询,2013(29):91-91,92.

[18] 张相兵.应用微课,实施自然地理教学法[J].新课程(下旬),2018(10):108.

[19] 孙铭娟.分子生物学虚拟实验教学软件的设计与应用探索[J].中国医学教育技术,2011(3):283-285.

[20] 冯治军.多媒体课件在数学教学中的运用[J].读写算(教育教学研究),2012(64):136.

[21] 徐倩倩.微课在初中生物学科教学中的运用分析[J].情感读本,2020(23):124.

[22] 王永欣."自然地理环境的整体性"教学设计(人教版新教材)[J].地理教育,2020(11):14-16.

[23] 杨林.在化学教学中提高学生自我纠错能力的有效途径[J].新课程(中学版),2010(7):54.

(主要执笔人:杜艳艳　银川二中分校 北京师范大学银川学校)

"三新"背景下"自然环境的差异性"教学研究与案例应用

——以"自然环境的差异性"第五章第二节为例

一、教学背景分析

1.课程改革前课例教学中存在的问题

(1)对自然环境的整体性和差异性的辩证关系认识不到位。自然环境的整体性和差异性是辩证统一的,教学中要始终贯彻这样一个观点。一方面,让学生对存在的地域差异有直观的感受;另一方面,让学生在同一自然带中体会自然环境的整体性,在景观上表现出的相对一致性。

(2)对不同空间尺度自然环境的地域差异认识不到位。地理环境的差异性体现在不同的空间尺度上,可以是地域性的,也可以是全球性的。海陆分异是全球性的地域差异,陆地上的自然带是较小尺度的地域差异,还有更小尺度的地域差异。

(3)忽视了图表的利用。本节内容空间分布的知识点较多,因此教学中应注意在图上落实这些内容,如充分利用景观图直观地认识陆地自然带的地域差异;充分利用《世界陆地自然带的分布图》总结归纳陆地地域分异规律;多角度、多层次地利用模式图总结归纳垂直地域分异规律。掌握规律的同时还要记得具体问题还需因地制宜地分析,让学生更好地理解规律,运用规律,从而提高地理学科的综合能力。

2.解决课例存在地理问题采取的策略

(1)充分利用各种图表进行读图能力的训练。教材中图表丰富,还可以补充一些图表,指导学生学会运用图表获取知识,对学生进行学习能力的培养,是本节课的一个重要任务。

(2)案例教学。通过身边的事例引导学生去探究、去分析,让学生体会到学习地理就是学习生活中有用的科学知识。

(3)利用多媒体辅助教学。利用多媒体演示地表景观和自然带从赤道到两极的变化的规律,从沿海到内陆的变化规律,以及各个地区自然带的景观图片,使学生能更直观理解自然环境的差异性,帮助学生理解知识的同时又加强了对知识的巩固。

3.课例新的教学设计指导思想

(1)采用灵活多变的教学形式。在符合课程标准要求的前提下,把预习的时间充分留给学生,使得学生明确重难点,做到有的放矢;让学生在课堂上成为主角,让他们去探究、去分析、去决定;创造更多机会让学生亲身去体验主动学习和主动探索的"过程"和"感受",让学生拥有更多自主学习的机会;对学生的不同见解、不同想法、不同方法给予鼓励和尊重。

(2)突出学生的主体地位。鼓励学生在课堂上积极进行合作探究、讨论、演示操作等,充分放手,把学生参与课堂的主动性、积极性调动起来,真正在课堂上当好学习者。

(3)重视地理教学信息资源和信息技术的利用。充分利用教材中的地理图像和多媒体演示课件,对教学中的重点和难点问题,结合案例分析、小组合作探究、多媒体资料展示、演示操作等,进行深入浅出的解决。

4.课例教学设计理论依据

(1)新课程改革的要求。新课程改革从《普通高中地理课程标准》(2017年版)、教学方式、评价体系等方面对传统教育模式提出了改革的要求,注重培养学生的创新精神和实践能力,选择性必修一"自然环境的地域差异性"教学设计要与新课程改革的要求紧密结合,注重学生的主体性和实践性,培养学生的探究精神和创新能力。

(2)认知心理学的研究成果。根据认知心理学的研究,选择性必修一"自然环境的地域差异性"教学设计应该注重学生的认知特点,采用多样化的教学手段,满足不同学生的需求。

(3)教育技术的应用。教育技术的发展为"自然环境的地域差异性"教学提供了更多便利,例如利用PPT、希沃白板、图新地球等软件,可以更加形象、直观地呈现地域差异,引导学生分析地域差异产生的原因和地域分异规律形成的原因和表现,提高学生的学习兴趣和效果。

(4)教育评价的理念。教育评价应该注重学生的综合素质发展,选择性必修一"自然环境的地域差异性"教学设计应该注重评价体系的建设,对学生的学习情况、能力发展等采取多种评价方式进行综合评价。

5.课例《普通高中地理课程标准》(2017年版)依据

选择性必修一"自然环境的地域差异性"新课程标准依据如下:

本课新课标要求是"运用图表并结合实例,分析自然环境的地域分异规律"。自然环境的地域差异性,是高中地理课程的重要内容,也是形成学生自然环境差异性观念的主要载体。新课标首先要求运用图表,所以在创设教学情境时,使用景观图反映地域特征、利用图表对比总结地域差异,促进学生读图获取信息、分析信息、获取答案能力的提升。二是要求结合实例,从多角度分析自然要素,理论性较强,对学生综合思维的能力要求较高。因此,强调由表及里、由浅入深、从现象到规律阐述自然环境的地域差异,最终落实到地域分异规律的内涵上。最后,《普通高中地理课程标准》(2017 年版)要求结合学生的认知特点,分析自然环境的地域分异规律,设定如下评价目标:一是能从物质迁移和能量交换的角度,运用水循环、大气环流、生物循环等自然地理过程,准确解释地域差异的根本原因;二是能从不同的空间尺度,准确说明陆地上不同自然带的分布状况;三是能灵活运用恰当的案例,全面准确地说明自然环境地域分异规律的成因和表现。

6.课例新教材及教学内容分析

本节课是人教版选择性必修一第五章第二节内容,既是对上一节地理环境整体性的承接,又为后面学习人文地理做了知识铺垫和理论指导,起到承上启下的作用。

本节主要遵循"感知地域差异现象—明晰地域差异原理—分析地域差异案例—总结地域分异规律"的基本思路,从现象到规律,由表及里、由浅入深地阐述了自然环境的地域差异性,最后落脚于地域分异规律。具体来说,首先从常见的地域差异现象说起,情景设计中的天山景观就是一个"引子",体现自然环境的地域差异性,为下文做铺垫;接着以地域差异、陆地地域分异规律、垂直地域分异规律和地方性分异规律为标题,讲解了地域分异的基本原理和形成过程;最后,以地理学的空间尺度视角,从全球性尺度到区域性尺度,深入和系统地讲解自然环境的地域分异规律。该部分教材还设置了自学窗,明确指出地理事物的成因不同,所呈现的分布特点就不同。地理学家通过研究事物的分布规律,推断事物的成因,为科学分析事物的成因提供了独特的视角,培养了学生的学科核心素养。

选择性必修一"自然环境的地域差异性"新教材教学内容主要包括以下方面。

(1)地域差异。介绍基于物质迁移和能量交换的本质认识地域差异的成因、基于空间尺度视角认识地域差异性的具体表现。

(2)陆地地域分异规律。介绍了陆地自然带、从赤道向两极的地域分异规律和从沿海向内陆的地域分异规律。

(3)垂直地域分异规律。介绍了垂直地域分异规律的成因、垂直带谱及其影响带谱数量的因素。

(4)地方性分异规律。结合具体的案例,分析地方性分异规律的成因。

7.课例教学对象分析

经过了初中区域地理和必修模块的学习,学生掌握了基本的地理环境特征的描述和部分地理环境要素之间的相互关系,如学习亚洲区域特征时,明确了气候、地形、水文等自然环境特征的观察和描述方法,能说出自然环境要素之间“一对一”的要素联系,比如知道地形地势对河流流向、流速快慢的影响。但地理知识体系还不够完善,综合分析还处于意识认识阶段,未达到能够准确识别、找全自然环境要素以及系统分析的要求。另外,学生对学习自然地理环境的差异具有一定的兴趣,但要探究自然带的分布规律,就要联系到地理学习中的难点——气候的分布,这是以前所学的知识,有些学生可能还没有掌握,有的学生早就把这一点抛在脑后了。因此在教学过程中要注意问题的层层设计,实现从单一要素到多要素的过渡,提升分析问题的能力。通过展示不同区域自然景观的图片,让学生直观地观察陆地自然环境的差异,通过展示自然带模式图,让学生直观地归纳地理环境的地域分异规律。同时设计相关的探究活动,培养学生读图析图的能力,积极主动思考问题的习惯和合作探究的能力。

8.学生的关键能力和核心素养

区域认知:结合不同区域的自然景观,分析地域分异规律的形成和表现。

综合思维:说出地球表层差异性的表现及自然地理环境的差异性与因地制宜的关系。

地理实践力:结合图示,说明陆地自然带的基本类型、分布及特征。

人地协调观:运用地方性分异规律,分析说明其对人类生产生活的影响。

二、教学设计的基本要素

选择性必修一“自然环境的地域差异性”教学设计的基本要素

1.教学目标

(1)观察景观图片,感受自然环境中普遍存在的地域差异事实。

(2)结合实例,从物质、能量交换的角度掌握地域差异的根本原因。

(3)知道地域差异有不同的空间尺度,能用地图说明陆地上有不同的自然带。

(4)运用实例,说明地域分异规律的成因和表现。

2.教学内容
根据课程标准的要求,选取合适的教学内容和教学资源,设计相关的课堂活动。

栏目	内容	功能
框题一：地域差异	正文：地域差异的形成原因、表现（不同空间尺度、不同维度）	用文字解释地域差异，为下面地域分异规律做铺垫
	案例：元素迁移与地域差异的形成	解释降水、土壤、植被之间的关系
框题二：陆地地域分异规律	正文：介绍陆地地域分异规律	利用文字解释陆地地域分异规律
	图5.7世界陆地自然地带的分布	体现自然地带的陆地地域分异规律
	图5.8苔原景观、图5.9热带雨林景观、图5.10温带落叶阔叶林景观、图5.11温带荒漠景观	丰富内容
框题三：垂直地域分异规律	正文：介绍垂直分异规律	用文字解释垂直地域分异规律
	活动：比较喜马拉雅山脉南北坡的垂直地域分异	使学生更加深入地认知垂直地域分异规律
框题四：地方性分异规律	正文：介绍地方性分异规律	用文字解释地方性分异规律，体现非地带性规律
	案例：草原上的盐碱地	体现地方性分异规律
自学窗	从分布特点推测成因	开阔视野

3.教学方法：5E探究教学模式

本次教学活动主要借鉴"5E教学模式"，采用了"吸引—探究—解释—迁移—评价"的教学模式。

(1)吸引：通过我国不同区域的景观图片与我国地理分区的对应，用回忆初中知识的方式激发兴趣，并产生与本节课程内容相关的疑问和思考，从而提高学生对本节课程学习的积极性。

(2)探究：在探究环节中，设计了一系列的任务，引导学生探究地域差异产生的原因，分析地域分异规律产生的原因和表现。

(3)解释：结合层层递进的问题链，答疑解惑，使重难点清晰易懂。

(4)迁移：将地域分异规律的原理运用到具体案例的解析中。

(5)评价：贯穿整个教学环节，对学生的学习效果和教师的教学效果进行反馈。

4.教学评价

设计科学、全面、多元的评价方式，例如考试、作业、课堂表现等，来评价学生对自然环境的地域差异性的掌握情况和理解程度。

5.教学资源

选择合适的教学资源,例如PPT、教学视频等,来帮助学生更好地理解和掌握自然环境的地域差异性。

6.课堂管理

制定合理的课堂管理策略,如课堂纪律、学生参与等,以保证教学秩序和课堂效果。

三、教学设计的整体思路

"地域分异规律"是自然地理学中一个非常重要的基本规律,本节内容要讲清楚的两个核心概念是"差异的空间尺度"和"差异的变化规律",教材内容也是围绕这两个概念来展开。由于学生已经学习了自然地理环境的整体性,所以首先让学生明确自然地理环境的整体性是相对的,而差异性则是绝对的。为了让学生明确不同空间尺度下的自然地理环境的差异,在教学中展示温度带的分布和海陆分布图,让学生感知全球性的地域分异,进而明确本节内容主要研究相对较小尺度的陆地地域分异。通过探究自然带的形成分布,并直观地展示景观图片,分析不同的景观特征,总结区域差异是有规律可循的,通过创设一系列的问题链,使学生进行合作探究,启迪学生去思考问题,从而有所收获。总之,通过本节教学,让学生建立对地域差异的感知,并通过景观图片和有目的的启发式提问、探究式的讨论,引导学生分析归纳地域分异的规律及成因,达到提升学生读图能力、积极主动思考问题的习惯,培养学生合作探究能力的目的。

四、课例呈现

1.自然环境的地域差异性课例简介

课题	自然环境的地域差异性
教学目标	1.观察景观图片,感受自然环境中普遍存在的地域差异事实。 2.结合实例,从物质、能量交换的角度掌握地域差异的根本原因。 3.知道地域差异有不同的空间尺度,能用地图说明陆地上有不同的自然带。 4.运用实例,说明地域分异规律的成因和表现
教学内容	地域差异。 陆地地域分异规律。 垂直地域分异规律。 地方性分异规律
教学方法	5E探究教学模式
教学资源	教材、课件、视频、导学案等

课题	自然环境的地域差异性
教学过程	导入环节:展示我国四大地理单元分区的景观图片,引发学生回忆初中知识并将景观与区域对应起来。 探究活动:对地理分异规律的成因及其表现进行分组探究。 教学评价:对学生的学习效果进行评价。 作业:布置有关作业,巩固学生的学习成果。 课堂表现:评价学生的课堂参与度和表现等

2.自然环境的地域差异性课例目标分析

学科素养	学习目标
区域认知	观察景观图片,感受自然环境中普遍存在的地域差异事实
区域认知、综合思维	结合实例,从物质、能量交换的角度掌握地域差异的根本原因
区域认知	知道地域差异有不同的空间尺度,能用地图说明陆地上有不同的自然带
地理实践力、综合思维	运用实例,说明地域分异规律的成因和表现

3.教学重点和难点

教学重点:自然环境的地域差异性及其形成原因;自然带的分布和自然环境地域分异规律。

教学难点:自然环境地域分异规律的成因。

4.主要教学策略和评价方法

(1)教学方法:5E探究教学模式

主要借鉴"5E教学模式"设计本次教学活动,采用了"吸引—探究—解释—迁移—评价"的教学模式。

①吸引:通过我国不同区域的景观图片与我国地理分区的对应,用回忆初中知识的方式激发兴趣,并产生与本节课程内容相关的疑问和思考,从而提高学生对本节课程学习的积极性。

②探究:在探究环节中,设计了一系列的任务,引导学生探究地域差异产生的原因,分析地域分异规律产生的原因和表现。

③解释:结合层层递进的问题链,答疑解惑,使重点和难点清晰易懂。

④迁移:将地域分异规律的原理运用到具体案例的解析中。

⑤评价:贯穿整个教学环节,对学生的学习效果和教师的教学效果进行反馈。

(2)学习方法:案例——问题探究法。

学生结合案例,采用自主探究、合作探究的形式进行学习。

教学环节	内容
技术支持 学情分析	1.学生特点:学生具有一定的生活经验,通过实际体验、网络、电视等对地域差异具有一定的感知,但还未形成系统的认识,对于相关的学科知识还需要进行深入学习。 2.学情分析:学生经过初中区域地理知识和必修模块的学习,掌握了基本的地理环境特征的描述和部分环境要素之间的相互关系,如亚洲区域特征的学习,明确了对气候、地形、水文等自然环境特征的观察和描述方法,能说出自然环境要素之间"一对一"的要素联系,比如知道地形地势对河流流向、流速快慢的影响。但地理知识体系还不够完善,综合分析还处于意识认识阶段,未达到能够准确识别、找全自然环境要素以及系统分析的要求,对于相关的科学知识还需要进行深入学习。 学习兴趣和动机:学生对自然环境的差异具有一定的学习兴趣,但要探究自然带的分布规律,就要与之前所学的世界气候的分布联系起来,气候的分布是地理学习中的难点,有些学生可能没有掌握,有的学生则早已遗忘。 学习习惯和方法:高中学生的学习习惯和方法有所不同,有些学生喜欢通过阅读教材和笔记进行学习,而有些学生则更喜欢通过观看视频、听讲座等方式进行学习。在教学过程中要注意问题的层层设计,实现从单一要素到多要素的过渡,提升分析问题的能力。通过展示不同地区自然景观的图片,让学生直观地观察陆地自然环境的差异性,通过自然带模式图的展示,让学生总结出地理环境的地域分异规律。 学习能力和水平:高中学生的学习能力和水平有所不同,有些学生对本节知识的学习很容易掌握,而有些学生则需要花费更多的时间和精力进行学习。在教学中设计相关的探究活动,培养学生读图、析图的能力,积极主动思考问题的习惯和学生合作探究的能力
技术支持 课堂导入	1.图片展示:展示我国四大地理单元分区的景观图片,引发学生回忆初中知识并将景观与区域对应起来,让学生感受自然环境中普遍存在的地域差异事实。 2.提出问题:①下列景观图片分别对应我国哪个地区? ②对比景观图你有何感受? ③就此你能提出哪些问题? 引导学生思考和探究,激发学生的好奇心和求知欲。 3.课件展示:通过制作一些精美的课件,例如利用 PPT、希沃白板 5 等,在课件中插入高清的图片或者视频,让学生更直观地感受地域差异
技术支持 课堂讲授	1.播放视频:播放视频《南方的土壤为什么是红色的?》《天山景观》等。通过观看视频,可以让学生更直观地感受地域差异,分析产生地域差异的原因,总结出地域差异的规律,从而激发学生的兴趣

教学环节	内容
技术支持 课堂讲授	2.探究活动:探究一,案例分析,认识地域分异产生的原因;探究二,列表比较从赤道到两极的地域分异规律和由沿海到内陆的地域分异规律[从影响因素、分异规律(延伸方向、更替方向、图示)、典型地区、典型案例进行比较];探究三,比较喜马拉雅山脉南北坡的垂直地域分异;探究四,展示不同纬度高山自然带垂直分布图,结合所学知识从图中归纳山地垂直分异规律。 3.图片展示:通过图片的展示,让学生更加直观地感受地域差异,分析产生地域分异规律的原因和表现,如展示武夷山区和塔里木盆地景观图片、热带雨林地区与极地地区的景观图片等分析地域差异产生的原因,或者展示不同自然带的景观图片,分析地域分异规律的成因和表现。 4.课件展示:教师可以利用课件讲解自然环境的地域差异性有关的知识。课件可以包括文字、图片、动画、视频等多种形式,通过不同的形式来让学生更加深入直观、形象地理解自然环境的地域差异性。 5.课堂互动:运用畅言智慧课堂来与学生进行互动,让学生通过平板电脑上传自己绘制的北半球气候类型分布模式图,列表比较从赤道到两极的地域分异规律和由沿海到内陆的地域分异规律,然后通过师生评价或者生生评价对学生的探究结果进行过程性评价
技术支持 方法指导	1.微课制作软件:教师可以使用一些微课制作软件,例如超级录屏、金舟视频大师、剪影等,来制作自然环境的地域差异性的讲解微课。这些软件可以帮助教师将图片、音频、视频等多种素材组合起来,制作出生动有趣的微课,让学生更加直观地理解自然环境的地域差异性。 2.图片处理软件:教师可以使用一些图片处理软件,例如 Photoshop、GIMP 等,来处理图片素材,制作出更加美观、生动的图片。例如,通过这些软件来调整图片的亮度、对比度、饱和度等参数,使画面更加清晰,色彩更加鲜明。 3.课件制作软件:教师可以使用一些课件制作软件,例如 PowerPoint、希沃白板 5 等,来制作出有趣、生动的课件。这些软件可以帮助教师将文字、图片、动画等元素组合起来,制作出精美的课件,让学生更加直观地理解自然环境的地域差异性。同时,这些软件也可以帮助教师与学生互动,例如通过小测验、问题解答等方式来巩固所学知识
收集 评价数据	1.问卷调查:教师可以设计一份问卷,向学生收集关于自然环境的地域差异性学习效果的评价数据。问卷可以有多种形式,如选择题、填空题等,通过问卷调查,教师可以了解到学生对自然环境的地域差异性的掌握情况以及对本次课程的评价。 2.学生作业:教师可以布置一些自然环境的地域差异相关的作业,例如制作自然环境的地域差异性的思维导图、列表比较地域分异规律等。通过批改学生的作业,教师可以了解到学生对自然环境的地域差异性的理解情况及掌握程度

教学环节	内容
收集 评价数据	3.课堂互动:教师可以在课堂上进行一些互动活动,例如探究活动、知识竞赛等,来了解学生对自然环境的地域差异性的掌握情况。通过观察学生的表现和听取他们的讨论,教师可以了解到学生对自然环境的地域差异性的理解情况以及学习兴趣。 4.考试成绩:教师可以在课程结束后进行一次考试,考查学生对自然环境的地域差异性的掌握情况。通过考试成绩,教师可以了解到学生对自然环境的地域差异性的理解程度以及掌握程度
可视化数据 呈现与解读	1.制作自然环境的地域差异性的思维导图:学生可以利用一些制作思维导图软件,如幕布等,来制作本节课的思维导图。通过思维导图,学生可以更加直观地掌握本节课的知识要点。 2.制作一节微课:利用超级录屏、金舟录屏大师等软件,制作地域分异规律的讲解视频,以便学生更好地理解和掌握本节知识

5.技术工具、平台、资源

畅言智慧课堂、希沃白板、宁教云等。

6.教学设计的知识思维导图

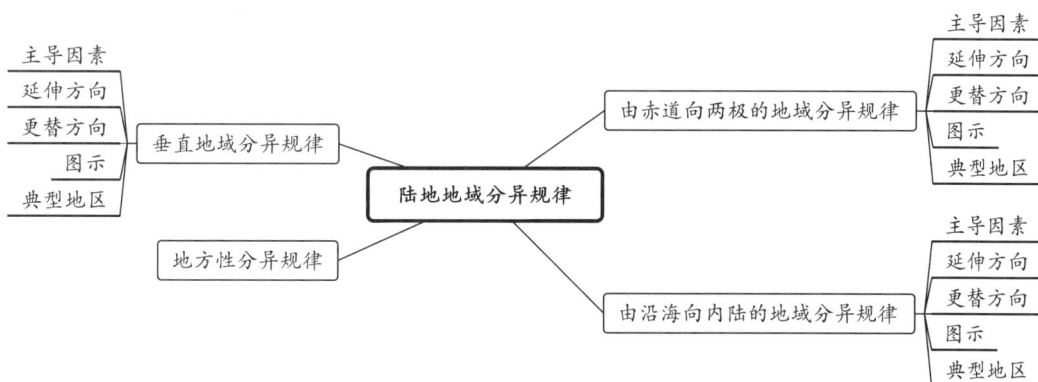

五、任务驱动模式下的具体课例的教学设计

教学环节	教师活动	学生活动	技术、资源 (含平台与工具)	设计意图
导入新课	展示我国四大地理单元分区的景观图片,引发学生回忆初中知识并将景观与区域对应起来。 提出问题: 1.下列景观图片分别对应我国哪个地区? 2.对比景观图你有何感受? 3.就此你能提出哪些问题	回忆中国四大地理单元分区并将景观图片与中国四大地理分区相对应,感受不同区域的自然景观是有差异的,并提出问题:区域有哪些具体的差异?差异产生的原因是什么?差异有什么规律	1.宁教云平台或者畅言智慧课堂推送课前导学案。 2.在智慧课堂环境下播放PPT	通过我国不同区域的景观图片与我国地理分区的对应,用回忆初中的知识的方式激发兴趣,并产生与本节课程内容相关的疑问和思考,提高对本节课程学习的积极性

教学环节	教师活动	学生活动	技术、资源（含平台与工具）	设计意图
地域差异	过渡：地域不同，自然环境特征就存在着差异。 提出问题：不同地域自然环境为什么会存在差异？ 任务一：案例分析，理解地域分异产生的原因 案例一：沿海与内陆地区地域差异的形成——以我国东南沿海的武夷山和西北内陆的塔里木盆地为例。 案例二：低纬和高纬地区地域差异的形成——以赤道附近热带雨林地区与极地地区为例。 案例三：元素迁移与地域差异的形成——以不同水分条件下钠、钾、钙、镁等元素的迁移为例。 过渡：自然环境的差异性体现在不同的空间尺度上，即规模有大有小。 任务二：感受不同空间尺度上自然环境的地域差异性 ①全球性的地域分异（大尺度）：温度带分异和海陆分异。 ②区域性的地域分异（小尺度）：热带雨林带、温带落叶阔叶林等之间的差异。 ③区域性的地域分异（更小尺度）：山和谷的差异、山体阴坡和阳坡的差异	1.回顾自然环境整体性原理。 2.读图，说出武夷山区和塔里木盆地景观的差异，理解太阳辐射在不同水分条件下的能量交换形式不同，从而形成了湿润区和干旱区的自然景观差异。 3.感知低纬赤道附近热带雨林地区与极地地区的景观差异，理解热量不同对生物循环强度的影响。 4.理解不同区域水热条件存在差异，使自然环境各要素的物质循环强度也不同，影响了自然要素的物质迁移和能量交换，于是自然环境的差异性就形成了。掌握自然环境地域分异性与自然环境整体性的关系。 5.读课本87页案例，总结水分是如何影响物质迁移的，从而影响不同水分条件下景观的形成。 6.湿润区物质迁移强，土壤和水含盐量较低，有利于植物生长；干旱区物质迁移弱，土壤和水含盐量较高，不利于植物生长。所以不同水分条件下自然植被生长状况不同，体现了自然景观存在差异。 7.结合不同地域的景观图片，感受不同空间尺度上自然环境的地域差异性	畅言智慧课堂环境下给学生推送探究任务	联系自然环境的整体性知识，让学生理解自然环境各要素是通过各种物质循环过程来相互渗透、相互制约和相互联系的，从而构成一个统一的整体，培养学生的综合思维。 通过三个具体案例，一是让学生掌握不同区域水分条件存在差异，太阳辐射驱动的能量交换过程也存在差异，从而影响自然景观；二是不同区域热量条件不同，影响生物循环导致景观差异的产生；三是不同水分条件下，物质迁移强度也不同，这也会影响自然植被的生长。综合三个案例理解不同水热条件导致物质迁移和能量交换的强度和过程差异，从而形成的景观差异（地域差异），培养学生的区域认知和综合思维。 通过感受不同空间尺度上自然环境的地域差异性，培养学生的区域认知能力

教学环节	教师活动	学生活动	技术、资源 (含平台与工具)	设计意图
陆地 自然带	过渡:地域差异最直观的体现就是自然植被的差异,因此自然植被被称为自然环境的"一面镜子"。 任务三:读世界自然带分布图,并思考以下问题。 1.什么是自然带,它是如何形成的?具备什么特点? 2.自然带的命名有何规律。 任务四:引导学生回忆世界气候类型分布图,绘制北半球气候类型分布模式图,对照北半球气候分布模式图,填入对应的自然带名称	1.在教师的引导下,归纳自然带的形成原因和特点。 2.根据自然带的名称找出命名规律:自然带＝热量带＋植被类型＋带。 3.自我检测,绘制北半球气候类型分布模式图,填入对应的自然带名称。 4.跟随教师熟悉世界陆地自然带分布模式图并找出两者的差异,重点记住这些有差异的自然带名称	利用畅言智慧课堂让学生上传绘制的北半球气候类型分布模式图以及填入自然带名称的模式图,并评价学生的作品	通过绘制世界气候类型分布图及其模式图,帮助学生更好地掌握世界陆地自然带分布模式图。降低记忆难度,使学生更快掌握这部分内容,同时也为后面探究规律作铺垫
陆地地域 分异规律	任务五:归纳陆地地域分异规律。 1.展示亚欧大陆和非洲大陆西岸,从赤道到北极的自然带,请学生依次说出自然带名称。展示自然带的景观图片,让学生关注自然带热量的变化,讲解赤道到两极的地域分异规律。 2.展示亚欧大陆中纬度地区从沿海到内陆的自然带,请学生依次说出自然带名称,展示自然带的景观图片。让学生关注自然带中植被类型的变化,讲解沿海到内陆的地域分异规律。 3.列表比较从赤道到两极的地域分异规律和由沿海到内陆的地域分异规律	1.读图说出自然带的名称。 2.列表比较从赤道到两极的地域分异规律和由沿海到内陆的地域分异规律。[从影响因素、分异规律(延伸方向、更替方向、图示)、典型地区、典型案例进行比较]	学生利用畅言智慧课堂上传作品并对其他学生的作品进行评价	通过绘制赤道到两极、沿海到内陆的地域分异规律的简图更加直观地认识陆地地域分异规律,培养学生的综合思维能力和区域认知能力

教学环节	教师活动	学生活动	技术、资源 （含平台与工具）	设计意图
垂直地域分异规律	任务六：归纳垂直地域分异规律 1.播放《天山景观》视频。 2.请学生完成课本89页的活动题。 ①喜马拉雅山南坡比北坡多哪些植被类型？ ②以高山草甸为例，它在南坡和北坡分布的海拔范围有什么不同？为什么？ ③如果北坡的山麓海拔与南坡相同，北坡也会有南坡那么多的植被类型吗？为什么？ 3.展示不同纬度高山自然带垂直分布图，结合所学知识从图中归纳出山地垂直分异规律	1.观看视频，指出视频中有哪几种自然带，解释为何这些景观能并存于天山之中 2.完成课本的活动题。 ①能够根据材料和喜马拉雅山南北坡自然带数量掌握影响垂直自然带的因素。 ②根据喜马拉雅山的高山草甸草原在南北坡分布的海拔高度不同掌握自然带谱的倾斜是受水分和热量条件影响的。 3.小组展示，其他组补充，最后教师评价完善。 小结：垂直自然带规律	学生利用畅言智慧课堂上传探究结果并对其他组的探究结果进行评价	通过实际区域或山地的自然带的变化认识热量、水分和水热组合对山地自然带分布的影响，从而掌握山地垂直地域分异规律，培养学生的区域认知能力和综合思维能力
地方性分异规律	任务七：归纳地方性分异规律 1.展示图片，提出问题：同一山谷，海拔高度相同的两侧，一边是森林一边是草地，为什么？引出地方性分异规律的概念：是指受地形、岩石风化物等地方性因素影响，通过物质与能量再分配，形成了尺度较小的地域分异。 2.结合课本两个案例讲解地方性分异规律	掌握地方性分异规律的概念，并能利用地方性分异规律解释相关现象		通过对比强烈的景观图片启发思考，引出地方性分异规律

教学环节	教师活动	学生活动	技术、资源 （含平台与工具）	设计意图
课堂作业	给下列四个地区的学校选择合适的绿化树，并简要说明选择理由。 地区：海口、上海、北京、乌鲁木齐。 绿化树：棕榈、胡杨、樟、白桦树等	认真提取信息，结合海口、上海、北京、乌鲁木齐的自然环境特征，能够把绿化树与其所适合的区域对应起来	学生利用畅言智慧课堂上传探究结果并进行讲解	通过生活中的实际案例，帮助学生理解区域的差异性，树立因地制宜和人地协调的观念
课堂总结	教师引导学生总结本节课自己的所获	学生总结所学知识，回顾任务的过程，反思完成任务的收获和不足之处	利用畅言智慧课堂进行总结	任务驱动教学注重培养学生的能力素养，能够全面提升学生的综合素养，包括沟通能力、合作能力、创新能力、批判思维能力等。通过任务驱动教学，使学生综合素质得到全面提高，为今后的学习、生活打下坚实的基础
课堂评价	针对小组的展示和讨论表现，以及个人表现进行评价，同时还可以通过考试或作业来测试学生掌握的知识和能力。通过对学生的评价，可以不断地改进和完善任务驱动的教学策略	学生通过小组互评展开对小组的评价，通过对学生的考试或作业来测试学生掌握的知识和能力	1. 微课展示创意设计 2. 通过宁教云平台推送课后探究任务 3. 通过问卷星进行学习评价	

六、课后评价与反思

教学评价

1. 评价量表

（1）教学设计评价量表

评价内容标准	赋分	教师得分
教学设计不够全面和系统，缺乏创意和新颖性	1分	
教学设计基本上能够满足教学需求，但缺乏深入挖掘和探究	2分	
教学设计较为全面和系统，能够满足学生的学习需求，有一定的创意和新颖性	3分	
教学设计非常全面和系统，能够满足学生的学习需求，有很高的创意和新颖性	4分	

（2）教学方法评价量表

评价内容标准	赋分	教师得分
授课方法单一、生硬,缺乏趣味性和互动性	1分	
授课方式略有变化,但在趣味性和互动性上有所欠缺	2分	
授课方式较为丰富和多样化,能够激发学生学习兴趣,具有一定的趣味性和互动性	3分	
教学方式十分丰富多样,能够极大地激发学生学习兴趣,具有很高的趣味性和互动性	4分	

（3）教学态度评价量表

评价内容标准	赋分	教师得分
教师教学态度不够认真负责,缺乏热情和耐心	1分	
教师教学态度一般,有时缺乏热情和耐心	2分	
教师教学态度较好,认真负责,有一定的热情和耐心	3分	
教师教学态度非常好,极其认真负责,充满热情和耐心	4分	

（4）课堂管理评价量表

评价内容标准	赋分	教师得分
教师课堂管理不够严格,学生纪律散漫,课堂秩序混乱	1分	
教师课堂管理稍有不足,学生纪律稍有松散,课堂秩序稍有混乱	2分	
教师课堂管理较好,能够维持学生纪律,课堂秩序基本稳定	3分	
教师课堂管理非常好,学生纪律严明,课堂秩序井然	4分	

以上量表可以根据实际情况进行调整和修改,以便更好地评价教师的教学情况和提高教学效果。

2.学习过程评价

	评价项目	评价内容	赋分	得分
A	学生参与度评价	通过观察课堂气氛和学生参与度,评价学生对自然环境的地域差异性知识的兴趣和理解程度,以便调整教学策略和提高学生的参与度	25	

	评价项目	评价内容	赋分	得分
B	课堂活动评价	通过课堂活动,了解学生对自然环境的地域差异性知识的理解程度,以及学生对相关问题的思考和见解,以便促进学生的思维发展和提高学生的分析能力	25	
C	课堂练习评价	通过对学生的课堂练习成绩进行评价,了解学生对自然环境的地域差异性知识的掌握程度,以便及时纠正学生掌握的不足之处,提高学生的学习效果	25	
D	课后作业评价	通过对学生课后作业的评价,了解学生对自然环境的地域差异性知识的掌握情况,以及学生对相关问题的思考和见解,以便更好地指导学生掌握相关知识	25	
最后得分				

综上所述,在高中地理选择性必修一自然环境的地域差异性的教学过程中,可以进行多种形式的过程性评价,以便更好地指导学生掌握相关知识和提高其学习效果。

3.学生呈现作品评价

内容	20分	15分	10分
科学性			
实践性			
环保性			
创新性			
美观性			

七、信息技术应用

1.在线测试平台

可以使用在线测试平台,如问卷星、宁教云等,创建选择题、填空题等测试题目,用于考查学生对自然环境的地域差异性的理解和掌握。

2.希沃白板、畅言智慧课堂

在课堂教学中,可以使用希沃白板或者畅言智慧课堂,进行互动教学、展示学生活动结果等,以促进学生的参与度和思维发展。

3.PPT

可以使用 PPT 辅助教学,展示自然景观图片、案例材料、自然带的分布示意图等,以便学生更好地理解和掌握本节知识,培养学生的核心素养。

4.数据分析软件

可以使用数据分析软件,如 Excel、SPSS 等数据分析软件,对学生的学习成绩、课堂表现等进行分析和统计,以便更好地评价和反馈学生的学习情况。

5.视频录制工具

可以使用视频录制工具,如超级录屏、金舟录屏大师等,录制教学视频或学生展示视频,以便学生进行课后复习和回顾。

综上所述,"自然环境的地域差异性"的教学中,可以使用多种技术工具,以激发学生的学习兴趣,促进其学习效果的提高。

八、评价结果

1.评价量表

(1)学生参与度评价量表

内容	赋分	学生得分
学生缺乏兴趣,不听讲,不参与课堂讨论,不做课堂练习	1分	
学生有些兴趣,偶尔参与课堂讨论,做一些课堂练习	2分	
学生基本上有兴趣,能积极参与课堂讨论,主动提出问题,认真做课堂练习	3分	
学生非常有兴趣,能积极参与课堂讨论,提出高质量问题,认真做课堂练习,积极回答问题	4分	

(2)课堂练习评价量表

内容	赋分	学生得分
学生对自然环境的地域差异性知识掌握不足,答错多数题目	1分	
学生对自然环境的地域差异性知识掌握一般,答错一部分题目	2分	
学生对自然环境的地域差异性知识掌握较好,答对大部分题目	3分	

内容	赋分	学生得分
学生对自然环境的地域差异性知识掌握很好,答对全部题目	4分	

（3）课堂讨论评价量表

内容	赋分	学生得分
学生不愿意发表意见,对问题缺乏思考	1分	
学生有些发表意见,对问题有些思考	2分	
学生积极发表意见,对问题有深入思考	3分	
学生非常积极发表意见,对问题有深入思考,提出高质量问题	4分	

（4）课后作业评价量表

内容	赋分	学生得分
学生对作业理解不足,做错多数题目	1分	
学生对作业理解一般,做错一部分题目	2分	
学生对作业理解较好,做对大部分题目	3分	
学生对作业理解很好,做对全部题目	4分	

2.学生的作品

（1）一张自然环境的地域差异性知识的思维导图。列出了自然环境的地域差异性的知识要点及要点间的逻辑关系。

（2）一节自然环境的地域差异性微课。使用相关软件,制作了一节微课,展示了地域分异规律的成因和规律。

（3）一篇有关自然环境的地域差异性研究论文。该学生详细研究了自然环境的地域差异性的现象,分析了自然环境的地域差异性的成因和表现,并提出了自己的见解和意见。

（4）一份关于自然环境的地域差异性的图文并茂的展板。该学生精心制作了一个图文并茂的展板,生动形象地展示了自然环境的地域差异性的成因和表现。

这些学生作品既展现了学生对自然环境的地域差异性知识的深刻理解和掌握,又展示了学生的创造力和表现力,促进了学生综合思维的发展,并提高了学生的学习兴趣。

九、章节测试命题方向和立意

(一)命题方向

建议学生重点掌握地域差异的基本概念和特点,加强实例分析,理解各种地理环境对区域发展的影响。题目可能采用选择或简答题等形式,命题方向可能涉及以下方面。

1.不同地理环境下的自然地理特点、生态系统、自然资源分布等差异

该命题方向要求学生掌握不同地理环境下自然地理特征的基本知识,如地形地貌特征、气候特征、水文地理特征、植被分布特征、土地利用等,以及不同自然地理环境下生态系统的结构、功能和服务等方面的知识,如自然保护区、生态系统服务等。还需要了解自然资源的不同类型、分布和开发利用的特点,如矿产资源、水资源、土地资源等。具体来说,学生应重点掌握以下内容。

(1)自然地理特点的差异,如高山、平原、沿海、内陆地区的地形、地貌变化、气候特征、水文地理特点等。

(2)不同地理环境下生态系统的差异,如森林、草原、湿地、沙漠等的生态结构、物种多样性、生态系统服务等。

(3)自然资源的不同类型、分布和开发利用的特点,如矿产资源、水资源、土地资源等的不同开发模式和方法,以及不同的环境利用和管理模式。

2.不同地理环境下的人文地理特点、历史演变、文化景观分布等差异

在此命题方向下要求学生掌握不同地理环境下人文地理特点的基本知识,如不同地域的人口分布、城乡差异、经济基础、产业结构、文化传统等,以及不同历史时期的演变和发展,如古代文明、近代工业、现代化进程等。还需要了解不同地理环境下地理景观的分布和特点,如自然景观、人文景观、历史遗迹、宗教文化等。具体来说,学生应重点掌握以下内容。

(1)人文地理特点的差异,如不同地域的人口密度、城乡分布、经济结构、产业特点等,以及它们与自然地理特征的相互作用和联系。

(2)历史演变和发展的特点,如古代文明、近代工业、现代化进程等不同历史时期的发展历程和影响因素。

(3)地理景观的分布和特点,如历史遗迹、宗教文化、自然景观、人文景观等的特点和影响因素。

3.不同地理环境对经济和社会发展的影响及其差异,如产业结构、城市化程度、人口分布、生活方式等。

4.不同地理环境下的环境问题和挑战,如气候变化、自然灾害、生态环境恶化等。

5.不同地理环境下的气候特征及其影响。

6.不同地理环境下地形地貌和土地利用的差异及其影响。

7.不同地理环境下的资源类型、分布和开发利用的问题。

8.不同地理环境下的生态环境、物种多样性和保护问题。

综上所述,考生可以通过多维度的学习和理解,全面了解不同地理环境的地域差异性,并提高在命题方向所要求的技能和能力,从而更好地应对高中地理的考试。考生学习了第五章第二节地理环境的地域差异性后,考生还可以通过以下方法来加强必备知识和关键能力的培养。

一是系统学习教材,掌握重要概念、理论和实践方法,深入理解地域差异性的基本内容和特点;二是多看视频、多听讲解,深化对地理环境的理解和掌握,获得更丰富的知识和实践经验;三是加强练习题的训练,提高答题技巧和解题能力,增强对命题方向的理解和掌握;四是多使用网络平台和在线资源,拓展知识渠道,更好地应对不同的考试需求和要求;五是注意综合能力和实践能力的培养,注重实践和实践技能的训练,增强应对复杂问题和挑战的能力。

总之,高中地理考试的成功离不开全面、系统的学习和实践,需要学生在掌握基本知识的同时,注重提高解题能力和实践能力,增强综合素质和应对复杂问题的能力。

(二)命题立意

地理环境的地域差异性是高中地理学科的重要内容,对于不同地区的人们生产生活、文化传承等方面都有着重要影响。因此,考试命题可以从以下角度立意:

1.从地理环境因素分析不同地区的经济活动差异

分析不同地区的气候、生态环境等因素对于经济活动的影响,如农业、工业、服务业等方面的发展差异。

2.从地理环境因素分析不同地区的文化差异

分析不同地区的气候、生态环境等因素对于人们生活习惯、宗教信仰、民俗风情等方面的影响,探讨不同文化间的异同。

3.从地理环境因素分析不同地区的生态环境差异

分析不同地区的生物多样性、自然资源等方面的差异,探讨如何保护和合理利用这些资源,促进不同地区的可持续发展。

4.从地理环境因素分析不同地区自然灾害的防范措施差异

分析不同地区面临的自然灾害类型、频率等方面的差异,探讨如何制定有效的灾害防范措施,减少损失和人员伤亡。

5.从地理环境因素分析不同地区的生活质量差异

分析不同地区的气候、环境、公共服务等方面对于人们生活质量的影响,探讨如何提升不同地区的生活水平和福利水平。

6.从地理环境因素分析不同地区的城乡差异和人口迁移问题

分析不同地区的自然环境、资源利用、经济发展等因素对城乡差异和人口迁移的影响,探讨如何优化城乡结构和促进人口均衡迁移。

7.从地理环境因素分析不同地区的生物群落和生态系统功能差异

分析不同地区的生物多样性,生态系统类型和功能等方面的差异,探讨如何保护和促进生态系统的稳定和持续。

8.从地理环境因素分析不同地区的旅游资源和发展差异

分析不同地区的自然风光、人文景观等旅游资源差异,探讨如何合理利用和开发旅游资源,促进旅游业持续发展。

9.从地理环境因素分析不同地区的能源消费和环境污染问题

分析不同地区的能源消费和环境污染状况,探讨如何实现绿色低碳发展和环保治理。

10.从地理环境因素分析不同地区的物种保护和物种入侵问题

分析不同地区的物种保护和物种入侵问题,探讨如何保护生物多样性和防范物种入侵等方面的措施。

十、教学反思

1.教学评价

需要对学生的掌握情况进行全面、客观和有针对性的评估,以发现问题和不足,进一步改进教学方法和策略。

教学后,深入反思了教学过程和教学效果,并总结出以下几点体会和改进方向。

第一,在教学过程中,发现学生对于地域差异性这一概念理解不够深刻,没有真正理解地域差异是地理环境形成的根本原因。因此,教师决定在教学中加强对地域差异的解释和引导学生多思考地貌、气候、生态环境等方面的地理要素对地域差异的影响。第二,在教学方式上,注意到自己过于注重讲述地理概念,缺少案例分析和实地考察对这些概念的具体应用。所以,教师将在今后的教学中采用案例分析和实地考察相结合的方式,使学生更好地理解和掌握所学概念。第三,在教学目的方面,教师须要更加强调地理知识的实际应用价值和与学生日常生活的联系,以提高他们对地理学科的兴趣和学习热情。第四,教师在课堂掌控方面的能力和反馈方式过于宽松,缺乏监督,会导致学生的注意力分散和课堂秩序不稳定。解决这个问题的方法之一就是采用多样化的授课方式,如小组合作学习、翻转课堂等,增加课堂互动,帮助学生更好地参与到课堂活动中来。第五,教师意识到自己在给予学生反馈方面可能存在一定问题。有些时候,教师可能只是简单给学生一些"好"或"不好"的反馈,缺少具体的建议和指导。因此,在以后的教学中,多和学生交流,了解学生学习的需求和困难,以更具体的方式给予反馈和指导,帮助他们更好地理解和掌握所学内容。第六,在高中地理教学中,教师不仅需要注重知识的传授,更要培养学生的综合能力和创新能力,引导他们独立思考和创造性思维能力。因此,在以后的教育实践中,注重了解学生的兴趣和爱好,为他们创造更多的学习机会和空间,帮助他们发挥和提升自己的潜力。

2.反思教学过程中的教学策略、评价方法和教学效果等方面,以提高教学质量

在反思教学过程中,可以检视教学策略和评价方法是否恰当,是否需要进一步优化教学内容和形式等,以提高教学效果。第一,针对"地理环境的地域差异性"这一主题,可以尝试使用多种教学资源,例如教科书、地图、地球仪等来配合讲解,以帮助学生更好地理解地域差异性的概念。第二,针对不同的学生,可以采取课堂讲解、网络课堂、小组讨论等多种教学方式,以满足不同学生的学习需求,促进学生之间的交流与合作。第三,可以使用一些案例来帮助学生更好地理解地域差异性对人类生产生活的影响,例如地域差异性对农业、工业、文化等方面的影响。第四,要善于引导学生思考问题,鼓励他们提出自己的见解和想法。同时也要留足时间让学生进行思考和总结,以巩固所学的知识。第五,还可以通过课堂互动、课外拓展等多种方式来加深学生对地域差异性的了解和认识。如在课堂上可以利用视频资源、图片展示等方式来展示不同地区的地形、气候条件、经济发展水平等信息,让学生更好地了解地域差异性的存在和表现。此外,在拓展性活动中,可以安排学生进行实地考察、调研、制订方案等实践性活动,通过亲身体验和自主学习的方式来深入了解不同地区的差异性和特色。第六,教师也要注意及时对学生的学习情况进行反馈和评价,以便及时调整教学策略,提高教学质量。在教学评价方面,可以采取定期考试、做作业、小组讨论、个人报告等多

种方法,以全面评估学生对"地理环境的地域差异性"的理解情况。

总之,"地理环境的地域差异性"是地理学科非常重要的内容,既需要教师有深入的专业知识,同时也需要教师有多种教学策略和手段,来帮助学生更好地了解和认识这一学科内容。

参考文献

[1] 李晶华.新课标教材高中《地理》(湘教版·必修 I)第三章《自然地理环境的整体性和差异性》第三节"自然地理环境的差异性"教学设计[J].中学地理教学参考,2010(10):35-37.

[2] 王美蓉.基于信息加工理论的高中地理遥感图像辅助教学有效性研究[D].杭州:杭州师范大学,2016.

[3] 袁冬.新课程标准下高中地理生活化情境教学的应用研究[D].济南:山东师范大学,2019.

[4] 刘永超.高考试题中"自然环境的整体性与差异性"考查特点及备考策略研究[D].石家庄:河北师范大学,2021.

[5] 王超.基于 STEM 教育理念的初中物理教学设计和实践研究[D].开封:河南师范大学,2020.

[6] 冯玮.地理教学视角下的研学旅行研究[D].杭州:杭州师范大学,2019.

[7] 赵娜.新课程理念下优化高中地理教学策略研究[D].济南:山东师范大学,2014.

[8] 张家辉.基础地理教育中尺度思想研究必要性探讨[J].地理教学,2016(3):27-29.

[9] 朱建民.教育国际化前路在"中西合璧"——北京三十五中推进教育国际化的思考与实践[J].世界教育信息,2012,25(19):67-69.

（主要执笔人:周娅娟　银川市唐徕中学）

❖ 第六部分 问题研究 ❖

"三新"背景下地理"问题研究"实施策略与案例设计

　　学科核心素养是正确的价值观念、必要的品格,是通过学习逐渐形成的关键能力,是学科育人的集中体现。地理学科的核心素养主要包括人地协调观、综合思维、区域认知、地理实践力等。新课标高中地理必修教材在重视立德树人、注重学科体系建立的同时,对于学生多样化的发展需求,在教材内容结构设计上也给予了高度关注。不仅在模块设置上呈现多元化趋势,还将继承与创新兼顾、实践与开放相结合的原则,体现在每个教学单元之后单独设置的"问题研究"探究环节中,让人眼前一亮。通过"问题研究"活动的开展,引导和激发学生学以致用、关注生活的热情、提升地理学科核心素养、培养立德树人情怀。但实际上在新课标高中地理教材"问题研究"教学实施过程中,教师受到各种客观和主观因素的影响,效果并不理想。下面浅谈一些作者对"问题研究"栏目教学实践的浅薄认知。

一、关于"问题研究"的教学方法探究

1. 理论问题研究

　　在人教版普通高中地理必修教材"问题研究"部分中有一类理论性较强的内容。举个例子,我们在学习必修教材第一章中的理论知识,在教学中就变成特别关键的研究思路。于是我们在研究"火星基地应该怎样建设"这个问题的时候,一开始教师就应该从理论角度提供研究思路建议,帮助学生厘清思路,并根据"知识拓展"提供的信息和问题,联系章节所学习的理论知识内容完成任务。学生在学习过程中,可结合教材提出的主题,细分火星基地面临的问题,针对自己的兴趣爱好,有针对性地选择具体问题,组成课题组,制订调研方案,厘清自己的调研思路。学生在理论研究思路的指导下,利用"扩展知识"通过对火星温度、大气、水分、土壤等自然要素分析,得出火星自然条件的基本信息,以"人类如何生存?"为问题导引,收集火星、月球探测、空间实验室、火星模拟实验室等相关资料,进一步深化对火星环境的认识,明确火星基地建设可能面临的问题,结合已有的地理相关理论知识,借鉴教材提出的生物圈研究成功经验,展开畅想提出火星基地建设的功能需求、绘制火星基地建设的规划草图,并分组对其合理性进行分析和论证。

2. 实证问题研究

实证研究是在现实环境中进行直接观察和数据收集的方法。实证研究的方法多种多样，常见的有实验研究、观察研究、调查研究、实证分析、案例研究等，这些方法只是实证研究中的一部分常用方法。根据具体研究需求和问题的不同，选择哪种方法取决于研究的目标、问题以及可用的资源和数据类型等因素。教师通常需要在教学实施过程中对信息目标地进行实地走访，对实证信息进行查阅收集，对观察验证资料进行对比核验，对典型的资料案例进行分析整合，最终才能形成观点鲜明、论据充分的研究结论。以"蓝天何时常在"为例，随着人类活动强度的不断加强，对大气组成的影响越来越大，随之而来的大气污染现象也在不断加重，特别是不能忽视空气重污染对人体健康的危害。此问题研究主要是让学生关注大气环境，关注大气污染现象，了解大气重污染程度及污染原因。通过对大气污染的成功治理案例调研分析，让学生了解到大气污染治理的方法、策略、过程、历时和成果。具体教学过程应在遵循"问题提出—研究思路探讨—信息资料研究—结合知识开展研究形成对策—表达探究成果"的探究思路上，在采集大气污染状况文字、数据实证资料，调查大气污染状况视频、图片实证信息过程中，应突出强化学生的感性认知，提高探究的主动性。教师可积极鼓励、引导学生结合本地区大气质量现状，查找相关资料，分析问题，从中去体会运用所学知识解决具体问题的过程；去认知个人行为、公众参与对环境保护的重要作用。本研究内容涉及物理、化学、生物等学科知识，学生也可以邀请其他学科教师跨学科参与研究，采取实验研究、观察研究、实证分析等方法丰富和深化对大气污染现象的认知和对相关治理措施的理解。

3. 地理实践问题研究

强调深入研究地理问题，倡导学生自主学习、探究学习，是普通高中地理课程标准的基本理念之一。问题研究教学实施的重要途径是开展地理观察、实验、考察、专题研究等实践活动。但目前，许多地理教师在实际教学过程中，很少组织学生们开展课外实践，不允许学生自己去观摩、考察、索取资料，也不培养学生思考、分析、解决实际问题能力。实践教学主要是针对教师在传统教学中重讲轻练的教学方式提出的，在课堂外开展社会实践教学活动，可以更直接地指向客观世界，帮助学生认识地理问题的发生、发展、演变规律。实践教学活动主要有信息采集、地理观测、地理研学、野外实习考察等内容。本章知识主题涉及植被、土壤及其与地理环境和人类活动的关系。内容丰富，实用性强，十分适合开展综合性的教学活动。以"如何让城市不再'看海'"为研究主题，在培养活动参与者综合素养的同时，也注重了对活动参与者的地理学科能力的培养。近年来，我国城镇化发展较快，呈现出点多面广的局面,城市内涝问题较为严重。开展城市内涝情况调查研究的地理实践活动,既符合《高中地理课程标准》(2017年版)的基本理念,又贴近学生生活实际和认知实际,同时也便于活动的组织实施。城市"看海"本质上是人水矛盾的激化,如何不再"看海"是一个跨尺度、多要素的复杂问题。高一学生开展地理实践活动,应根据校情、学情对主题内容进行二次开发,基于知识学习创设丰富的、贴近生活的问题情境,激发认知冲突,提高学生作为"研究主体"的积极性。教师在指导学生开展活动时,应提醒学生针对城市内涝问题的原因与对策,要分阶段、分步骤、分层次地进行论证,要结合实地考察和实验,根据基本线索,充分利用教材资源进行论证。具体实施途径可分为设计问题情境、明确研究思路、实践深化认知、分析解决问题、交流展示成果五个阶段。

4. 比较问题研究

比较研究法是对研究对象之间的相似程度或不同程度进行研究和判断的一种方法。可以理解为按一定标准对比考察研究对象之间的异同,探求事物发生、发展特定规律的方法。比较研究法是学生在进行小专题研究过程中,经常采用的一种研究方法。一般在运用比较研究法进行小专题研究时,比较研究的对象应是相同或相似类、相同或相近标准的事物,其内在联系应具有一定的关联程度。比较研究的基本步骤:①弄清开展比较研究的条件是否具备,确定比较对象,确定比较话题。②具体细化指定比较的项目和任务内容。③利用各种途径和渠道,对材料进行有效的收集和整理。④结合所学知识分析比较项目异同,归纳总结比较结果,得出相应的比较结论。以"从市中心到郊区,你选择住在什么地方"教学实施为例,对于大部分高中生而言,城镇化带动下的房地产业诸多事例中,买房租房这一社会经济活动,并非稀奇之事。教学的实施对学生而言既可以加深对所居城镇的了解,也可以结合购房(租房)地点选择的实际情况,通过综合分析和探究得出合理的居住地选择一般规律。这对学生的区域认知能力也好,综合思维能力也好,都是一个很好的训练。如在考察某一区位住房时,要用发展的眼光纵向比较其现状及未来走势;要对项目任务分类进行细化,对不同位置的房屋进行优劣横向比较;要结合知识拓展材料,从给定的四位居民对居住地点的不同选择入手,找出影响居民选择居住地点的考虑要素;要从求(租)购者的实际需求出发考虑,明确求(租)购者个体、多元需求的内在联系,通过分类比较、综合分析、归纳总结,选择最理想的居(租)所;同时还要结合城市住房发展趋势和人口郊区化带来的问题资料,横向分类对比市区与郊区居住条件差异,归纳总结郊区居住可能面临的困难。最后归纳总结具有一般指导意义的居民住房位置选择所需考虑要素的一般规律。

5.可持续发展问题研究

高中地理课程致力于培养学生的公众生存意识和发展意识,积极传递可持续发展绿色环保理念。地理教材包含了大量体现可持续发展思想的教学内容,尤其是直接涉及人口、资源、环境的课程标准内容多达 22 项。可持续发展教育观念在高中地理教学的运用中既包含"关于环境、关于可持续发展"的知识性教学,同时也强调学生在地理课堂中的参与意识,强调学生对可持续发展教育的态度和行为。以《低碳食品知多少》为例,章节教学主题是环境与发展,而食品又是人类活动与地理环境之间相互关联最直观的反映。近年来,人们更加关注食品的品质,食品的生产过程以及食品生产过程对环境造成的负面影响。碳排放较低的食品被称为低碳食品——是以温室气体排放量作为衡量标准。《低碳食品知多少》从低碳食品相关问题研究出发,以鼓励学生做低碳食品消费者、低碳生活体验者为主题,引导学生从自身做起,做一个真正意义上的低碳理念实践者。教学实施思路以"食品生命周期中的主要环节调查"为任务主题,选择分组合作的方式,通过查阅资料、实地考察、归纳整理分析,制定食品生产、食品运输、食品消费等方面的问题研究计划。让学生了解低碳食品与控制温室气体的关联性,认识到食品生产和消费模式的转变对中国绿色低碳可持续农业发展模式构建的重要性。教师可组织学生分组进行本地蔬菜水果运输环节与碳排放、选用外地蔬菜水果运输环节与碳排放对比调查;应季蔬菜水果生产环节与碳排放、反季节蔬菜水果生产环节与碳排放对比调查;还可对比不同运输包装方式和冷藏保鲜技术应用对温室气体排放的影响调查;立足于当地情况多视角进行问题研究,分析思考、提出可行应对措施。教师还可组织学生开展"低碳晚餐"主题实践活动,初步树立环保绿色消费观,通过实际考察、手工操作等方式培养学生的地理实践动手能力。

二、关于"问题研究"教学策略探究

1.合作学习

《普通高中地理课程标准》(2017 年版)(以下简称"课程标准")提出,引导学生自主学习、合作学习和探究学习,要创新学习方式,培育地理学科核心素养。合作学习被定义为学生之间相互协作,以完成共同任务为目的,分工明确,互帮互助的学习方法。在合作学习的过程中,通过成员之间的分工协作完成课题研究任务,通过小组内的相互讨论提高地理认知水平,较好地完成学习任务。合作学习的成功,会让学生在培养团队合作精神的同时,学会交流与倾听,学会尊重和理解,从而培养了人际交往的能力。"问题研究"教学中,在教学思路的设计、研究任务的实施、研究成果的形成以及成果展示都需要通过学生的"合作学习"途径来完成。合作学习在活动中的应用策略主要有以下几种：①科学安排小组，把机会均等地面向学生。合作探究学习活动是否能够顺利开展，学习小组的成立是前提，每个小组应力求在性别、成绩、学习能力等方面均衡考虑，便于各小组学生之间公平竞争。②有效调控，点拨引导，推动合作探究活动向纵深发展。合作探究学习要求教师对学生合作探究的实施过程放手，但放手不等于放任自流，必要的督促与引导必不可少。③创造条件积极开展课外探究活动。除了完成课内的探究活动外，还可以考虑通过开展地理考察、地理实验、地理研学、地理专题研究等实践活动，积极引导学生进行课外的探究活动，让学生开阔眼界、增长见识，然后在能力上有所提高，力求地理课程资源得到最大程度的开发与合理利用，以理论指导实践，以实践验证理论。④主动评估，满足学生心理需要。教师在教学中要关注学生的心理需求，包括学生的表现欲并想及时得到肯定、渴望学习成果得到尊重、渴望体验成功等。⑤团队配合学习中应注意的问题：一是团队协作要有的放矢，完成课题调研任务是团队配合的核心宗旨；二是团队成员之间须要在"在共同学习的基础上"相互配合，不迁就那些盲从的学生；三是团队协作还要兼顾一个"时滞"的问题，让学生多思考，多找问题；四是教师作为团队协作学习的设计者和引导者，须主动地把一些比较成熟的团队合作学习方法推荐给学生，使课题研究任务的完成质量得到提高。

2. 探究式学习

探究式学习模式是学生自主发现问题、探究问题，并在一定的引导下得出探究结论的过程，主旨在于增强学生独立探究分析能力和解决实际问题的能力。探究式学习的前提是教师在"问题研究"教学活动的开展过程中，要提出与章节主题知识紧密结合、具有探究价值的问题，而探究式学习的关键是充分尊重和发挥学生的自主性，探究式学习的重点是通过小组合作或分头思考的方式来解决问题，最终得出全面客观的探究结果。探究式学习一定要明确师生各自的定位。教师的定位是引导者，是出题人，也是最后的审题人；学生的定位是主导者，是探究分析、阐明观点、提出对策的主体。在教学活动实施中，应对策略：①营造气氛、设问构思。教师首先可根据问题研究的内容，采取播放有关影像资料或提出问题，与学生共同探讨，激发学生学习热情，营造探究式的课堂氛围。随后教师可顺势提出对学生有一定思考难度、有足够探究预期的问题。或是提出一些具有启发作用的问题研究思路。②以小组为单位，自主思考，开展讨论。提出问题后，锻炼学生独立思考和分析能力，是活动开展必不可少的目标达成之一。教师要以小组为单位，积极组织学生查阅资料、实地考察、合作研讨，把小组讨论的成果阐述给其他学生和教师。这样一种探究式的问题分析方法，不仅锻炼了学生自主解决问题和分析问题能力,而且在信息沟通、协作分析、相互总结等方面,都能得到很好的锻炼。③小组发言、教师总结。小组发言既是对学生在"问题研究"活动中研究成果的展示,也是学生自主发现问题、探究问题、获得结论过程的总结,有利于学生在"问题研究"学习中自我完善、提高认知、获得成就感。教师要对小组代表总结的内容进行恰当的评价,指出问题所在,对观点独到、观点鲜明的,要给予恰当的表扬,使小组讨论取得的成效得到进一步的促进。教师的客观科学归纳,全面合理分析,更能加深学生对学科知识的理解和领悟,培养学生对探究问题的方法的合理使用。

3.问题导向学习

以问题为导向和主要内容,以解决问题为最终目的,既符合创新应用型人才培养理念,又能极大地增强学生的学习兴趣和学习热情,在一定程度上培养和提高学生创新思维能力的根本。高中地理教学独特而重要的学习方法之一是以问题为核心的学习。学生使用这种学习方法,在探究问题、解决问题、评价问题过程中,实现了地理知识、地理技能水平的提高,强化了思考问题、解决问题的能力。以问题为导向的教学,就是让学习者围绕着自己的问题,把自己提出的问题作为学习的切入点,在解决问题中掌握知识,提高自主学习的能力。教师则要发挥引导者的作用,针对学生提出的问题引导学生积极探讨,在探讨中帮助学生理解问题并融会贯通。活动中的应用策略:①带着问题走进去:教师可以从地理背景、地理现象、地理案例等方面引出问题,鼓励学生自由讨论,引导学生发现问题,让学生对问题的内涵和外延进行探究,从而达到带着问题走进学习的目的。②带着问题去探究。在引出问题的基础上,教师可提供丰富的探究材料或信息渠道,引导学生归纳、分析、挖掘问题的内在规律,探究问题的深度与广度,从而提高知识的融会贯通能力。③带着合理方式去解决问题。教师可以采取多种方式,在探究问题的过程中引导学生解决问题。活动参与者可以通过各种方式合作解决问题,如小组讨论、课堂演示、调查研究等。在这个过程中,活动参与者可以互相交流,一起体会提高自己处置问题的能力。④带着客观评价去总结问题导向学习过程。活动结束后,教师要引导学生对学习过程进行评价和总结,以问题为导向,帮助学生发现自身的亮点和不足,使学生不断增强对知识的掌握和理解的深度。同时,学生也可以为问题导向学习方法的有效实施提出自己的改进意见和建议。

4.多媒体辅助教学

多媒体辅助教学是一种通过计算机对各种信息进行综合处理并应用于教学的现代技术手段,是承载多种信息的媒介,有利于将文字、图形、图像、动画、声音、视频有机地结合在一起服务于教学。目前的教学现状下仅靠课本上有限的信息量帮助学生研究地理现象,揭示地理规律,理解和掌握地理知识显然是不够的。在高中教学条件日益改善的情况下,信息化教学媒体成为教学活动的重要支撑。把信息化教学手段融入地理教学改革和教学现代化的发展中,也是当下地理教学的一个重要抓手。在网络信息量巨大、传播更为迅速,很多学生家庭普遍开通网络宽带的情况下,地理学科许多知识是可以让学生通过独立上网方式直接获取的。因此,在完成课堂学习任务,帮助学生有效提高自学能力的同时,多媒体辅助教学更适合于"问题研究"这一类拓展性学习任务。在活动的开展过程中,教师要善于引导学生通过网络搜集与主题内容相符的关联信息或是延展信息。运用多媒体辅助教学技术,有利于活动参与者进行信息整合与分析、活动交流与研讨、问题探究与总结、成果展示与评价,使之发挥重要作用。活动中的应用策略:①创设情境,激发热情,突出活动的主题。②拓展"问题研究"活动实施途径,培养学生自主探究的能力,激发开展探究活动的积极性。③搭建小组合作学习、交流讨论的网络平台,更便捷地开展问题研究活动和认知交流。④提供"问题研究"过程中信息整合、材料分析、成果评价的技术手段,帮助学生明晰规律、提高认知、阐释观点,顺利完成活动任务。⑤创设"问题研究"成果的展示平台,直观、丰富地展示学生研究活动的实际过程、信息资源和研究成果。

5.学生报告与展示

《中学生"问题研究"报告》正文一般包含三个部分:前言、正文、结束语。前言可选用三种写法,第一种写法是对开展活动本身的明确说明。如需要考察的原因或目的,考察的时间、地点、对象、范围、方式、人员构成等要素,都要依据实际,详细说明。第二种写法是对考察对象的基本情况,如历史背景、发展历程、现状、主要成就、主要问题等,需要在报告中进行详细说明,明确提出重点问题或主要观点。第三种写法是开门见山,直截了当地总结考察成果。如提出考察活动中发现的问题、阐释考察活动的核心内容,对考察目标对象可能造成的影响进行总结,对活动过程整体进行总体评价。前言起到了点睛之笔的作用,十分有必要对题目进行精炼和概括。主体是对调查研究基本情况、实践经验的详述,是对活动过程中总结的各种具体认知观点和基本分析结论的展示,是调查研究报告中最主要的部分。可以通过阐述选题原因、研究过程(包括研究的理论和现实依据、研究的目标、研究的内容、研究的方法和措施、研究的步骤)、研究成果、研究反思等结构流程来实现文本内容的表达与展示。末尾部分也可以有较多的写法,既可出思路,也出对策;或为下一步开展好活动提出活动改进意见;或概括全文主旨,将设问进一步深化,发人深省。

中学生"问题研究"成果展示常见的方法:①多媒体展示。随着科技的发展,多媒体展示成为一种常见的展示方式,学生可以利用电脑、投影仪、摄像机等设备,将自己的研究成果以图文、音频、视频等形式展示出来。学生可以制作一个 PPT 来展示他们对某个"问题研究"主题的研究成果,或是录制一个视频来演示同学们在问题研究中的实施过程。通过多媒体展示,学生可以更加生动地展示自己的研究成果,吸引观众的注意力并提高展示效果。②口头报告。口头报告是一种常见的展示方式,要求学生以口头的形式向观众介绍自己的研究成果。在口头报告中学生需要清晰地表达自己的观点和思路,并能够回答观众的问题。通过口头报告,学生不仅可以展示自己的研究成果,还可以提高自己的表达能力和沟通能力。为了使口头报告更加生动和有趣,学生可以结合图片、实物或者视频等辅助资源,以增强观众的理解和记忆。③展览和展示会。展览和展示会是一种集中展示学生研究成果的方式,教师可以组织学生参加学科展览、科技展览等活动,让学生将自己的研究成果展示给更多的人,在展览和展示会中,学生可以通过展板、实物展示、演示等形式来展示自己的研究成果。通过与其他学生的交流与互动,学生不仅可以展示自己的研究成果,还可以学习和借鉴其他学生的经验和方法。④写作和出版。写作和出版是一种传统的展示方式,他要求学生将自己的研究成果以书、报、刊等多种形式出版,学生可以选择自己感兴趣的主题进行深入的研究和撰写,并将成果进行出版。通过写作和发表,学生不仅可以展示自己的研究成果,在文字处理和文本编辑能力上还可得到极大提升。此外出版的作品还可以传播给更多的人,让更多的人受益于学生的研究成果。

6.资源整合与创新应用

学生在开展"问题研究"活动中,资源整合和创新应用必不可少,通过整合学生资源、师生资源、学校资源等,使每个学生自身的特长和优势得以充分发挥。通过网络资源,科技资源,学术、文化资源,社会资源的创新应用,提升"问题研究"活动开展的质量和水平。让学生的"问题研究"活动在资源整合与创新应用的推动下,更加丰富多彩,给学生带来更好的体验和收获。"问题研究"教学中资源整合与创新应用的策略主要有以下几种:①学生资源的整合。学生在开展"问题研究"活动中,教师可以通过对学生兴趣爱好和才艺特长的了解,分小组整合学生资源,让每个学生都能发挥自己的特长优势。②师生资源整合。教师对学生的教育和引导至关重要,可以通过教师的指导让学生更好地参与"问题研究"活动。地理问题研究可能会涉及多个学科知识,教师可以邀请其他学科的教师和学生一起共同策划方案,密切合作探究,保障活动的开展效果。③学校资源整合。学校资源丰富,有图书室、实验室、微机室、录播室、学生社团。这些资源可以被充分利用,在学生开展"问题研究"活动中发挥重要的作用。④网络资源的创新应用。现代社会网络资源已成为大众生活中不可或缺的内容。通过创新应用网络资源,不仅能够提高学生开展"问题研究"活动的研究效果,还能够拉近教师与学生的距离,也能拉近学科知识理念与学生认知需求的距离。⑤科技资源的创新应用。科技资源是现代教育中不可缺少的支撑条件,创新应用科技资源会使"问题研究"活动开展得更具有亮点。遍布校园的智能实验室、智能文库、VR 技术等,对学生开展"问题研究"活动助益良多,通过创新应用科技资源不仅能够提升学生的学习体验,还能够增强学校的影响力。⑥学术、文化资源的创新应用。教师在开展"问题研究"活动中,可以创新应用学术和文化资源,提升"问题研究"活动的学术水平,为学生带来不同的文化体验。⑦社会资源的创新应用。学校的社会资源是学校与外界联系的重要纽带,教师可以通过创新应用学校社会资源为学生提供更多的社会实践机会。通过创新应用社会资源,不仅能够增强学生的社会经验,还能够拓展他们的职业发展道路。

三、具体"问题探究"的教学案例设计

题目名称:如何提升喀斯特峰丛生态脆弱地区的经济发展水平?	模块:高中地理必修一
教学背景分析	

（一）课程标准分析

1.课程标准要求

新课标地理必修一"问题探究":"西南地区喀斯特峰丛山地区如何提高经济发展水平"的教学实施。课程标准对内容的要求是:①学生能够运用材料对常见地貌类型、地貌特征进行描述,说明常见地貌对人类活动的影响表现;② 说明人类活动与地表形态之间的相互关系,对影响地表形态变化的内力作用与外力作用,结合实例加以说明。

2.课程标准分析

按照课程标准要求分解为两个方面:一是利用材料结合某一地区喀斯特地貌特点,对造成这一地区生态环境脆弱的原因进行分析;二是要求学生能够借助相关图文资料信息,分析喀斯特峰丛山地地表形态对人类活动和地区经济发展的影响。了解生态重建对地区经济发展的推动作用,并就有效提升当地经济发展水平的方式、措施等方面提出合理化的意见和建议。

（二）教学内容分析

1.教材分析

社会主义的本质要求是消除地区贫困,改善民生经济,逐步实现全体人民共同富裕。

"推动地区经济发展"的论述由此展开。针对学生对现实地理事物发生、发展过程以及原理、对策的拓展探究学习需求,针对学生分析问题、论证问题、探究问题等综合能力水平提升的需求,我们设置了"问题研究"环节。这是一个新的内容,平时容易被忽视,但却也是在实际教学中对学生核心素养培养最好的抓手。

《普通高中地理课程标准》(2017 年版)提出,高中地理教学要注重人地协调观、区域认知、综合思维、地理动手能力四个地理学科基本素养的发展。要积极鼓励学生参与多样化的地理实践活动,使高中地理课堂不再局限于知识的学习。学生可以在地理问题探究过程中学会发现问题、提出问题、解决问题。通过独立思考、相互探讨,学生的认识、思维、行动素养都会得到很好锻炼和提升。因此,模块设置既是地理学科核心素养培养的具体体现,也是对章节内容的拓展和延伸;不仅可以扩展学生地理学科的知识面,更重要的是开阔了学生的视野。

2.本部分教材内容与地位

在学习了常见的地貌类型、特征和地貌观察方法后,本章设置了由两个材料组成的问题探究,即材料 1"西南地区喀斯特峰丛山地的特点"和材料 2"西南地区喀斯特峰丛山地生态重建",这两个材料均分别由一段文字和一幅图片组成,既是学生对前两节课程学习内容的概括,也是学生对已学知识的迁移应用。体现"学以致用"的学科教学思维,在选材内容和设问上都能贯彻地理核心素养的要求。教材介绍了"提出问题—研究思路—形成对策—表达探究成果"的问题研究过程和结构,通过这样的探究活动,帮助学生更好地理解地理环境与人类活动的关系。最后,再由学生提出对策,提出自己的观点。教材中的可用教学材料较少,在本教学设计中会根据教学实际情况增加相关的教学拓展材料。

(三)学情分析

1.知识储备

学生在前面章节学习中已经学过岩溶地貌(喀斯特地貌)等常见地貌类型,也掌握一些简单的地貌观察方法,对岩溶地貌有一定的认识。这就具备了开展"问题研究"的知识基础。

2.认知特点

①虽然喀斯特地貌主要分布在我国西南地区,但现在学生外出旅游的机会比较多,因此对喀斯特地貌会有一定的认识,只是认识的深度不够。因此,教师可以引导学生运用地理知识,从图片、视频等材料出发,讲解喀斯特地貌与人类的关系,使学生全面、深入地了解所学知识。

②学生能从材料中找出喀斯特峰丛山地的地貌特征,对当地的贫困状况有所了解,但由于知识结构尚未完整建立,所以无法说出当地生态环境的全面准确特征。如探究石漠化形成的过程,学生可能停留在局部或片面的认识上,不会归纳整理自然要素之间的逻辑关系。因此,学生对石漠化现象的认识和理解及其影响下当地经济发展面临的主要问题

说不清楚,也不能完整清晰地表述发展经济的举措和建议,只能空洞地回答诸如"保护生态、植树造林"等。

3.教学经验

①教材信息相对笼统,教师在教学设计之初就需要查阅资料,将符合教学开展的有用案例资料进行整合,精选有选择、有目的地投放给学生,帮助学生分析案例、解决问题,培养关键能力。问题探究可以采用"单元式教学"方法,将大问题拆解成小问题,用问题链式的方法整合落实大问题的探究意图。

②学生好奇心和求知欲强、抽象思维水平发展较快、自我意识较强,其内在学习动机占优势。所以,教师要发挥学生的主体地位,通过学生的自主探究,营造一个良好的问题研究学习环境,这是学生个体发展所必需的

教学目标

1.结合材料,就自然成因解读喀斯特峰丛生态脆弱性,描述山地分布特点。

2.以案例和数据为依据,分析喀斯特峰丛环境特点对当地经济发展的影响(制约与机遇)。

3.通过资料收集、案例分析,为喀斯特峰丛山地生态重建提供合理化建议。

4.通过资料搜集、案例分析等方式,指出喀斯特地貌区生态建设对经济发展的促进作用。

5.针对喀斯特峰丛山地生态环境脆弱的现状,结合本节课所学知识,因地制宜地提出合理可行的地方经济发展水平提升意见

教学重点和难点

教学重点:

岩溶山地石漠化形成原因的分析,指出岩溶山地发展立体生态农业模式的重要意义。

教学难点:

提升喀斯特地貌区经济发展水平的对策分析,针对喀斯特地貌区脆弱生态环境重建提出建议

教学手段及教学方法

教学手段与资源:

导入情景、引出问题、布置任务、归纳考核;文字素材、图片素材、网络素材。

授课实施方式:

情景授课方式、问题授课方式、多媒体辅助授课方式。

学生学习方式:

分组相互配合探究式、导问式学法……

	教学活动设计思路	
	第一课时	
教学环节	教师活动	学生活动
导入新课	【课前准备】 　　教师从相关网站查找信息：通过查找《中国生态脆弱区和贫困区区位示意图》展示给学生，可帮助学生直观认知我国生态脆弱区域与深度贫困区域的高度重叠特征，对地区贫困与生态环境恶劣之间的关联性建立起初步直观印象。查找《喀斯特地貌演变示意图》并展示给学生，通过图片展示的形式配合教师介绍，帮助学生认知喀斯特地貌概念、分类和各组成地貌类型名称。 【讲述】 　　同学们已经学习了常见的喀斯特地貌。喀斯特是什么意思？即裸露的岩石。 　　喀斯特地貌是指具有溶蚀能力的水环境，对可溶性岩石（多为石灰岩）进行溶蚀作用后，所形成的存在于地表和地下的地貌形态总称，又称岩溶地貌。 　　岩溶地貌可分为两部分：一是地表，二是地下。石芽、溶沟、喀斯特漏斗、落水洞、溶蚀洼地、岩溶盆地、岩溶峰丛等地貌现象在地表均有分布。而暗河、湖泊、溶洞等，则存在于地下。 【设问】 　　喀斯特地貌类型丰富，峰丛就是其中之一。你能看出来其地貌特点吗？	观察教师展示的《喀斯特地貌演变示意图》，通过图片展示内容对教师介绍的喀斯特地貌概念、分类和各组成地貌类型名称，进行直观认知理解

教学环节	教师活动	学生活动
导入新课	教师组织学生阅读：教材 P79 资料 1"喀斯特峰丛山地的特点"。 　　观察：教材 P79 图 4.24"广西环江的峰丛山地"实景图片。 　　直观认知：喀斯特峰丛山地特点。 　　预估学生观察图片、提取信息结果： 　　喀斯特峰丛是几座连成一片的山峰，峰峦环抱洼地，山峰高耸尖峭，呈塔状，峰峦间有一小片洼地或喀斯特漏斗，山势陡峭，起伏大。 【讲述】 　　教师展示：中国生态脆弱区和贫困区区位示意图，帮助学生直观定位西南喀斯特地貌区与我国贫困区的空间位置重叠相关性。 　　图示内容主要介绍：中国各贫困区位置分布及其主要生态脆弱情况表现。 　　1.北方和东北地区（温度上升明显，干旱加剧，水资源短缺）； 　　2.西北地区（冰川退缩、蒸发量增加、荒漠化加剧）； 　　3.南方（洪涝频率增加，季节性干旱加剧）； 　　4.沿海地区（台风、风暴潮加剧海水入侵和洪涝加剧）； 　　5.青藏高原地区（冻土融化，荒漠化加剧、径流变化）； 　　6.西南地区（暴雨导致的泥石流、滑坡等山地灾害加剧，生物多样性丧失）	【观察解决】喀斯特峰丛山地特点 　　学生阅读：教材 P79 资料 1"喀斯特峰丛山地的特点"。 　　学生观察：教材 P79 图 4.24"广西环江的峰丛山地"实景图片。 　　直观认知喀斯特峰丛山地特点，建立对问题研究对象的基本印象，为后续学习提供铺垫。 【观察提取信息，总结回答问题】 　　喀斯特峰丛特点： 　　①山与山基座相连； 　　②山地环绕着狭小封闭的洼地； 　　③山峰高而尖，呈塔状

教学环节	教师活动	学生活动
导入新课	教师【讲述】 　　广西境内分布着全国80%的峰丛。喀斯特峰丛山地地区生态环境脆弱,由于种种原因,中国许多贫困地方相对集中连片分布在这一地区,人地矛盾突出,经济水平低下。 　　社会主义的本质要求是消除地区贫困,改善民生经济,逐步实现全体共同富裕。保护生态环境是发展的基础,而社会进步是发展的目标。如何提高地区经济发展水平,是当地迫切需要解决的问题。 　　今天,我们以广西"环江治理模式"为例,以生态保护为基础,就西南地区喀斯特峰丛山地地区,消除贫困、改善民生、助推区域经济发展,共商大道	【讨论探究】 　　喀斯特地貌区与贫困区位置对比引发的思考。 　　喀斯特峰丛山地与贫困状况有何关系?
提出地理问题 确定研究课题 西南喀斯特峰丛山地为何贫困	【材料展示:结合课本79页资料,提出研究问题】 　　教师展示:广西环江县气候资料(本文来源:人民政府网—广西环江县毛南族自治县) | 气候数据	1月均温	7月均温	年降水量	4—9月降水占比	年蒸发量
---	---	---	---	---	---
环江县	10.1℃	28℃	1 750 mm	70%	1 571.1 mm | 　　教师展示:广西环江县峰丛山地部分地区地形剖面图并介绍地形特征。广西环江县峰丛山地地形以峰林、峰丛洼地和峰林平原为主,地形崎岖,地势起伏大	【学生小组合作探究一】 　　学生具体通过三个小问题深入了解广西环江生态环境对经济发展的影响。 　　第一大题:西南地区喀斯特峰丛山地区为何"一穷二白"进行了探究,并结合图片、资料、教材等进行详细的解读

教学 环节	教师活动	学生活动
提出地 理问题 确定研 究课题 西南喀斯特峰丛山地为何贫困	问题1：环江县峰丛山区为何既旱又涝？ 　　雨季多洪灾原因： 　　降水时间分配不均且集中在夏季地势起伏大，多山、洼地。 　　干季多旱灾原因： 　　降水时间分配不均且集中在夏季地表石灰岩覆盖，岩石多裂隙，存不住水。 （思维导图：气候→降水集中多暴雨、地形→地势起伏大，多山地洼地→洪涝；气候→季风气候，旱季少雨、地形→石灰岩多裂隙，存水难→干旱，植被稀少土层浅薄蓄水有限） 　　教师讲述：石漠化是指由于人类生产活动的不合理，造成表土流失殆尽，最终使基岩暴露于地表之外，土地生产力严重降低的现象。 问题2：综合分析环江峰丛山区石漠化现象是如何产生的？（尝试在下面写出相关因素的特点并用思维导图的形式指出它们之间关系） （思维导图：经济贫困↔人口激增；气候→降水集中多暴雨、地貌→石灰岩地貌广布、地形→地势起伏陡坡多→水土流失土层浅薄基岩裸露→石漠化）	【问题1预设】 　　合作探究：环江峰丛山区为何既旱又涝的原因？ （思维导图：气候→□、地形→□→洪涝；气候→□、地形→□→干旱，植被稀少土层浅薄蓄水有限） 预判探究可能结论： 　　降水时间分配不均且集中在夏季，地势起伏大，多山、洼地，雨季洪灾。 　　地表石灰岩覆盖，岩石多裂隙，存不住水，干季旱灾（区域认知）。 【问题2预设】 　　合作探究：学生思考环江峰丛山区石漠化现象是如何产生的？（地理实践力、综合思维） （思维导图：气候→□、地貌→□、地形→□→水土流失土层浅薄基岩裸露→石漠化↔□↔□） 预判探究结论：石漠化现象产生原因。 　　降水集中，暴雨频繁，是亚热带季风气候的特点。多为石灰岩广布的喀斯特地貌，岩石裂隙发育，易受水侵蚀，形成土质过程缓慢。山地较多，地势崎岖，陡坡多。土地严重退化，土层稀薄，岩石裸露明显。该地区人口增长过快，经济长期贫困，生态持续恶化。人口、经济、生态恶性循环的局面长期存在

教学环节	教师活动	学生活动
提出地理问题 确定研究课题 西南喀斯特峰丛山地为何贫困	材料：广西环江地处滇桂黔喀斯特山区，气候类型属亚热带季风气候，石漠化集中连片，广西较为贫困地区之一。全县深度贫困村大多居住在大山深处。 　　当地人戏称自己的生活环境为：九山半水半分田。路难行，九梯爬一里。种粮难，石缝间找土。逢雨则涝，逢晴则旱，"望天吃水难"，生活举步维艰。这是一幅真实的百姓生活图景。 　　数百年来，闭塞、贫穷、生态脆弱，是这片西南喀斯特石漠化深度贫困土地难以挣脱的枷锁。 问题3：结合前两个问题及结论，从当地喀斯特峰丛山地的自然环境和人文历史两方面总结该地长期贫困的原因（人地协调观） ①人口压力大，农业过度开发； ②喀斯特地貌区岩石裂隙发育，不易存水，水源不充足； ③石漠化生态问题突出，水土流失现象严重； ④居住地主要是容易被水淹的洼地； ⑤耕地面积少且分散，农业规模小，土层薄，土壤贫瘠，不利于耕作，农业产业类型单一，产业基础薄弱； ⑥山势复杂、道路崎岖，居住在洼地中的人们对外交通不便、缺乏对外联系交流； ⑦经济发展水平低，基础配套条件差； ⑧区域内普遍存在着文化程度不高、劳动力素质不高等现象。 【总结】 　　有一种贫困叫喀斯特贫困，这里有"山多土少水不稳"的自然原因，也有"越贫困越破坏，越破坏越贫困"的人为因素，由此陷入生态制约经济、人类破坏生态的恶性循环	【问题3预设】 合作探究：从当地喀斯特峰丛山地的自然环境和人文历史两方面总结该地长期贫困的原因。（人地协调观） 　　预判探究的可能结论： ①人口压力大，农业过度开发； ②喀斯特地貌区岩石裂隙发育，不易存水，水源不充足； ③石漠化生态问题突出，水土流失现象严重； ④居住地主要是容易被水淹的洼地； ⑤耕地面积少且分散，农业规模小，土层薄，土壤贫瘠，不利于耕作，农业产业类型单一，产业基础薄弱； ⑥山势复杂、道路崎岖，居住在洼地中的人们对外交通不便、缺乏对外联系交流； ⑦经济发展水平低，基础配套条件差； ⑧区域内普遍存在着文化程度不高、劳动力素质不高等现象

	第二课时	
教学环节	教师活动	学生活动
创设问题情景	【承转】 　　广西环江县喀斯特峰丛山地土层浅薄,土壤贫瘠,地表水缺乏,这里地形崎岖、工程建设难度大,交通落后。 　　这里真的就是穷山恶水一无是处吗?在这里既要生存还要谈发展的话,是否还有希望? 　　谈谈喀斯特峰丛山地有哪些优势资源? 　　1.丰富的民族风情 　　环江县是毛南族世居的发源地。毛南、壮、苗、瑶等 13 个少数民族聚居在环江县境内,当地少数民族风情文化独具特色。 　　2.丰富的旅游资源 　　环江拥有中国南方喀斯特世界自然遗产,保存着世界上同纬度地区最完整的喀斯特森林生态系统,连片面积最大,生物种类最丰富。 　　毛南族的分龙节被评为中国最具特色的民族节庆活动,是一个具有独特风情和民族特色的庙会。 　　3.地下水丰富 　　这些是发展旅游业、特色产业的基础	学生通过查阅资料,结合教师提供的相关材料对广西环江喀斯特峰丛地区优势经济发展资源有一个感官上的基本认知印象
提出地理问题 确定研究课题	结合 P80 页教材资料展开探究活动 　　材料:喀斯特峰丛山地生态重建 　　地点:广西喀斯特典型峰丛山地 　　项目:科考人员开展生态重建试验	【学生小组合作探究二】 　　请同学们观看视频介绍、阅读教材 P80 内容和从材料中思考以下问题。

教学环节	教师活动	学生活动
提出地理问题 确定研究课题 西南喀斯特峰丛山地如何发展	内容： 　　通过工程措施、林草措施、农艺措施等，实施土地整治和保水蓄水工作，搞好水土保持工作。注重发展立体生态农业模式，做到水土保持与涵养水源相结合，既兼顾了地貌结构和生态恢复，又兼顾了农业经济发展，实现农民增收。 　　实施易地生态移民搬迁，把居住分散或居住条件恶劣地区的人口逐渐从生态脆弱区迁出，缓解土地压力，实现脱贫致富。 教师引导学生阅读教材、观察 P80 图 4.25 喀斯特峰丛山地立体生态农业模式图，并提出问题。 问题 4：喀斯特峰丛生态建设的主要措施有哪些？ 　　水土保持方面，采取工程措施、林草措施、农艺措施等，实施土地整治和保水蓄水的保护工作材料：1994 年，在国家"八七扶贫"的号召下，中国科学院派遣团队来到环江，建立了中国第一个喀斯特生态系统——环江地区观测研究站，以科技的力量帮助当地进行生态重建。 　　中国科学院科研人员在水果、畜禽、蔬菜等方面着手开发与当地特色相适应的生态产业。 　　发展奶牛养殖业，依托 4 600 亩土山，改种粟米为饲草料。利用牛粪生产沼气，替代木材燃料，保护了薪炭林和水源林。	【问题 4 预设】 　　喀斯特峰丛生态建设的主要措施有哪些？ 　　学生思考方向： 　　通过工程措施、林草措施、农艺措施，实施土地整治和保水蓄水，搞好水土保持

教学环节	教师活动	学生活动
提出地理问题 确定研究课题 西南喀斯特峰丛山地如何发展	问题5：探究生态重建对环江地区经济发展的促进作用。 　　立体生态农业模式注重水土保持与涵养水源相结合，实现农民增收，既兼顾了生态保护，又兼顾了农业经济的发展。 　　材料：环江县把生活在不适宜耕种的石山地区人口移民搬迁至距县城3 km，以土山为主的肯福生态移民示范区。让原来的大石山重新休养生息，恢复生态。有步骤、有计划地向易地搬迁移民传授新的耕作种植技术和经济发展思维方式，发展农牧复合产业。 　　毛南族整族脱贫工作经过多年的不懈努力，到 2020 年 5 月全部实现脱贫。环江毛南"肯福模式"不仅使其在广西还在全国得到广泛推广，同时通过这种生态扶贫模式，也为精准扶贫提供了技术支撑，示范效果十分明显。 　　联合国也向世界各地的喀斯特分布区推广了这一全球减贫的最佳案例——易地扶贫"肯福模式"。	【问题5预设】 　　探究生态重建对环江地区经济发展的推动作用。 　　结合课本 P80 图 4.25，完成表格内容，认知喀斯特峰丛山地发展立体生态农业过程中，不同地貌区位开发方式布局与生态、经济效益优势的关系。 （见下表） 学生思考方向 　　立体生态农业模式注重水土保持与涵养水源相结合，实现农民增收，既兼顾了生态发展，又兼顾了农业经济的发展

地貌部位	土层厚度	开发方式	布局优势生态、经济效益
山顶	薄	水源林	生态效益好
陡坡	薄	水土保持林	保水保土
缓坡	厚	经济林	增加经济收入
洼地	厚	粮食生产	提供粮食保障

教学环节	教师活动	学生活动
提出地理问题 确定研究课题 西南喀斯特峰丛山地如何发展	问题6：易地生态移民为何要在部分地区实施？ ①一些地区人口居住分散，不利于集中进行山区生态恢复和贫困地区经济整体开发建设； ②一些生存条件恶劣的地区，生态脆弱程度大，不适合人居和农业耕种； ③对生态脆弱程度严重的地区，实施生态自然恢复，既减少了治理经费投入，也符合自然规律要求。 【结合课程探究结论，组织学生讨论分析】 问题7：献计献策，提出合理化建议"怎样提升西南喀斯特地貌地区经济发展水平"。 可以从政府、企业、市场、群众、科技、工程、产业、生态、人才等方面讨论分析提出。如发展立体生态农业；结合当地实际发展旅游业；针对当地的气候种植特色水果；发展服务业；实行有效的生态移民等	【问题6预设】 为什么要在当地实施易地生态移民？ 学生思考方向： ①一些地区人口居住分散，不利于集中进行山区生态恢复和贫困地区经济整体开发建设； ②一些生存条件恶劣的地区，生态脆弱程度大，不适合人居和农业耕种； ③生态移民有利于生态自然恢复，资金投入少。 【问题7预设】 提供智慧，提出合理化建议"怎样提升西南喀斯特地貌地区经济发展水平？" 学生思考方向： 可以从政府、企业、市场、群众、科技、工程、产业、生态、人才等方面讨论分析提出，如发展立体生态农业；结合当地实际发展旅游业；针对当地的气候种植特色水果；发展服务业；实行有效的生态移民等方面考虑

探究活动评价

表 1 地理合作探究评价量表

评价指标	等级 1	等级 2	等级 3	等级 4
对待困难问题态度	对待疑难问题束手无策	可以借助同学或教师的力量,能克服少部分疑难问题	在教师的指导帮助下,可以克服大多数疑难问题	对遇到的疑难问题,在学习和探究的过程中能够自觉地、主动地加以攻克
地理合作探究意识	参与探究合作的意识较弱	能与别人合作探究,合作效果一般	大部分时间可以配合别人完成探究活动	与人合作探究,可以融洽愉悦,高效协作
个人讲解交流表现	不能完整表达观点,与他人交流困难	能流畅表达观点,与他人交流较少	能明确表达自己的看法,多与人沟通	具有表达观点的逻辑性,并能补充和评价别人的看法,并能积极地和别人沟通

表 2 设计方案评价表"西南地区喀斯特峰丛山区如何提高经济发展水平?"

评价指标		等级 1	等级 2	等级 3
内容	主要目标	简单地收集资料,只能根据中国西南地区的生态问题和喀斯特峰丛山区经济发展现状,提出一个笼统的发展目标	根据当地生态问题和西南地区喀斯特峰丛山区经济发展现状,通过 2~3 个渠道进行信息收集,制定了明确的发展目标	可以针对西南地区喀斯特峰丛山区的生态问题和经济发展现状,通过各种渠道收集相关信息,提出符合人地协调的明确发展目标
	实施步骤	步骤不清晰,实施建议缺乏合理性	步骤比较清晰,但只能提出一些简单的实施建议	对问题分析得比较透彻,步骤把握得比较准确、清楚,所提建议科学合理
	政策措施	总的办法可以提出来,但无可行的具体措施	能够提出一些较为笼统的政策措施,但可行性介绍不明	能够拿出符合可持续发展的切实可行的举措
行文	语言表达	语言不通顺,不能恰当地运用地理语言,条理性不够清晰	语言较为流畅,地理语言的运用也较为贴切,但条理性不理想	语言通顺,用词贴切,能够准确用地理语言表达,有层次、有条理
内容	态度	设计方案的态度敷衍	能够在教师的要求下,以更积极的态度完成设计方案	能主动认真、积极自觉地完成设计方案,态度端正表现好
	情感	对人地协调发展的问题理解不深不透,缺乏主动的情感认知需求	思路比较清晰能较好地厘清探究思路,对人地协调发展的问题,能提出较为笼统问题质疑	能独立建构探究思路,积极提出精准的问题质疑。对人地协调发展问题,通过自主探究,有了更深刻的理解和认识

设计意图

　　毛南族整族脱贫是喀斯特石漠化地区脱贫攻坚的难点,作为背景材料,可以激发学生探究问题的兴趣,设计拆解问题式探究,以案例分析为基础,将大问题分为小问题,使问题指向更加明确清晰。以案例分析为突破点,在探究每一个小问题时,培养学生解决现实中复杂问题的能力

板书设计

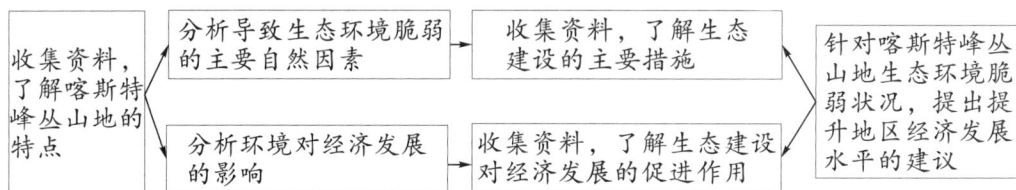

教学反思

　　如何调动学生对"问题研究"的兴趣和积极性,使"问题研究"在高中地理教学中的作用不再被忽视,这是新课程标准指导下的高中地理教学不能忽视的一个问题,通过改变教学方式,可以提高"问题研究"教学内容在高中地理教学中的重视程度。让学生通过开展不同形式的"问题研究",可以逐步培养一定的社会实践能力和人地协调观。可以让学生学会综合分析地理要素,从空间区域的角度全方位训练学生在地理考察活动中的综合地理素养。本教学设计的最大难度在于实地观察部分,我国目前只有西南喀斯特地貌,其他地区较为罕见,很多地区的学生无法进行实地考察,所以进行本教学设计的研究性学习困难程度比较大,需要重视信息资料的收集和分析

第三课时

教学环节	扩展延伸:运用本课的研究方法,对其他生态脆弱区的环境与发展问题进行探究,对区域综合治理可行性措施进行研究
总结规律	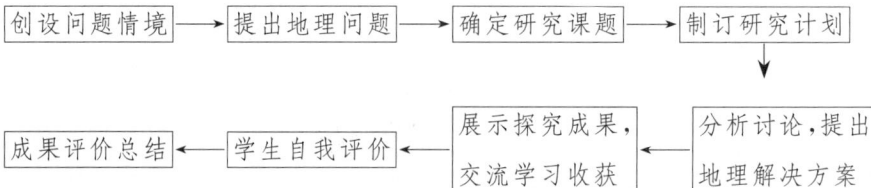

拓展 延伸	【学生活动】 　　扩展延伸：多途径获取资源信息，运用本课的研究方法，对其他生态脆弱区的环境与发展问题进行探究，对区域综合治理可行性措施进行研究材料：教师展示：《中国生态脆弱区和贫困区区位示意图》。介绍图示中国各个贫困区分布位置及其主要生态脆弱情况表现。 　　1.北方和东北地区（温度上升明显，干旱加剧，水资源短缺）； 　　2.西北地区（冰川退缩，蒸发量增加，荒漠化加剧）； 　　3.南方（洪涝发生频率增加，季节性干旱加剧）； 　　4.沿海地区（台风、风暴潮加剧海水入侵和洪涝加剧）； 　　5.青藏高原地区（冻土融化，荒漠化加剧，径流变化）； 　　6.西南地区（暴雨导致的泥石流、滑坡等山地灾害加剧，生物多样性丧失）

参考文献

[1]　秦超.基于地理核心素养的试题评价研究——以 2015－2018 年四川省中考地理试题为例[J].地理教学,2018(21):55-57,37.

[2]　徐传艳."美丽中国"理念在高中地理教学中的渗透研究[D].福州:福建师范大学.2020.

[3]　胡扬.电子政务信息资源安全的 SWOT 策略研究[D].昆明:云南师范大学.2018.

[4]　蔡明忠.设计递进探究活动培养地理核心素养——以人教版"必修 1"第二章《地球上的大气》为例[J].中学地理教学参考,2020(7):53-55.

[5]　常莉.探究式教学在高中地理教学中的运用研究[J].才智,2015(18):10.

[6]　王元洪.生态文明教育融入高中地理教学的案例设计与实施研究[D].贵阳:贵州师范大学.2022.

[7]　王慧慧.高中地理教材中活动性课文分析及应用研究[D].兰州:西北师范大学.2020.

[8]　李演.发掘"错题"对地理学科核心素养培养的价值[J].基础教育论坛,2021(2):85-86.

[9]　高健,卜福,李珊利.喀斯特地貌建筑工程的集约化整合利用[J].建筑技术开发,2021,48(21):91-94.

［10］ 汪三贵,张伟宾,陈虹妃,等.少数民族贫困变动趋势、原因及对策［J］.贵州社会科学,2012(12):85-90.

（主要执笔人:许　辉　银川市第九中学）